Série Aceleração Espiritual:
o Caminho para Viver o Céu na Terra

CHAVES OCULTAS DA ASCENSÃO

Simplificando sua Evolução Espiritual

Luiz Mourão

SÉRIE ACELERAÇÃO ESPIRITUAL
O CAMINHO PARA VIVER O CÉU NA TERRA
CHAVES OCULTAS DA ASCENSÃO

Produção Editorial: Tiago H. Ribeiro
Capa: Gisely Fernandes
Projeto Gráfico: Gisely Fernandes
Diagramação: Pablo Madeira
Revisão: Daniela Risson
Diagramas adicionais:
Victor Leal e Tiago H. Ribeiro
Impressão: Plena Print

Dados Internacionais de Catalogação na Publicação (CIP)
(Câmara Brasileira do Livro, SP, Brasil)

Mourão, Luiz
Chaves ocultas da ascensão : simplificando sua evolução espiritual / Luiz Mourão. -- 1. ed. -- Nova Petrópolis, RS : Luz da Serra Editora, 2024.

ISBN 978-65-81771-14-0

1. Autoajuda 2. Espiritualidade 3. Evolução espiritual I. Título.

24-205031 CDD-133.9

Índices para catálogo sistemático
1. Autoajuda : Espiritualismo 133.9
Aline Graziele Benitez - Bibliotecária - CRB-1/3129

Luz da Serra Editora Ltda.
Rua das Calêndulas, 62
Bairro Juriti - Nova Petrópolis/RS
CEP 95150-000
loja@luzdaserra.com.br
www.luzdaserra.com.br
loja.luzdaserraeditora.com.br
(54) 99263-0619

Dedico esta obra à honra e
glória de Deus e dos Mestres
— que a Luz se faça na Terra!

PREFÁCIO

"Porque muitos são chamados, mas poucos, escolhidos"
— Mateus 22:14

Poucas são as pessoas com condições para falar sobre Ascensão. Um número mais reduzido ensina sobre o assunto e um número ainda menor, atinge o patamar Ascensional.

Vivemos em um mundo embriagado de conceitos ilusórios e distrações que, em vez de estimular a purificação das inferioridades humanas em um caminho de evolução, leva a humanidade para o caminho contrário, na contramão do caminho Ascensional.

Quando meu amigo, o querido Luiz Mourão, me revelou sua vontade de seguir pela senda da ascensão e aceitar esse discipulado, lembro de minha pergunta, que seguiu nossa alegria e comemoração foi: você tem certeza? Esse caminho é muitas vezes árduo e difícil de ser trilhado. E ele não titubeou um momento sequer.

Me senti ainda mais honrada em ser convidada para fazer o prefácio de uma obra de tanta envergadura espiritual e que é tão importante na próxima dispensação de conhecimento da Hierarquia Espiritual para a humanidade.

Ver essa obra chegando à luz, me traz a tranquilidade de que essa área estará muito bem assistida por alguém que, com muita seriedade, erudição, genialidade e, principalmente, respeito, que decidiu dedicar a sua vida a condução da próxima dispensação de conhecimento da Grande Hierarquia Espiritual à humanidade. Participar da senda de Luiz, ainda jovem e já tão comprometido com seu dharma, me faz acreditar na humanidade de uma forma muito especial, renova minha fé e enche meu coração de alegria!

Os Grandes Mestres que já trilharam o caminho Ascensional, sempre nos deixaram uma fagulha de esperança de que todos nós, por mais imperfeitos e limitados que sejamos, também podemos trilhar esse caminho, chegando aos graus mais elevados de sabedoria nessa escada cósmica que leva à teorrealização. São muitos níveis para conquistar e degraus a subir, mas a motivação em conhecer a face de Deus e servi-Lo em seu projeto foi o que inspirou a grande maioria dos mestres a fazer os sacrifícios necessários para chegar lá.

Por muitas vezes, o trabalho de toda uma existência na direção correta ainda não é o suficiente para atingir a ascensão, mas a cada vida que, lá no finalzinho, saímos com saldo positivo, ou seja, melhor do que entramos, a nossa alma reacende com a possibilidade de fazer melhor a cada nova encarnação.

Essa obra é uma grande fonte de conhecimento em que você pode confiar pelo seu grau de profundidade, pesquisa séria, bibliografia ímpar e estudos comparados.

Talvez o leitor que ainda não esteja familiarizado com alguns conceitos fique pensativo e reflexivo por um tempo, olhando para si e tentando encaixar-se nesse maravilhoso oceano cósmico da criação. Porém, existe uma ordem, uma Hierarquia Cósmica e todo ser, por menor que seja, ocupa uma posição e tem um papel no projeto divino. Então sim, existe um trabalho para você, com propósito, significado e um objetivo santificado dentro dessa imensidão. Uma obra iniciática como essa tem exatamente esse propósito: nos levar a uma reflexão muito profunda a cada capítulo, muitas vezes impossibilitando que a leitura seja feita de uma forma rápida. É um livro que precisa ser degustado, porque vai atingir diferentes nuances e camadas espirituais em cada leitor que o tocar.

Os Mestres nos transmitem a mensagem de que, através da abnegação, do serviço, da auto vigilância, e da senda correta conectada à Vontade da Fonte, o caminho de iluminação se fará e você estará apto a trilhar a jornada ascensional. É muito comum nos sentirmos inferiores, desmotivados ou sem autoestima, se nos compararmos a um Grande Mestre como Jesus, que há milhares de anos já carregava consigo um grandioso grau de iluminação, capaz de impactar a humanidade até os dias atuais. Porém, Ele mesmo dizia que, através da nossa fé, intenção focada e dedicação, poderíamos ser como Ele, operando milagres e distribuindo sabedoria onde quer que fôssemos presentes. Os Mestres nos dão a esperança de que também podemos!

A ascensão se dá a cada ato, escolha e respiração. A cada minuto de vida e quem você decide como ser e agir — e se eu tivesse que dar alguns conselhos para sua ascensão, seria: leia este livro com atenção, faça as práticas e sinta amor, apenas amor, pela maior quantidade de tempo que você conseguir enquanto viver.

Sinta amor, distribua amor, seja amor em ação, viva com amor em cada ato, fale com amor, faça suas atividades diárias com amor e assim você vai evoluindo a cada instante! A nossa vida é rara, nosso tempo é escasso e não volta mais... portanto, não desperdice seu tempo de vida sentindo algo diferente do que seja amor.

O amor é a linguagem e senha de conexão com nossa alma, mônada, com Deus e com as forças espirituais mais evoluídas do universo.

Siga seu caminho com amor a cada ato, contemplando as maravilhas da criação e sempre à serviço da Luz; e assim sua ascensão se fará.

Uma ótima leitura e espero que essa obra traga o desabrochar de sua Ascensão!

Patrícia Cândido

SUMÁRIO

INTRODUÇÃO

"Nada na vida deve ser temido, somente compreendido"
— Marie Curie

Você já parou para pensar que, se Deus é tão perfeito e onipotente e nos fez à Sua imagem e semelhança, por que então haveríamos de ter tantas imperfeições e inferioridades? Será que Ele, com todo o Seu poder, já não poderia nos ter feito perfeitos?

Existe, na Criação, um grupo de seres iluminados que formam uma Hierarquia, chamada Cósmica, e que respeitam um único fluxo: o da evolução.

Todos os que pertencem a esta hierarquia têm dois objetivos principais: amar a Deus acima de tudo e auxiliar todos que ainda engatinham no processo evolutivo.

Os trabalhos conduzidos por essa Hierarquia Cósmica acontecem desde os tempos mais primitivos, quando o primeiro homem sequer tinha corpo.

Naquela época, os espíritos iluminados, criados pelo Deus Altíssimo, eram livres e incumbidos de realizar uma única tarefa: amar a Criação tanto quanto o próprio Deus.

Isto foi assim até que, com a exploração da dimensão material, aqueles espíritos, inicialmente imaculados, se contaminaram pela separação, raiva e medo, esquecendo-se de sua origem e criando uma dura carapaça sustentada pelo ego negativo (conforme é chamado).

Condenados a um sem-fim de ciclos repetitivos, até que retornassem à sua condição pura original, aqueles espíritos precisariam descobrir, por si próprios, o caminho de volta à Casa do Pai.

Entretanto, em Sua divina misericórdia e perpétua saudade, Deus recomendou à Sua Hierarquia Cósmica que acelerasse o processo evolutivo de Seus filhos e filhas encarnados, para que eles encontrassem o caminho da Luz mais rapidamente.

Foi então que, no final do século XIX, o *governo oculto* da Hierarquia Cósmica foi revelado ao mundo todo, e não mais somente àqueles que estavam preparados e abertos para ela. Isto foi marcado com a fundação da *Sociedade Teosófica*, pela Senhora Elena Petrovna Blavatskaya, ou Helena Blavatsky.

Esse fato marcante, pelo menos do ponto de vista espiritual, foi o marco zero da aceleração espiritual da humanidade. Os caminhos pelos quais a Hierarquia Cósmica passou a atuar se tornaram conhecidos e vários grupos de pessoas, distribuídos por todo o globo, fizeram-se seus porta-vozes.

À medida que a humanidade da época assimilava os conhecimentos até então oferecidos pelos trabalhadores de Deus, novos blocos de informação, conhecidos como *dispensações,* foram sendo enviados ao longo das gerações. Nas várias dispensações ocorridas, nenhum conhecimento anulava o anterior: eles se complementavam, em ângulos diferentes, sobre os mesmos relatos enviados pela Hierarquia Cósmica.

Com estas várias dispensações, simultâneas e descentralizadas, a humanidade deu um salto evolutivo, o qual foi suficientemente grande para dar início à reação em cadeia que hoje conhecemos por *Transição Planetária* ou *Nova Era*.

A Nova Era sintetiza um movimento que engloba ideias de amadurecimento planetário holístico; isto é, o autodesenvolvimento através da integração do mundo físico com nosso universo emocional, capacidades mentais e origem divina.

Nos últimos tempos, muitos são os trabalhos espiritualmente orientados a não só revelar os caminhos pelos quais os homens devem seguir, como também a dividir com o mundo, de forma palatável, os conhecimentos compartilhados pela Hierarquia Cósmica.

Neste livro, você descobrirá como recuperar, na prática, a sua identidade espiritual original e avançar através dos desafios da vida, de maneira leve e sem sofrimento.

A obra que você tem em mãos é a ferramenta evolutiva pela qual muitos estudantes de espiritualidade estavam esperando — pois de nada adianta ter informação sem saber como a aplicar.

Deus presta mais atenção naquele que sabe pouco e faz alguma coisa do que naquele que sabe tudo e não faz nada.

Desde a revelação dos trabalhos da Hierarquia Cósmica, muitas obras orientadas acabaram se perdendo, ou sendo esquecidas, devido a sua difícil compreensão ou seu foco voltado à informação; e não à *transformação* da pessoa, na prática.

Este trabalho tem em vista cobrir esta lacuna, combinando o conhecimento espiritual, explicado de uma forma simples e de fácil compreensão, com práticas ascensionais que vão acelerar sua evolução espiritual de uma maneira segura e validada por centenas de pessoas.

Você está prestes a conhecer uma versão alternativa daquilo que muitos chamam de *realidade*; uma versão conhecida por pouquíssimas pessoas na Terra.

No entanto, para as pessoas certas como você, as lições aprendidas aqui impedirão que o sofrimento tome conta de sua vida ou que você continue caindo em ciladas e armadilhas que atrasam seu desenvolvimento espiritual e geram tristeza, ansiedade ou o sentimento de vazio existencial.

Você aprenderá sobre assuntos como:

» A *origem espiritual* do Universo;

» O que realmente significa *ego negativo* e por que ele atrapalha tanto;

» O que é e qual a origem daquilo que muitos conhecem como *A Grande Fraternidade Branca*;

» O que são os *raios cósmicos da manifestação* e sua influência espiritual sobre nós;

» Quais são os trabalhos da *Hierarquia Cósmica*;

» O real significado de *Logos Planetário, Cristo Planetário, Manu, Shamballa, antahkarana, mônadas, extensões de alma* e outros termos que muitos usam, mas poucos entendem;

» Qual a real composição de nossa matriz energética, incluindo *chakras, aura, sutratma, cordão da consciência, linhas axiatonais, alma mater, nadis, meridianos* e outros;

» Os *vários estágios da morte*, explicados de um jeito simples;

» O que significa ser um *Mestre Ascensionado,* na prática, e quais são os requisitos para se tornar um;

» Os caminhos além da ascensão espiritual que muitos desconhecem; principalmente aqueles que pensam que a evolução termina com a ascensão;

» Quais são algumas das *piores armadilhas e ciladas* preparadas pelo ego negativo para travar sua evolução espiritual;

» Os vários níveis de engano que muitos estudantes de espiritualidade cometem sem sequer se darem conta; e

» Outros aspectos relacionados à espiritualidade universalista sem os quais a evolução espiritual se torna mais lenta e difícil!

Por fim, conforme os temas forem sendo apresentados, você terá acesso a práticas espirituais canalizadas, de forma guiada e online. Estas práticas lhe permitirão ancorar a energia espiritual desenvolvida ao longo do livro, para integrar a nova versão do seu ser!

Desejo a você uma excelente jornada de autodescobrimento e redescobrimento!

CAPÍTULO 1

A HISTÓRIA ESQUECIDA DA CRIAÇÃO

"Eu sou o Amor do Cristo Pleno em ação na Terra."

— Luiz Mourão

Costumo apresentar, nas minhas aulas, que, antes de dar qualquer passo, primeiro é preciso reconhecer o terreno. Somente após identificar onde estamos pisando é que poderemos seguir adiante com assertividade.

Por isso, não poderia começar esta obra sem uma contextualização sobre nossa verdadeira identidade espiritual, a qual justifica a necessidade de evoluir. Se o objetivo de estarmos encarnados é a evolução espiritual até nos tornarmos um com o próprio Deus, é importante explicar como e porque chegamos à forma humana.

Nos primórdios, de fato Deus nos fez tão perfeitos quanto Si e quanto um dia aspiramos novamente ser. O problema foi que, num determinado ponto do caminho, nos afastamos desta perfeição e isto gerou consequências desastrosas pelas quais passamos até hoje.

Antes de entrarmos nesse assunto extraordinário, novidade para alguns, preciso dizer que este livro tem como uma de suas missões dar uma explicação sintetizada de conhecimentos esotéricos pouco acessíveis para a maioria.

As informações que temos sobre as verdades cósmicas começaram a ser distribuídas por meio das dispensações, a partir do final do século XIX, pela fundadora da Sociedade Teosófica, Mestra Helena Petrovna Blavatsky. Por conta da época, é possível que a linguagem das primeiras obras que tratam desses assuntos maravilhosos seja pouco compreendida pela maioria. Esta obra simplifica a apresentação de tais conceitos para ensiná-los e, se você se abrir, estas informações vão adentrar em sua consciência e, então, nossa parceria será um sucesso.

As páginas a seguir são também um relato compilado de outras obras que, mesmo distantes no tempo, trouxeram informações congruentes e semelhantes entre si. Dentre estes trabalhos, posso citar obras de mentores como Joshua David Stone, Alice Bailey, Charles Leadbeater e a própria Helena Blavatsky.

Aqui, você encontrará o que aconteceu após a Criação e o que aconteceu para que hoje estejamos na condição de espíritos encarnados em evolução. Será explicado aquilo que conhecemos como sendo *a história da Criação* — ou, pelo menos, a porção dela esquecida por muitos.

É amplamente divulgado que: "no Princípio era o Verbo e o Espírito de Deus que pairava sobre as águas até que Deus disse: 'que haja Luz', e houve Luz". A partir daí, segundo a Bíblia, nos dias subsequentes da Criação, Deus criou os céus, os mares, a superfície terrestre, as plantas, os animais e, por fim, o homem. Estas passagens do livro sagrado iluminam determinadas faces da verdade, as quais complementaremos nos parágrafos a seguir.

Independentemente da ordem em que ocorreu a criação dos elementos e seres que habitam a Terra, existem lacunas entre os estágios da Criação que precisam ser preenchidas. A primeira delas contempla o fato do nosso planeta não ter sido o único a ser concebido por Deus.

Quando Ele manifestou a realidade material, em toda Sua perfeição e glória, criou todos os planetas, astros e demais corpos celestes do *omniverso* (*omni* do latim "todo"), quer fossem eles habitáveis ou não, assim como todas as dimensões além do plano físico no qual atualmente habitamos. O plano físico também é conhecido por *terceira dimensão* ou *dimensão material*.

Ao final da Criação, Deus ficou tão realizado e alegre com o que havia concebido, que decidiu compartilhar aquele júbilo. Então, Ele manifestou presenças espirituais a partir de Si. Estas presenças eram tão puras e perfeitas quanto o próprio Deus e continham, cada uma delas, uma centelha da sagrada luz do Criador. Cada uma destas presenças foi chamada de *mônada* (ou *Poderosa Presença Eu Sou*).

As mônadas, como extensões do próprio Deus, também tinham poderes criadores iguais aos do Altíssimo. Pela sua essência pura e imaculada, elas povoaram os planos interiores (ou planos astrais) mais elevados, cujos níveis de vibração e frequência eram igualmente altos. No entanto, estes planos interiores, nos quais habitam as mônadas, não são inacessíveis — a chave para acessá-los é atingir os níveis de vibração e frequência característicos de lá.

Por serem extensões de Deus, torna-se inconveniente a presença permanente das mônadas nas dimensões menos elevadas, como, por exemplo, a física — que vibra na frequência da matéria. Apenas quando essas dimensões atingirem e sustentarem níveis de frequência compatíveis com Deus é que a divina presença monádica será manifesta na matéria. Fico feliz em compartilhar com você que, mesmo que lentamente, este processo já está em andamento e cada vez mais a humanidade tem trabalhado em união com as Poderosas Presenças Eu Sou de Deus.

Absortas com o amor e admiração de Deus pela Sua criação, e também incumbidas de admirá-la e amá-la em igual intensidade, quiseram as mônadas conhecerem-na mais de perto. Por estarem em forma espiritual — isto é, livres de um corpo físico — as mônadas desenvolveram um interesse particular pela exploração da dimensão material.

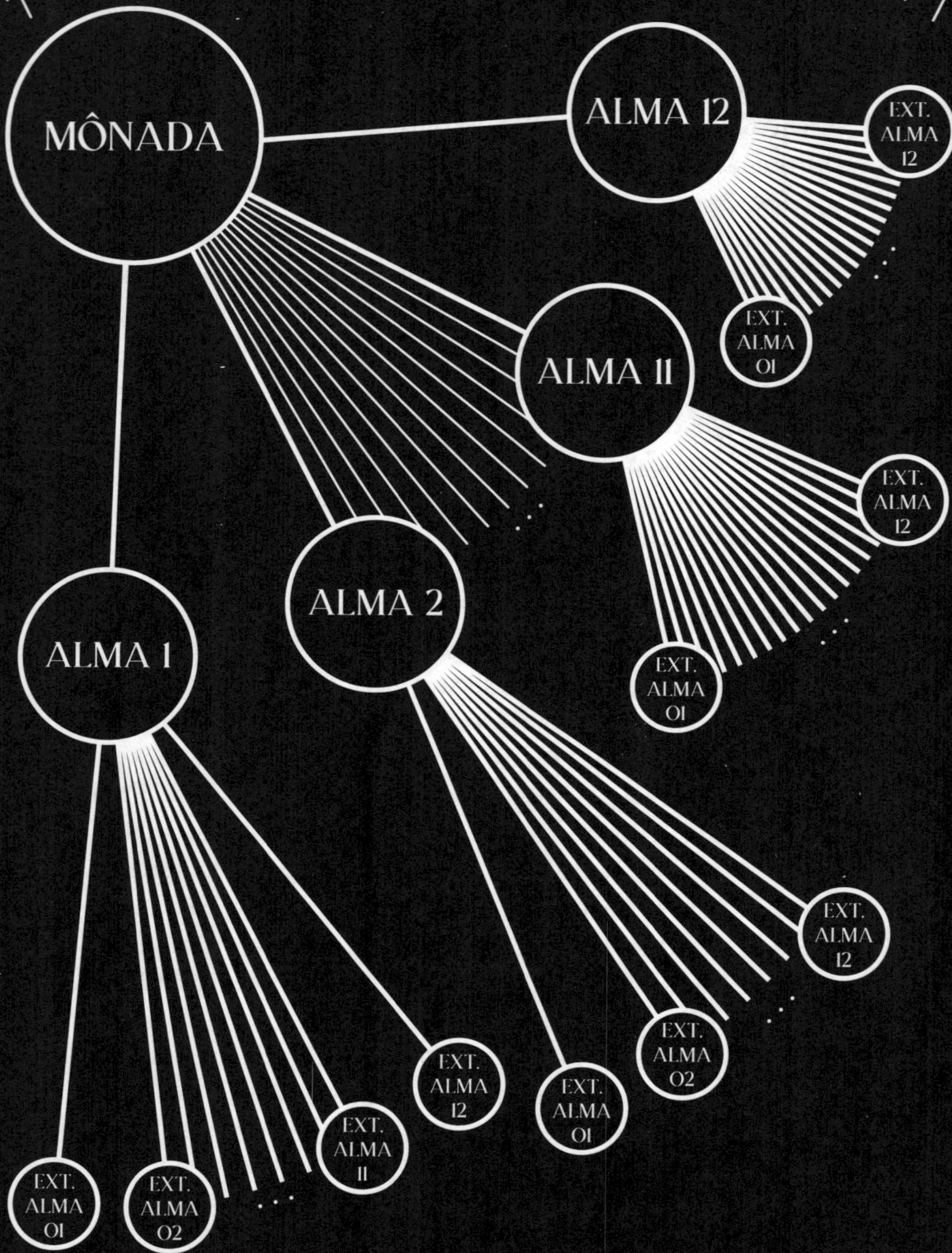
MÔNADA
ALMA 12
EXT. ALMA 12
EXT. ALMA 01
ALMA 11
EXT. ALMA 12
EXT. ALMA 01
ALMA 2
ALMA 1
EXT. ALMA 12
EXT. ALMA 02
EXT. ALMA 01
EXT. ALMA 12
EXT. ALMA 11
EXT. ALMA 01
EXT. ALMA 02

Antes de prosseguirmos, preciso ressaltar três pontos importantes:

> Primeiro: quando foram geradas, as mônadas povoaram todos os cantos da Criação, e não apenas o setor e o quadrante cósmico em que está a nossa galáxia — isto se aplica, consequentemente, às suas almas e extensões.
>
> Segundo: a porção material da Criação contempla não apenas nossa galáxia e Universo, mas sim tudo aquilo que é físico, incluindo outros sistemas, com planetas, estrelas, sóis, luas e seres que lá habitam — mesmo que ainda nos sejam desconhecidos.
>
> Terceiro: deste ponto em diante, aos propósitos desta obra, focaremos no que aconteceu no planeta Terra.

Com grande curiosidade, nós — como extensões de alma, ainda em nossa forma espiritual original —, decidimos habitar momentaneamente corpos físicos, única e simplesmente para experimentar as sensações de como isso seria.

Deus criou a terra e a rocha e, então, nós deslizamos para dentro de pedras e rochedos, para saber quais sensações aquilo causava. Ele criou os mares e riachos e, de forma semelhante, entramos neles para experimentá-los. Da mesma forma, foram criados as plantas e os animais, os quais também habitamos para ver como seria, por exemplo, a experiência de pastar — ou até mesmo ser *o pasto*.

Até este ponto, éramos seres espirituais completamente livres e, em nossa liberdade, decidimos brincar com os corpos físicos da Terra. Ainda, habitávamos corpos que já existiam. Porém, ainda curiosos e com vontade de experimentar tudo o que a matéria poderia oferecer, começamos a criar corpos físicos combinados, a partir de elementos de reinos diferentes, como, por exemplo, elefantes com pescoços de pétalas de flores; árvores

com trombas e olhos; rochas com braços e pernas; ou ainda, corpos meio animais e meio humanos. Foi nesta época que várias lendas ou mitos, hoje popularmente conhecidos, foram originados: o Minotauro, metade homem, metade touro; os Sereianos, metade homem, metade peixe, a Hidra de Sete Cabeças; as Quimeras; a Manticora; os Centauros; Ciclopes, Sátiros; Unicórnios e outros tantos seres de corpos grotescos, com asas, garras e presas que não eram dignos de abrigar nossos espíritos divinos.

O interesse em experimentar as várias combinações possíveis de corpos físicos cresceu e tornou-se maior do que o motivo principal de nossas existências: admirar e amar a Obra Divina. Através da hiper identificação com a matéria e com a dimensão física, acabamos esquecendo de nossas identidades espirituais. Ficamos presos às formas que havíamos criado, acreditando que essas formas materiais eram derivadas de Deus, e não os espíritos puros.

Como Deus também havia criado o homem, nós também o copiamos para sentir como seria viver num corpo físico semelhante àquele. Ao ponto do corpo humano original ser adaptado do masculino para o feminino, para ser possível experimentar como eram os desejos e prazeres da carne. Isto marcou o nascimento de Lilith, a primeira mulher livre e a predecessora de Eva.

Quando fomos tomados pelo fascínio da matéria, esquecemos do Todo e da Criação que nos deram origem. Este foi o exato instante em que nos afastamos da perfeição da qual fomos feitos. Atualmente, surgiu também o "ego", a consciência individual da qual germinam as ilusões de medo, isolamento, separação e morte. O fascínio pela matéria e o surgimento do ego foram tão catastróficos que, na Bíblia, este momento ficou conhecido como "a queda do homem". E, para evitar que isto se agravasse ainda mais e condenasse a perfeição da Obra de Deus, um plano precisou ser concebido.

Apesar da grande maioria das extensões de alma terem sido iludidas pela matéria, algumas delas não se deixaram entregar a estas tentações. E, graças a elas, foi concebido o plano capaz de conter e corrigir os desastres criados. Este plano foi dividido em etapas, cada uma delas desenhada para dominar a desgovernança dos primeiros homens. Ele funcionaria através da imposição de limites.

Os seres grotescos criados por nós derivaram de figuras humanas combinadas com outros seres. Por isso, a primeira etapa do plano criado por Deus e pelos seres de luz consistiu em confinar nossos corpos a cinco formas, ou raças diferentes, cada uma predominante em determinada região da Terra na época.

As cinco raças tinham cores de pele distintas; e nenhuma era melhor ou pior que a outra. As cores de pele favoreciam apenas uma melhor adaptabilidade às condições climáticas locais. Esta condição fez com que nossos espíritos fossem preservados em corpos físicos humanos adequados e honrosos, como verdadeiros templos, para que abrigassem as extensões de Deus que habitava neles. A partir da criação destas cinco raças, também passamos a habitar apenas corpos físicos humanos, divididos entre machos e fêmeas. Deste ponto em diante, tornou-se impraticável a manifestação física de corpos originados de misturas meio-homem, meio qualquer outra coisa.

Apesar da primeira condição ter sido aplicada logo que o descontrole encarnatório começou, alguns resquícios e derivações das criaturas semi-humanas geradas no início foram assimiladas por culturas posteriores, como a grega, a mesopotâmica e a egípcia. Como aquelas figuras animalescas possuíam poderes e habilidades sobre-humanas, muitas delas foram erroneamente idolatradas como deidades menores, ou representantes de Deus na Terra.

Cada uma das formas animalescas que criamos podiam procriar entre si, gerando seres ainda mais desagradáveis e indignos do espírito de Deus. Por isso, a segunda etapa do plano divino foi a da restrição entre as espécies, reservando o processo da reprodução somente para seres semelhantes. Animais procriariam somente com animais de espécie similar, e humanos somente com humanos.

Além disso, e prevendo que, num determinado momento, a Terra se tornaria pequena para a quantidade de extensões de alma em evolução, a última fase do plano divino foi aplicada.

Mesmo com corpos físicos condicionados à forma humana e com restrições quanto à procriação, nós ainda podíamos viver por tempo indeterminado. Esta nossa antiga capacidade causaria uma superpopulação que a Terra não poderia comportar, o que seria problemático por dois motivos.

- Quando se vive indefinidamente, chega um ponto no qual o espírito encarnado adota uma postura rígida e fechada a novos aprendizados. Logo, estar encarnado por tempo indeterminado representaria um retardo à nossa evolução, desde que o espírito estivesse fechado a novos aprendizados. Além disso, tamanho foi nosso deslumbre com a matéria, que apenas uma encarnação seria incapaz de provocar uma reflexão satisfatória sobre o propósito ou a razão de estar encarnado.
- O segundo motivo pelo qual viver indefinidamente seria problemático é que, quanto mais espíritos encarnados ao mesmo tempo, menos espaço e condições teria a Terra para comportar e sustentar a encarnação de novos espíritos.

Unindo todas as fases do plano que nos foi imposto por conta de nosso desastroso comportamento, podemos resumi-lo como sendo a instituição do plano reencarnatório e, deste momento em diante, passamos a encarnar e procriar apenas em formas humanas, com tempo de vida finito.

Pelo tempo finito de cada encarnação, uma única vida no corpo físico seria insuficiente para proporcionar todos os aprendizados de que o espírito precisa para recobrar a consciência sobre sua verdadeira identidade. Junte a isso a quantidade de extensões de almas, ou espíritos em evolução, que existem, e a incapacidade da Terra e dos planetas de sustentar a vida física de todos simultaneamente; e o resultado será um *ciclo reencarnatório* ou *roda de encarnações*.

A roda de encarnações existirá até que todos os espíritos em evolução recobrem suas consciências divinas e voltem a tornar-se um com Deus. Nossos espíritos precisarão experimentar a vida na matéria enquanto cada uma de nossas células não tiver cem por cento de certeza sobre nossa origem. Enquanto houver quaisquer resquícios de ego em nós — estimulando atitudes baseadas em medos, reforçando a nossa separação do Todo e desencadeando sentimentos viscerais e negativos — nós ainda estaremos submetidos ao ciclo reencarnatório.

› A FILA DA EVOLUÇÃO

Segundo o Mestre tibetano Djwhal Khul, em suas obras canalizadas por Alice Bailey, Deus criou cerca de sessenta bilhões de mônadas. Como cada mônada origina até doze almas e cada alma projeta doze extensões de alma, cada mônada consegue gerar até 144 extensões de alma. Logo, existiria um total estimado de 8,64 trilhões de espíritos que precisam evoluir.

Considerando que a população da Terra orbita atualmente a marca de oito bilhões de pessoas, verificamos que estão encarnados, em nosso planeta, apenas 0,092% do total de extensões de alma, ou espíritos em evolução existentes.

Reflita um momento sobre estas informações.

De um total de mais de oito trilhões e meio de personalidades esperando para evoluir, você foi uma das autorizadas a encarnar! Na fila de mais de oito trilhões de espíritos a evoluir, chegou a sua vez! Não é maravilhoso saber que agora é *a sua* vez?

A sua vez de aprender a dominar o ego, se livrar de atitudes baseadas em medos, se libertar de sentimentos densos — como raiva, orgulho, angústia, rancor, tristeza, soberba, arrogância, ódio — que não combinam em nada com sua origem divina?

Djwhal Khul revelou ainda que leva um tempo de 200 a 300 vidas para um espírito ser dispensado da roda de encarnações — variando conforme a dedicação da pessoa em querer realmente evoluir, enquanto educa o ego existente em si para aceitar sua realidade divina.

Diante disso, eu pergunto: compensa mesmo impor nossa vontade sobre a dos outros? Compensa mesmo sermos arrogantes e prepotentes reciprocamente, enquanto desperdiçamos um tempo precioso agindo como fantoches do ego? Que bem fará para a sua evolução uma vida pautada em ilusões como *status* social, por exemplo? Fazer alardes sobre ser dono disso ou daquilo, gabar-se de ter isso ou aquilo, é o que realmente vai lhe aproximar de Deus? É realmente isso que *mais* importará e pesará para Deus no momento da morte do corpo físico? Nosso único e verdadeiro objetivo enquanto espíritos encarnados é o da evolução — pelo menos, é o que deveria ser.

Não é errado ter posses, melhorar sua qualidade de vida ou *status* social ao longo de sua existência. O errado é viver *apenas* para isso, sem um propósito alinhado com o bem maior e sem que você contribua para a evolução das outras pessoas.

Ao refletir sobre isso, perceba que, quanto mais insistimos nas fantasias e ilusões da vida física, mais retardamos nossa evolução. Tudo aquilo que deixamos de aprender nessa vida acumula-se para as próximas. Agora, numa fila com mais de oito trilhões de espíritos em evolução, quando seria sua próxima encarnação? Por mais quanto tempo você esperará até que possa encarnar novamente para seguir com sua evolução?

Por mais que, nos planos interiores das dimensões sutis, nossos espíritos trabalhem em planos que agilizarão nossa evolução, tudo isso será posto fora caso não seja aplicado na prática; isto é, caso não executemos o plano traçado.

Faz mesmo sentido insistir naquilo que não é real, que é passageiro e que não passa de uma mera derivação do ego negativo?

Quando estamos alinhados com o nosso propósito, vivendo nossa missão e servindo ao plano de Deus para nós, conseguimos extrair todas as forças que precisamos da fonte certa e isto torna a vida mais equilibrada e gostosa de ser vivida. Apesar das dificuldades, tudo é leve e mais fácil.

Ao passo que, buscar meios de evitar os desafios que aparecem e servir às vontades do ego, com comportamentos pouco adequados aos nossos espíritos, são o caminho mais rápido para travar nossas vidas.

Tudo aquilo que é correto e alinhado ao nosso propósito mostra sinais — assim como dormir gera o descanso e comer gera a satisfação. Sempre temos sinais sobre aquilo que estamos fazendo ser realmente o que *deveríamos* estar fazendo, ou não. No caso de nossa evolução espiritual, saberemos sempre que estamos condizentes com o plano de Deus quando nossas escolhas gerarem sentimentos e sensações leves. Sempre que houver peso, mal-estar, sentimento de vazio ou tristeza após fazer uma escolha, desconfie. Você pode estar em um caminho que talvez não seja o melhor para si.

Quando, em qualquer aspecto, momento, relação ou situação da sua vida você perceber que há um peso envolvido, pergunte-se: isto é realmente para mim? Onde e em que nível estou ouvindo o ego e negando minha verdadeira identidade? Escolhi isso genuinamente por ser o melhor, ou meus motivos vieram de sentimentos como medo ou vingança?

Nunca deixe de fazer o certo, mesmo que seja mais difícil ou que poucos o façam. De forma semelhante, não se deixe iludir pelo errado, mesmo que seja mais fácil e muitos sigam este caminho.

Reforçar isto nunca será suficiente: o nosso objetivo maior é a evolução espiritual, seja durante a encarnação na Terra, seja em qualquer outro plano ou dimensão. Este é e sempre será o fluxo natural e supremo que governa o Universo.

› A EVOLUÇÃO DE DEUS

Quando falamos sobre evolução espiritual, muitos caminhantes desta trilha se deparam com desafios pessoais e dificuldades particulares que precisam ser superadas. A senda daqueles que desejam recobrar sua unicidade com Deus torna-se, então, repleta de encruzilhadas, as quais podem proporcionar tanto distrações, quanto acertos e vitórias. Como é possível garantir que as escolhas ao longo do caminho são as que mais contribuem com a evolução da personalidade? Como fazer que o crescimento espiritual e a dominação do ego negativo sejam os objetivos primordiais da existência terrena, mesmo com tanta competição gerada pelos fascínios da matéria ou ilusões do ego?

A resposta para estas perguntas recai sobre a certeza da nossa verdadeira identidade espiritual. Na condição de espíritos encarnados, temos uma amostra essencial do próprio Deus — afinal, somos uma entre doze extensões de uma alma, projetada a partir de uma mônada que veio de Deus.

Se um dos nossos objetivos principais durante a vida material é educar o ego para a espiritualidade, é natural perceber resistência. Quer seja do nosso próprio ego ou de outra pessoa. Podemos estar sempre atentos sobre quem está verdadeiramente no comando, isso é, se quem nos governa é o nosso Eu Divino ou o Eu Inferior.

Educar o ego significa reverter todo e qualquer impulso ou padrão que gere reações baseadas em medos ou percepções irreais de separação. Estes medos geralmente são sobre questões desconhecidas, ou sobre as quais não tenhamos referência; por exemplo: uma mudança de cidade, uma mudança de emprego, ou até mesmo o rompimento de um relacionamento. Quando tomamos decisões e fazemos escolhas baseadas no medo, praticamos a falta da fé, servindo ao ego ao mesmo tempo. E com isso, atrasamos nossa evolução.

Porém, gostaria de apresentar uma interpretação alternativa desta realidade que, mesmo diante de adversidades, lhe permita seguir pelo caminho correto. Para isto, façamos uma breve análise sobre o que é o medo. Ele é gerado sempre que somos apresentados as situações aparentemente adversas e que possam representar uma ameaça significativa à personalidade encarnada; ou seja, à vida da pessoa. O medo nada mais é do que um mecanismo de defesa e autopreservação. Quando estamos a vários metros de altura, sem qualquer proteção, é natural sentir medo. Se ficarmos frente a frente com um predador feroz, o medo também é natural. Afinal, estas circunstâncias apresentam ameaças que podem interferir na duração do espírito sobre a Terra.

No entanto, ao nos acostumarmos com o cotidiano da vida material, passamos a sentir medo de tudo que não podemos controlar. O medo deixou de ser um mecanismo de autopreservação e passou a ser confundido com insegurança. Apesar de se mostrarem como cenários conflituosos, muitos momentos não representam um perigo real. Ou seja, alinhamentos profissionais, cobranças diversas, reuniões de trabalho, negociações e discussões verbais — dentre outros quadros — não deveriam oferecer risco e, consequentemente, não deveríamos temê-los.

Quando cedemos ao medo como reação instintiva primária, alimentamos o ego e reforçamos a incapacidade de lidar com as adversidades inerentes da vida em sociedade. Não ter postura e não saber se posicionar são sintomas de falta de poder pessoal e baixa autoestima, e não de um risco real que ameace a vida.

É preciso saber diferenciar se o desafio apresentado proporciona algum perigo real. Caso negativo, trata-se de insegurança, e não de medo. Logo, qualquer decisão baseada nesse sentimento está sendo influenciada pelo ego. E isto, consequentemente, atrasa nossa evolução.

Quando sentimos medo ou insegurança diante de uma adversidade, é porque ainda nos falta força interna (poder pessoal) suficiente para gerar a confiança de que tal adversidade não representa uma ameaça. Sendo assim, podemos entender o medo como sendo um sinalizador daquilo que precisamos desenvolver.

E o que é isso, se não a própria definição de evolução? Quando identificamos um ponto de melhoria e o corrigimos, o resultado torna-se melhor que o estado inicial, e acontece o *crescimento*.

Se ajustamos nossas emoções e paramos de sofrer por qualquer oscilação ou influência externa, este crescimento se transforma em *inteligência emocional*. Se ajustamos os pensamentos de modo a analisarmos as situações sob uma ótica puramente racional, este crescimento se transforma em *maturidade*. Adicionemos, agora, fé, confiança e a certeza de que os desafios surgiram para nos proporcionar os aprendizados que ainda nos faltam para sermos melhores e mais completos, e este crescimento passa a ser também *espiritual*.

Muitas são as oportunidades apresentadas para podermos crescer e evoluir. Mas aproveitá-las ou não, é uma decisão que cabe inteiramente a nós. Como extensões do próprio Deus, se encaramos as adversidades com força e determinação suficientes para superá-las, mostramos ao ego que o medo, apesar de útil, não tem por que persistir e, com isso, rompemos com velhos padrões e nos tornamos seres cada vez mais lapidados.

Quando adotamos esta postura, nós evoluímos. E assim, o próprio Deus evolui. Por isso, se daqui para frente qualquer obstáculo parecer desafiador, ou grande o suficiente para gerar medos ou inseguranças, enfrente-o mesmo assim — se não por você ou sua evolução, que seja pela evolução do próprio Deus.

› NOMENCLATURAS EQUIVALENTES

O estudo da história da Criação, como mencionado anteriormente neste capítulo, remonta aos tempos da fundação da Sociedade Teosófica, em 1875. Desde então, linhas de estudo foram surgindo, assim como ramificações da forma como tais informações eram transmitidas.

Dentro deste processo, é importante destacar que pessoas distintas explicaram a mesma história da Criação, mas com termos diferentes — nem melhores, piores, certos ou errados, apenas diferentes.

Ofereço aqui um conjunto de termos que são sinônimos e tratam do mesmo assunto. Eles podem ser úteis, caso você, em seus estudos, se depare com algum deles.

Quando, em algum momento, você se deparar com os termos **centelha divina**, **Divina Presença** ou **Poderosa Presença Eu Sou**, saiba que o tema discorre sobre as **mônadas**.

Agora, quando ouvir falar sobre o **Eu Divino**, **Eu Superior** ou **Mente Superior**, entenda que se fala sobre a **alma**.

E, quando quer se referir às **extensões de alma** (nós), podem ser usados termos como **personalidade** ou **consciência**.

Durante minha jornada de estudos, identifiquei algumas confusões semânticas em diversas fontes. É comumente empregado o termo **alma** para se referir ao espírito encarnado de cada um de nós. Porém, quando falamos do nosso espírito, estamos falando sobre a **extensão de alma**, e não da **alma**, a qual é a extensão da mônada.

Além disso, outras linhas de estudo empregam o termo **alma** para falar da consciência encarnada, e **espírito** para falar da consciência livre da matéria. Entretanto, independentemente da consciência estar em um corpo físico ou fora dele, em ambos os casos, isso se refere à **extensão de alma** e não à **alma**.

› PRÁTICAS ASCENSIONAIS

Este livro traz uma série de práticas ascensionais que têm o objetivo de acelerar o seu processo de evolução espiritual, de forma segura e num ritmo saudável.

As práticas devem ser feitas, no mínimo, uma vez por dia; sendo o ideal três vezes ao dia.

É recomendável que, no começo, você faça apenas uma prática por dia, ou seja, repita a mesma técnica, de uma a três vezes no dia. Isto é importante para que seu espírito seja gradualmente temperado com os diversos tipos de energia ancorados a cada prática.

Também é fundamental que você não pule ou esqueça das suas práticas diárias, pois seu canal se expandirá num ritmo adequado e não agressivo. Isto habilitará você a canalizar mais energia de maneira confortável.

Caso haja algum impedimento, ou você esqueça de fazer a prática do dia, não há problema. Apenas recomece tudo do início novamente.

Se você participar de algum grupo no qual os integrantes estejam familiarizados com os conteúdos deste livro, fazer as práticas em grupo aumenta sua profundidade e acelera os benefícios.

À medida que for conhecendo as demais técnicas, sinta-se livre para combinar um ou mais tipos de prática por dia.

Caso os intervalos entre as práticas sejam curtos, é possível que você se perceba num estado mais leve que o normal, como se estivesse de alguma forma *anestesiado*. Se isto ocorrer, hidrate-se bem, alimente-se de forma saudável e aguarde até esta sensação passar.

Vamos à prática!

TÉCNICA DA RECONEXÃO ESSENCIAL

Esta técnica canalizada tem por objetivo retornar a consciência daqueles que a praticam à sua verdadeira essência: a do Eu Eterno, a do Cristo, a do espírito transcendental que nunca deixará de existir.

Trata-se de uma forma rápida e segura para lembrarmos de quem somos, da nossa verdadeira origem, do objetivo de nossa presente reencarnação e, mais importante, de qual é o nosso caminho depois desta encarnação.

A Técnica da Reconexão Essencial interrompe e limpa o efeito energético das picuinhas do cotidiano, das reclamações, das futilidades, do apego às coisas da Terra, das disputas por quem tem mais razão e das demais contaminações mundanas insalubres para o espírito. Isso restaura nosso foco, que é muitas vezes corrompido pelo ego negativo, e o realinha ao que deveria ser o objetivo principal: o de evoluir espiritualmente, de forma equilibrada.

Com o tempo, a realização recorrente desta técnica permitirá reconhecer-se instantaneamente como uma extensão do próprio Deus, bem como perceber esta mesma condição nas outras pessoas. Isto permitirá que, ao estabelecermos qualquer contato ou nos relacionarmos — independentemente do nível desta relação — sejamos capazes de respeitar o nível de consciência e evolutivo do outro, reconhecendo Deus nele e em todas as coisas.

PRÁTICA 1

Vamos começar relaxando. Encontre uma posição confortável, feche os olhos e respire profundamente, de forma cadenciada.

Respire profundamente algumas vezes, até sentir que sua percepção do mundo externo começa a diminuir. Neste momento, nada mais importa do que prestar atenção à sua própria respiração!

Permita que o ar invada seus pulmões, enquanto você o acompanha ao longo do seu trato respiratório. À medida que respira, preste atenção ao estágio em que seus pulmões param entre a inspiração e a expiração, e depois entre a expiração e a inspiração.

Comece a procurar este ponto de "pulmão parado" nos seus ciclos respiratórios. Inspirando... expirando... e prestando atenção aos seus pulmões vazios. À medida em que você busca por este sutil ponto da sua respiração, vá relaxando mais e mais.

Agora, enquanto inspira, repita mentalmente a palavra "So" e, enquanto expira, repita mentalmente a palavra "Ham". Vamos lá?

Inspirou pensando "So"... Expirou pensando "Ham"...

Inspirou pensando "So"... Expirou pensando "Ham"...

Inspirou pensando "So"... Expirou pensando "Ham"...

Continue nesse ritmo, focando no ponto dos pulmões parados, e mantendo a respiração de So Ham.

Relaxe mais e mais e eleve seus pensamentos até Deus. Neste momento, a paz do corpo é a paz da mente.

Enquanto sua consciência se aquieta, visualize, em sua mente, dois pontos no infinito. O primeiro, mais próximo de você, é a sua alma; já o segundo, mais elevado, é a sua mônada. Mantenha essa visão enquanto continua a respirar, repetindo mentalmente *"So... Ham... So... Ham..."*

Sinta, visualize, perceba que um fio luminoso se projeta da sua alma até o centro da sua testa, bem no chakra frontal. Este é o seu fio da consciência e ele tem a cor que você intuir ou desejar.

Da mesma forma, visualize, sinta ou simplesmente perceba que outro fio se projeta da sua mônada até o centro do seu peito, no chakra cardíaco. Este é o seu sutratma, e ele também tem a cor que você escolher ou intuir.

Sinta esta ligação! Você, sua alma, sua mônada... unidos, completos e perfeitos!

Deixe-se levar por essa sensação de completude.

Agora, você começa a perceber como se uma corrente amorosa começasse a fluir diretamente da sua mônada... da sua alma... até você.

Acompanhe em sua tela mental este processo acontecer! Enquanto essas forças maiores lhe preenchem com sua própria essência!

Permita que sua alma e sua mônada lhe abasteçam com a mais pura luz divina, enquanto continua a respirar profundamente, mantendo o ritmo do So Ham.

Sinta como se sua vitalidade aumentasse... como se sua bateria interna fosse profundamente recarregada pelo mais puro nutriente energético!

Enquanto seu quociente de luz é recarregado de dentro para fora, visualize um perfeito fluxo energético em seus meridianos... limpando e desobstruindo cada canal para a passagem da luz.

Sinta seu sistema de vários corpos sendo completamente iluminado. Essa luz preenche sua aura, seus chakras, expulsando energias desqualificadas e preenchendo o espaço criado com pura luz.

Veja toda o seu ser agora banhado e inundado por essa luz!

Quando você percebe sua aura completamente limpa e purificada, todo excedente luminoso enviado pela alma e sua mônada são projetados para cima, através de um tubo que nasce do seu chakra coronário e sobe até a Fonte da Criação

Esta é sua linha axiatonal – sua identidade cósmica na Criação – uma extensão da sua verdadeira essência.

Essa linha inquebrável será, por toda a eternidade, a sua ligação com os seres mais puros e elevados da Criação. É por ela que suas orações são enviadas a Deus, assim como é por ela que Suas bênçãos vem Dele para você.

Toda vez que alguma situação lhe fizer oscilar, lembre-se dessa divina conexão que já existe entre você, sua alma, sua mônada e toda a Criação!

Invoque seu sutratma para que abasteça seu sistema de quatro corpos com a mais pura energia vital universal, limpando suas emoções de tudo aquilo que lhe é tóxico ou danoso.

Invoque também o seu fio da consciência para que a sua mente seja liberta de quaisquer pensamentos poluídos ou que o afastem de sua paz.

Tenha presente que, por mais que sua consciência busque o acolhimento no mundo físico, a sensação de separação não passa de uma fantasia do ego negativo para bloquear o seu avanço no caminho espiritual.

Neste momento, apenas respire, enquanto absorve essas palavras e cristaliza essa conexão em sua consciência.

Para encerrarmos este processo, vamos fazer a Grande Invocação:

Do ponto de Luz na mente de Deus,
Flua Luz às mentes dos homens.
Que a Luz permaneça na Terra.

Do ponto de amor no coração de Deus,
Flua Amor aos corações dos homens.
Que o Cristo volte à Terra.

Do centro onde a Vontade de Deus é conhecida,
Que o Propósito guie as pequenas vontades dos homens.
O Propósito que os Mestres conhecem e servem.

Do centro a que chamamos *raça dos homens*,
Que se manifeste o Plano de Amor e Luz
e confirme a Vontade para o Bem.

Que a Luz, o Amor e o Poder
restabeleçam o Plano Divino sobre a Terra.
Que assim seja, e sempre será, porque assim é!

Siga respirando de forma profunda enquanto volta, vagarosamente, sua percepção ao seu corpo. Vá percebendo seus pés, suas pernas, suas mãos, seus braços, seu rosto… até que esteja pronto para abrir os olhos!

CAPÍTULO 2

O NOSSO LUGAR NO PLANO DE DEUS

"Esquecer-nos de nossa verdadeira origem é uma consequência natural da separação."

— Luiz Mourão

Para conter nossa criatividade desgovernada, no início da Criação, foi instituído o plano reencarnatório para as extensões de alma. Desde então, a existência de nossos espíritos, na dimensão material, foi limitada a corpos físicos humanos com duração finita. Confinados ao ciclo reencarnatório, renasceremos humanos até conseguirmos viver e expressar nossa divindade na matéria.

Se cada extensão de alma encarnada vivesse em total isolamento, seria possível criar um "cronograma pedagógico" individual, especificando quais lições e aprendizados seriam praticados e quando aquilo aconteceria. Porém, a realidade está distante disso.

Agora que falamos sobre como se deu a origem de nossa caminhada, é importante entender como tudo se encaixa. Afinal, apesar de termos nossas individualidades, vivemos em sociedade.

Após o distanciamento da unidade com Deus, o ego tomou posse de nossas consciências, nos fazendo acreditar estarmos caminhando por conta própria. Como vimos, o ego é um mecanismo de autopreservação e tudo aquilo que afete a integridade do corpo físico que abriga o espírito imortal de cada um é visto como ameaça.

Este entendimento é importante, pois na vida em sociedade, os aprendizados de um afetam as lições do outro. Como existe um total aproximado de quase 9 trilhões de espíritos em evolução, dos quais cerca de 8 bilhões estão encarnados na Terra, não só foi criado um plano maior que viabilizasse o nosso retorno à Casa de Muitas Moradas, como também este plano precisou ser otimizado, para extrair o máximo de resultados no menor tempo possível.

Durante nossas encarnações, temos a oportunidade de curar as mais diversas **inferioridades**[1].

Algumas são menos graves (timidez, preguiça, introversão, medo do julgamento, etc.), outras mais sérias (agressividade excessiva, orgulho, compulsividade, mentira, manipulação, etc.). O que define quais inferioridades vamos trabalhar em determinada encarnação depende de acordos pré-reencarnatórios. Por outro lado, o sucesso na superação dessas inferioridades depende da nossa vontade, dedicação e comprometimento com esta causa.

Não há como escapar da didática divina. Quando morremos para o corpo físico e retornamos ao mundo espiritual, as inferioridades não superadas permanecem em nossos **registros akhásicos**[2] (ou akáshicos) e novamente, numa próxima encarnação, precisarão

1 Toda e qualquer característica inferior derivada do ego. As inferioridades também podem ser entendidas como imperfeições que nos distanciam de nossa essência divina e motivam a necessidade de nossas encarnações.

2 Compilação de todos os eventos, situações, vivências, memórias, sentimentos, pensamentos, emoções e outras individualidades pessoais do passado, presente e futuro de cada um. Servem como um banco de dados, ou histórico curricular individual, e orientam os planos pré-reencarnatórios a fim de determinar, dentro daquilo que se precisa desenvolver, quais serão os principais temas trabalhados naquela encarnação.

ser postas a teste, assim como anos escolares pouco aproveitados precisam ser repetidos novamente.

Ao contrário do que muitos pensam ou gostariam, quando morremos para o corpo físico, nossas inferioridades não nos acompanham para o mundo espiritual, a fim de serem curadas lá. Não por qualquer proibição ou lei universal que impeça isto, mas simplesmente por uma diferença de sintonia e frequência.

Mesmo que as inferioridades a serem trabalhadas numa determinada encarnação sejam escolhidas ainda no astral superior, no período entre vidas, quando chegamos no mundo físico não temos uma memória nítida daquilo que foi decidido. Este é um dos efeitos daquilo que conhecemos como *Lei do Esquecimento.*

Se esta lei universal não existisse, teríamos uma consciência clara daquilo que deveríamos fazer, tornando nossa encarnação mais fácil. Entretanto, ter essa memória clara — como uma lista de tarefas, por exemplo — acionaria fortemente nosso corpo mental, e tenderíamos a fazer aquilo de forma automática, sem qualquer conexão com o real propósito de estarmos passando por aqueles desafios.

A grande maioria das inferioridades consiste, essencialmente, em desequilíbrios emocionais e, por isso, a verdadeira evolução acontecerá quando soubermos administrar com maestria nossas oscilações emocionais e controlar nossos impulsos mais primitivos — mesmo que não tenhamos consciência de quais sejam. Afinal, o plano reencarnatório foi criado para que nossos rompantes egoístas fossem contidos, certo?

Mesmo sem a memória clara daquilo que viemos curar, podemos discernir se estamos no caminho certo ou não, pela maneira como nos sentimos a cada atitude que tomamos. A cada escolha que fazemos, estamos, no fundo, nos posicionando ou do lado da Luz, ou do lado do ego. Quando não nos posicionamos do lado da Luz, escolhemos servir o nosso ego, incontestavelmente.

› APROVEITANDO A ENCARNAÇÃO

A expressão em português "aproveitar a encarnação" está vulgar e popularmente associada a estilos de vida que envolvam o comparecimento nos mais diversos eventos sociais que possam surgir, sejam *happy hours*, confraternizações, shows ou outras festas assim como ao aproveitamento frequente dos mais diversos vícios e outras fontes de prazer imediato — álcool, sexo, drogas, comida, jogos de aposta e outros. Tudo para calar sentimentos ruins e aliviar dores internas.

Será mesmo que bebedeiras frequentes ou festanças sem fim são as melhores formas de aproveitar a encarnação? Sabendo de nossa origem espiritual e do real propósito de nossas existências na Terra, o que de fato significa "aproveitar a encarnação"?

As encarnações existem para podermos superar nossas inferioridades em vida, praticar os aprendizados e desenvolver as habilidades de que precisamos para nos aproximarmos cada vez mais de Deus e nos realizarmos n'Ele. Seremos liberados do ciclo reencarnatório quando, finalmente, entendermos a importância de sermos todos Um *com* Deus e Um *em* Deus.

Porém, com tantos conflitos por aí, como é possível praticar o que precisamos sem desvios ao longo do caminho? Por exemplo, como é possível praticar a calma, a tolerância, o amor incondicional, a serenidade, a paciência, a fé e a confiança e superar nossas inferioridades, se existem tantas distrações, incomodações, disputas e ofensas oferecidas tão gratuitamente pelos egos alheios?

Durante a infância e pré-adolescência, normalmente passamos pelas primeiras situações difíceis na vida. Esses acontecimentos ferem, traumatizam e são guardados nas mais profundas camadas do inconsciente, onde permanecem invisíveis, porém ainda ativos e operantes até nossa morte (para o corpo físico). Este é o motivo pelo qual costumo dizer que em cada adulto habita uma criança machucada.

Esta *criança interior*, que muitos sabem que existe, mas poucos realmente conhecem, é formada pelo conjunto de todas as memórias reunidas ao longo de nosso crescimento — tanto conscientes, quanto inconscientes. Essas memórias, principalmente as inconscientes, norteiam nossas vidas. Porém, muitos dos caminhos que seguimos, buscando evitar situações que acionem os sentimentos ruins guardados nos nossos subconscientes, nos levam para vidas vazias e infelizes.

Entenda: se nossas escolhas são influenciadas pelo medo da criança interior sentir algo ruim novamente, e se o medo nasce do ego, logo podemos dizer que a criança interior é apenas uma apresentação diferente do ego que habita em nós.

Às vezes, por uma criação com pais ausentes, nos tornamos adultos carentes e apegados. Outras vezes, por uma criação com figuras autoritárias ou abusivas, nos tornamos adultos reclusos e controladores. Agora, e se em nossas criações nos depararmos com pais carentes e apegados ou reclusos e controladores? Quais influências eles teriam sobre nós? E que tipo de memórias encontraríamos em nossos inconscientes?

Obviamente, estes efeitos não são deterministas e tampouco devem ser generalizados, pois isto envolve a intensidade da forma com a qual fomos tratados durante nossa criação, assim como as inferioridades que precisamos curar. Isto justifica, por exemplo, o fato de dois irmãos gêmeos reagirem de forma diferente, mesmo recebendo o mesmo tratamento — o que vai imperar são as necessidades dos espíritos de cada um.

Desprezando que somos extensões de alma em evolução, uma pessoa autoconsciente buscará uma forma de tratar suas feridas internas, mesmo que completamente negligente com sua identidade espiritual. A depender da forma com que a pessoa encontra esse amparo, ou ela aprende como processar melhor suas memórias e sentimentos mal resolvidos, tornando-se um adulto autorresponsável, ou ela se coloca num papel de vítima das circunstâncias.

Agora, pela ótica reencarnacionista, não existem vítimas ou vilões. O que existe são espíritos que se unem por um propósito específico — em última instância, o de evoluir. Nossas inferioridades nunca estão completamente ativas durante toda a nossa a vida, elas oscilam: ora ativadas, ora latentes. E para serem ativadas, são necessários certos *gatilhos*, sendo por meio deles que tudo se encaixa no plano de Deus.

Todos os relacionamentos que temos, sejam eles de quaisquer tipos (amizades, familiares, profissionais, afetivos, amorosos, ou até mesmo com nossos animais de estimação), apresentam as exatas configurações capazes de ativar uma determinada inferioridade, seja ela mais séria ou menos séria.

Se temos memórias negativas ou sentimentos mal resolvidos por nossos pais, por exemplo, precisamos ter claro que eles não *são* nossos pais, eles *estão* como nossos pais — e, assim como nós, vivem um processo de cura das próprias inferioridades. E é assim com todos os outros espíritos que possam cruzar nossos caminhos, independentemente dos rótulos que tenham: pais, mães, filhos, esposas, maridos, chefes, vizinhos, etc.

Cada inferioridade ativada — medo, mágoa, ansiedade, ódio, rancor, raiva, insegurança, etc. — apesar de prejudicar momentaneamente nossa qualidade de vida, apresenta uma valiosa oportunidade de evolução espiritual. Afinal, todos os espíritos encarnados derivam de Deus, sendo o próprio Deus em evolução.

Quando estamos numa situação difícil, em vez de questionar o "porquê" aquilo está acontecendo, devemos perguntar "para que" aquilo acontece, ou seja: o que está por trás? Qual o propósito daquilo? O que falta, de nossa parte, para que aquela situação seja de simples resolução? Seria o exercício da paciência? Talvez, ser mais tolerante? Ou até mesmo menos controlador?

Ao nos depararmos com momentos desafiadores, isto é, quando passarmos por situações que sejam gatilhos para nossas inferioridades, devemos abandonar definitivamente qualquer postura vitimista, pois isso não fará bem a ninguém. Desafios refletem aspectos com relação aos quais podemos ser mais fortes, dependendo apenas de nós a decisão de sê-lo ou não.

Logo, se adotamos uma postura vitimista agora, reagindo às pessoas envolvidas com o gatilho daquela inferioridade, não só servimos ao ego, como também atrasamos nossa própria evolução. Se para esta encarnação ficou decidido que uma pessoa precisa desenvolver a coragem e a autorresponsabilidade pelos seus atos, por exemplo, por mais que isso seja atrasado por posturas vitimistas, ao longo da vida, diversas situações se apresentarão até que esta pessoa use aquela oportunidade para ser mais corajosa e autorresponsável. É o que está por trás do ditado popular: "se não aprende pelo amor, aprende pela dor".

Aproveitar a encarnação é, no fundo, acolher as oportunidades que se apresentam para transformarmos nossas inferioridades em virtudes.

Nós *temos* um corpo, mas não *somos* esse corpo — ele apenas nos foi emprestado.

Temos emoções, mas não *somos* essas emoções. Elas são o farol que aponta para o que ainda não tem governança.

Nós *temos* uma mente, mas não *somos* essa mente. Ela é uma ferramenta valiosa que nos permite escolher, tanto o bem, quanto o mal.

O que realmente somos é um espírito em processo de lapidação. Somos a essência, e não a forma. Somos o conteúdo, e não o receptáculo. E naquilo que somos, encontramos todas as soluções para os desafios que se apresentam, quaisquer que sejam. Relembrar nossa verdadeira identidade ameniza as dificuldades e torna a superação das inferioridades mais leve; mesmo que nem sempre, mais fácil.

Com esta segurança, sejamos firmes em nosso caminho evolutivo, fortes para segui-lo e compreensivos com aqueles que escolheram diferente. Lição que não se aprende é lição que se repete.

O estudo sobre temas como vidas passadas, inferioridades, reencarnação e acordos espirituais pré-reencarnatórios oferece uma vasta gama de fontes de informação. Se você se interessou por algum destes temas e gostaria de se aprofundar nele, ou em outros que orbitem esta temática, recomendo duas obras com conteúdos profundos e de fácil compreensão. O primeiro é *Evolução Espiritual na Prática*, dos meus amigos Bruno Gimenes e Patrícia Cândido, que também proporciona ao leitor condições de acelerar sua evolução espiritual; o segundo é *Acordos Espirituais: O Despertar da Missão*, de Aline Schulz, que apresenta quatro grupos de resgates relacionados às inferioridades que cada espírito veio curar.

› OS ESTÁGIOS DE CONSCIÊNCIA E A AUTORREALIZAÇÃO

A amada mestra Helena Blavatsky, como fundadora da Sociedade Teosófica, já no primeiro fragmento da sua obra *A Voz do Silêncio*, nos entrega sabiamente uma série de pensamentos que muito contribuem com o aproveitamento desta encarnação. Eles dizem respeito aos diversos estados de consciência pelos quais passamos, desde enquanto vivemos na completa negligência espiritual, até o mais avançado grau do nosso reconhecimento espiritual.

Como acredito que esses conhecimentos são um excelente complemento para o conteúdo que estamos desenvolvendo neste momento, decidi compartilhá-los.

Para termos sucesso ao longo do nosso caminho, através do plano de Deus, precisamos abandonar completamente o mundo alimentado pelos sentidos e objetos de desejo do ego negativo e acolher a Verdade como ela é. Nas palavras da mestra Helena: "a Mente é a assassina do Real. Que o discípulo acabe com o assassino".

Ao longo desta caminhada, passamos pelo que são consideradas três salas: a **Sala da Ignorância**, a **Sala do Conhecimento** e a **Sala da Sabedoria**.

A Sala da Ignorância representa a vida física, encharcada pelos prazeres. Neste espaço, os vícios materiais e comportamentais imperam e todos vivem à sua busca. Neste ambiente inóspito para a alma, o habitual é alimentar o ego através do cultivo da separação e do medo, os quais geram os mais diversos tipos de conflitos. Somente quando a personalidade despertar para além da consciência terrena e buscar compreender o todo de outras formas que não só a partir dos sentidos da carne, é que perceberá a sutil luz que conduz à sala seguinte.

Na Sala do Conhecimento as ilusões são desmascaradas e o real aprendizado acontece. Uma vez adentrado este espaço tão importante, a passagem é fechada às costas e pela eternidade desta vida — impossibilitando retroceder para a ignorância.

Como já disse o amado mestre Paramahamsa Yogananda: "as pessoas odeiam as verdades que abalam suas ilusões". Por isso, na

Sala do Conhecimento, as provações começam. É aqui o nascedouro das crises de identidade, dos vazios existenciais e de outras tristezas sombrias. Quando o espírito finalmente desperta e percebe o quanto, até então, a vida foi guiada pelo ego, a consciência encarnada sofre de arrependimento e culpa, pesarosa e enviuvada pelo tempo desperdiçado.

A pessoa continuará assim até que a separação e o medo cedam espaço ao amor de Deus, e a teimosia e rebeldia deem passagem à tolerância e à paciência. Paciência não se trata apenas de saber esperar, mas também de manter uma postura adequada enquanto o esperado ainda não aconteceu.

É neste estágio que acontece o expurgo das sombras do passado, enquanto as falsas verdades são desconstruídas. Aqui, o fascínio, a ilusão, a incompletude da realidade e outros níveis de engano são desmascarados e desmoronam e, à medida que a personalidade aprende a abdicar do controle, lapida sua conduta e integra o Propósito de Deus à rotina cotidiana. Dessa forma, a Unidade é conquistada e a personalidade se torna digna verdadeiramente de abrigar a consciência crística que há em si.

Somente quando a personalidade aprender a se desviar das armadilhas da matéria e do ego, poderá adentrar na terceira sala, a da Sabedoria, onde os prazeres dos sentidos são ignorados e as vozes da ilusão são para sempre caladas. Nesta sala habita a Luz da Verdade e não há nenhum vestígio de sombra. É nela que a Luz dos Mestres está aberta, para que nela possamos nos banhar, a fim de que a Luz do Mestre seja uma só com a nossa própria Luz.

Entrar na terceira sala representa a humildade suprema. É quando a nossa vontade é indistinguível da vontade do Mestre e, a serviço do ***dharma***[3], passamos a trabalhar com a Luz de Deus como o farol de nossos passos. Em nossos passos como aprendizes na Luz e buscadores do conhecimento superior, fonte da libertação do sofrimento, é que

3 *Dharma* pode ser entendido como toda e qualquer ação voltada para o bem maior de todos os seres. É um princípio divino que inspira o trabalho dos Mestres e estimula que todas as práticas sejam boas e justas, voltadas para o serviço e para a compaixão.

encontraremos a autorrealização. Primeiro enquanto profissionais impregnados de capricho, adormecidos para o espírito. Depois, como discípulos frustrados pelo tempo perdido, porém incansáveis e valentes para os desafios vindouros. E, por fim, trabalhadores discretos servindo à Obra do Criador.

Apesar dos desafios, sejam eles quais forem, não importando sua intensidade, que nosso brilho individual seja a própria lanterna que nos guia nas horas sombrias da alma, para podermos encontrar o caminho de volta, e seguir em frente.

ANOTAÇÕES DO DISCÍPULO

CAPÍTULO 3

O CAMINHO ESPIRITUAL E AS INICIAÇÕES

"O espírito encarnado precisa de experiências diferentes para evoluir."

— Allan Kardec

Entender que somos seres espirituais passando por experiências humanas, a fim de ativar nossas inferioridades para serem transformadas em virtudes, é uma premissa que poderia orientar nossa existência.

Qualquer pessoa tem desafios individuais para superar. E, escolhendo a palavra "desafio" não me refiro às adversidades externas da nossa rotina cotidiana, mas sim às dificuldades individuais que temos em dominar os instintos do ego negativo para desenvolver a habilidade de responder, e não apenas reagir.

Quando respondemos, desenvolvemos o nosso quociente de adversidade, isto é, a capacidade de encontrar soluções para os problemas que se apresentam. Ao responder, paramos, pensamos e refletimos sobre a melhor, ou a mais inteligente, maneira de resolver aquilo.

Já a reação está intrinsecamente ligada às nossas programações internas. O que há em nós? Pelo que já passamos? Quais são nossas referências sobre uma determinada questão? Ou ainda, quais sentimentos aquela situação desafiadora aflorou?

Entender que as reações expressam o controle do ego negativo sobre nossas atitudes, escolhas e vontades é um primeiro passo para cada pessoa evoluir no caminho espiritual.

A frase: "o espírito encarnado precisa de experiências diferentes para evoluir" reflete um dos ensinamentos de Allan Kardec que mais ressoa em mim. Cada tipo de reação instintiva que temos, diante dos gatilhos da vida cotidiana, corresponde a um controle específico que precisamos ter sobre nosso ego negativo.

Algumas destas reações estão intimamente ligadas a hábitos diários e podem gerar vícios e compulsões para o corpo físico. Outras revelam o quanto estamos sendo escravos de emoções inferiores e o quão desgovernado está nosso corpo emocional. Há também aquelas que mostram o tamanho da nossa negligência a respeito daquilo que vem de Deus ou da Luz, fazendo com que nossos pensamentos não estejam alinhados ao Propósito do Criador. Por fim, algumas reações expressam o grau da nossa rigidez espiritual, ao considerarmos que uma ou outra religião está acima da Verdade, ou até que esta ou aquela forma de contribuir com o plano divino seja melhor ou pior que a outra.

Seria possível listar inúmeros outros exemplos do quanto o ego negativo pode ser ardiloso, ao controlar nossas vidas de forma tão velada, porém, no fundo, o motivo disso é o mesmo: mostrar que, para seguirmos avançando no caminho espiritual, existem etapas a seguir.

Colecionar superações é algo potencialmente trabalhoso. No entanto, quando entendemos que estas superações simbolizam conquistas, o nosso avanço em direção à evolução espiritual se faz notado, e tudo aquilo que antes era visto como trabalhoso se transforma no sentimento de vitória.

As etapas do avanço espiritual que vimos anteriormente, servem para deixar claro como os diferentes controles do ego negativo podem interferir em nossas vidas, por ser praticamente impossível separar completamente uma etapa da outra.

Avançar no caminho espiritual significa evoluir na superação destas etapas, assim como um jogador avança num jogo de tabuleiro, ou um escoteiro acumula broches de honra ao mérito. Como diria meu amigo Bruno Gimenes, no seu livro *Os Símbolos de Força: a Volta dos Iniciados*, vamos acumulando selos iniciáticos.

Cada instinto do ego negativo que barramos nos traz uma lição nova. E quando estamos treinados o suficiente para que nossas atitudes estejam alinhadas a Deus, e não aos impulsos do ego, dizemos que atingimos um determinado *grau* (ou *nível*) *iniciático.*

Conforme os ensinamentos dispensados pelos Mestres, existem sete níveis iniciáticos principais, são eles: **físico**, **emocional** (ou astral), **mental**, **búdico** (ou da intuição), **átmico** (ou da alma), **monádico** e **logóico** (ou ***adi***[4]). Mais adiante explicarei como cada um destes níveis iniciáticos se relaciona com os planos cósmicos da Manifestação.

Os níveis iniciáticos são acessados através de iniciações sucessivas, mas não do tipo com o qual estamos acostumados, como, por exemplo, as iniciações em Reiki, Seichim ou outras técnicas que requeiram sintonizações em frequências específicas.

Como explica o Bruno, no seu livro já citado, cada iniciação é uma comprovação de que diversos selos iniciáticos de uma mesma classe (físico, emocional, etc.) foram acumulados. E isso em quantidade suficiente para a pessoa que reuniu tais selos ser autoconsciente o bastante para dominar o ego negativo que antes a controlava naquele aspecto.

Já ouvi muitas pessoas despertas para a espiritualidade dizerem que "a ignorância é uma bênção", no sentido de que, uma vez consciente para a Verdade e para o Todo, é praticamente impossível voltar à negligência espiritual.

4 *Adi* em sânscrito significa "começo" ou "primeiro". É o plano, ou subdivisão de nossa dimensão, onde habita Sanat Kumara, o Logos Planetário da Terra.

De forma similar, uma vez atingido um certo nível iniciático, é impossível a pessoa fazer um *downgrade* e voltar ao nível anterior. O que a limita neste processo são sua consciência e seu próprio discernimento, pois uma vez aprendido o que é o certo, fazer o errado se torna uma escolha e, assim sendo, é impossível evitar a geração do **karma**[5].

Cada nível iniciático contempla expansões graduais do nível de consciência de cada um, enquanto driblamos armadilhas do ego negativo e desenvolvemos as habilidades necessárias para avançar no caminho do crescimento espiritual. A seguir, você verá os sete níveis iniciáticos (ou sete iniciações), seus significados e o que representam em nosso caminho até a ascensão espiritual.

› A PRIMEIRA INICIAÇÃO

A primeira iniciação começa no nascimento da extensão de alma, ou seja, no momento do parto. No momento em que a mãe traz o espírito à luz, isto é, para a luz, mais um candidato ao serviço de Deus na Terra se coloca à disposição.

Esta iniciação representa o começo do desenvolvimento espiritual e contempla o domínio do corpo físico e de seus impulsos. Podemos considerar que você, leitor desta obra, provavelmente está concluindo sua primeira iniciação — isso se já não concluiu! Um termo comumente usado, e que também se refere a esta iniciação, é "despertar espiritual", que marca o momento da expansão da consciência e a redescoberta da existência da realidade espiritual. Aqueles que estão neste estágio evolutivo costumam ser conhecidos como *discípulos* ou *chelas*[6].

---

5 *Karma* do sânscrito significa "ação". Como em toda ação, são gerados benefícios, resultados ou consequências — sejam eles positivos ou negativos, para si próprio ou para mais pessoas. Quando os resultados de determinada ação estão alinhados com o propósito de Deus,

6 *Chela* é uma palavra do sânscrito que, no sentido literal, significa "servo" ou "escravo". Entretanto, no hinduísmo, este termo é usado para diferenciar o homem comum do estudante de espiritualidade. Podemos entender o chela como sendo um discípulo dos ensinamentos dos Mestres.

É importante destacar que, apesar da palavra "discípulo" ser comumente usada para designar aqueles que estão nesta fase de suas jornadas, não se trata de um conceito que, necessariamente, tenha conotação religiosa. O *discípulo* é assim chamado dado o seu papel nesta posição, o qual é semelhante ao de um aprendiz dos assuntos do espírito.

A primeira iniciação, muitas vezes, se confunde com o Caminho Probatório, o qual, segundo a Teosofia, é um período de testes, provações e desafios que acontecem para atestar a força moral do espírito encarnado e sua determinação em evoluir.

Para concluir esta iniciação com sucesso e passar para a segunda iniciação, é preciso romper com a ilusão da separação, com a incerteza acerca da validade das Leis Universais e, principalmente, com a superstição atrelada ao esoterismo e à vida dedicada para a evolução espiritual. À medida que a pessoa avança nestes passos, ela consegue, cada vez mais, controlar suas vontades mundanas e vícios terrenos, enquanto modera as expectativas do ego e a intensidade dos prazeres descontrolados da carne.

Aqui, o discípulo não precisa necessariamente demonstrar qualquer avanço espiritual, porém é altamente aconselhável que ele busque melhorar sua moral a cada ato.

› A SEGUNDA INICIAÇÃO

A segunda iniciação está associada ao domínio do segundo corpo mais denso: o corpo emocional. No livro *Iniciação: Humana e Solar*, de Alice Bailey, Djwhal Khul comenta que esta é uma das iniciações mais difíceis e dolorosas de serem superadas, sendo necessárias muitas existências (vidas) anteriores de preparação. Costuma-se chamar aqueles que estão passando por este processo de *discípulos,* ou *chelas de segundo grau.*

Neste estágio da evolução, o discípulo de segundo grau precisa desenvolver um certo grau de controle sobre suas emoções e desejos, através da disciplina de sua mente. As vontades da extensão de alma encarnada podem, sim, ser consideradas, porém, o que deve prevalecer são as escolhas feitas a serviço do Eu Superior, ou alma.

Passar pela segunda iniciação significa escolher abandonar os desejos e vontades materiais e egoicas, em benefício do que for mais alinhado à vontade de Deus. É aqui que começa o desenvolvimento de uma nova forma de encarar os fatos da Terra e enfrentar as adversidades que se apresentam, seguindo a luz da alma.

Em outras palavras, podemos dizer que, durante a segunda iniciação, acontece a transição dos desejos materiais para os desejos espirituais, focando sempre na nossa realização em Deus e na evolução para o serviço à humanidade. Neste processo, deixamos de ser escravos das vontades pessoais, derivadas do ego negativo, e nos libertamos de sentimentos como injustiça, frustração, arrependimento, remorso ou culpa, pois nossas ações passam a ser voltadas para o bem maior.

O fascínio — engano, em nível emocional — começa a dissipar e cede lugar à iluminação e devoção ao serviço espiritual, bem como as emoções como um todo passam a ser mais controladas.

Nesta fase, apesar de ter vontades próprias, a personalidade desenvolve o hábito de escolher aquilo que é mais condizente com a sua vontade de evoluir espiritualmente. Obviamente, oscilações emocionais estão presentes, porém, ficam sempre menos intensas ou frequentes, tornando o corpo emocional cada vez mais equilibrado, sereno e pacífico.

Para facilitar esse processo, podemos buscar em nossa origem espiritual o suporte necessário para lidarmos com as adversidades espirituais. Quanto antes nossa natureza inferior for controlada e educada para a espiritualidade, mais rapidamente alcançamos o sucesso desta iniciação. Uma vez superada essa iniciação, as seguintes ocorrerão com surpreendente rapidez.

› A TERCEIRA INICIAÇÃO

A terceira iniciação se relaciona ao domínio do corpo mental. Dr. Joshua David Stone em suas obras, comenta que, quando a pessoa atinge esse estágio, desenvolve o domínio sobre aquilo que ele chama de *tríplice personalidade*, isto é, a combinação dos corpos físico, emocional e mental.

Esta iniciação é particularmente importante, pois é nela que o discípulo de segundo grau se torna realmente completo pelo seu Eu Superior, ou alma. Ao finalizar a terceira iniciação, o discípulo de segundo grau sobe de nível, sendo reconhecido como *iniciado*. Neste processo, as vontades do ego negativo são completamente subjugadas pelas vontades da alma. A pessoa aumenta seu quociente de luz, enquanto é envolvida pela luz da alma. A mente inferior e os interesses egoístas também são transpassados à medida que a pessoa se sintoniza com a alma.

É importante frisar que cada uma das iniciações não se limita a um evento pontual, sendo um processo gradual. O ritmo desta dinâmica está intrinsecamente ligado à dedicação e disciplina da própria pessoa.

Enquanto se passa pela terceira iniciação, sentidos extrafísicos como a intuição, a canalização, a psicometria, a inspiração divina, e até mesmo a memória, são intensamente desenvolvidas. Até o final deste processo, o indivíduo se educa para tornar-se um instrumento da alma, a fim de se graduar e tornar um com a própria mônada.

É muito importante que, antes da quarta iniciação, o iniciado aprenda a se desvincular da raiva e do apego às sensações. Não no sentido de que ele deixe de sentir atração pelo que é bom, belo e prazeroso, ou repulsa pelo oposto disso; essas sensações nunca deixarão de acompanhá-lo. No entanto, diante do dever e do serviço à humanidade, o apego às sensações e à raiva deixarão de ser os elementos decisivos nas escolhas.

Durante esta fase, é comum uma maior sede por conhecimentos espiritualistas e impulsos para o crescimento espiritual. Rompantes emocionais, disputas de opinião e embates fúteis passam a dar lugar a posturas neutras, pautadas no pensamento espiritual e no raciocínio orientado.

Passar por esta iniciação significa que o discípulo compreendeu e dominou o processo de subserviência às leis divinas universais, compreendendo sua própria natureza, de modo a antecipar falhas de caráter originadas no ego e impedir que elas retomem o controle. Passar por esta iniciação, na prática, implica no domínio prático do "*orai e vigiai*" que nos ensinou Jesus.

Acredita-se que, quando a extensão de alma encarnada passa pela terceira iniciação, a quarta iniciação se processa naquela mesma vida.

› A QUARTA INICIAÇÃO

A quarta iniciação está relacionada à total união entre o corpo espiritual e a Fonte. Nesta iniciação, ocorre a resignação e o completo abandono do egoísmo e dos apegos aos prazeres mundanos.

Esta iniciação é o atestado da devoção integral ao trabalho que nos foi incumbido. Por isso, um certo nível de sofrimento é esperado, devido ao antagonismo gerado entre as expectativas para a vida terrena e a vontade de se entregar ao propósito.

Atingir a quarta iniciação representa o início do sacerdócio ao serviço, pois aqui o discípulo deliberadamente renuncia sua vida pessoal, relacionamentos, carreira, dinheiro, *status*, posição social, família, reputação e outros aspectos mundanos, em benefício do trabalho voltado a ajudar outras pessoas a evoluírem espiritualmente.

Por este motivo, é muito comum que dicotomias nasçam e o iniciado comece a sentir-se desencaixado da própria vida — crises de identidade e síndrome do impostor podem ser esperadas. Agora, o único foco do iniciado é o serviço à vontade de Deus. A pessoa só pensa em como servir mais, como servir melhor, como ser um bom instrumento, como ser um bom exemplo.

O iniciado torna-se um mestre do amor incondicional e da sabedoria espiritual, se afastando completamente de quaisquer sentimentos originados da ilusão de separação pelo ego, vivendo em profunda conexão com as Leis Universais e na busca incessante pela Verdade.

Como, geralmente, a personalidade encarnada assumiu um compromisso de ascensionar todo o seu grupo-alma, ou seja, o conjunto das doze extensões de uma mesma alma, quando o iniciado atinge a quarta iniciação, todo o grupo-alma, além da própria alma, fundem-se num único ser, que passa a ser orientado diretamente pela mônada, ou Pai do Céu, ou, ainda, a Poderosa Presença Eu Sou.

Ao final deste processo de fusão, o iniciado, unido ao seu grupo-alma, gradua de nível e torna-se um ***arhat***[7] orientado diretamente pela mônada.

Mesmo sendo esta uma iniciação muito importante, ainda não ocorre necessária e imediatamente a dispensação da roda de encarnações. Esta dispensação acontecerá futuramente, durante a ascensão, conforme veremos adiante.

Como, ao final da quarta iniciação, o *arhat* passa a ser orientado pela mônada, podemos considerar também a construção completa da primeira metade do **antahkarana**[8]. A outra metade será construída ao longo da quinta e sexta iniciações. Isto implica na premissa da purificação das inferioridades dos chakras inferiores, assim como na transmutação do ego em luz.

Todo o conhecimento acumulado, nesta e em encarnações passadas, se transforma em sabedoria, além de que o discípulo passa a ter sentidos como a intuição e psicometria planetária plenamente desenvolvidos.

› A QUINTA INICIAÇÃO

Após a passagem pela quarta iniciação, as etapas subsequentes são rapidamente aceleradas, podendo, inclusive, acontecer na mesma existência.

7 *Arhat* é o termo utilizado para sinalizar o discípulo que graduou espiritualmente, eliminou todas as impurezas da mente consciente e se tornou um ser liberto, não sentindo mais dor ou sofrimento.

8 Também conhecido como *ponte do arco-íris*, o antahkarana representa a completa conexão extrafísica entre a extensão de alma, a alma e a mônada. Por se tratarem de elementos distintos, o antahkarana não deve ser confundido com cordão de prata (ou fio da consciência), sutratma (ou fio da vida) e tampouco com a linha axiatonal. Estes serão melhor detalhados nos capítulos seguintes.

Ao passo que, na terceira iniciação, o discípulo funde sua consciência com a da alma, na quinta iniciação, o *arhat* funde sua consciência com a da mônada.

Neste processo, sua vontade e a da mônada tornam-se indistinguíveis e o *arhat* atinge o nível do *adepto*, no subplano átmico do plano físico cósmico. Na quinta iniciação, a pessoa se torna aperfeiçoada, aprendendo a dominar os mistérios da luz, da cor e do som. O adepto é também o encarregado de um grande e honroso trabalho: o de ensinar para aqueles que estão nos níveis abaixo.

Este é o último passo antes da unificação da extensão de alma, com a alma e a mônada num único ser; o que, de fato, é a definição de "ascensão", ocorrida na sexta iniciação, o passo seguinte.

O adepto transforma-se em pura luz e vive pelo real significado do "Eu sou o Eu Sou".

Antes da iniciação seguinte, vale ressaltar: essas iniciações podem acontecer nos planos extrafísicos, de forma completamente etérica e até mesmo sem que a pessoa tenha qualquer consciência do processo.

Logo, é possível que você tenha se tornado, por exemplo, um *arhat*, ou um adepto, sem qualquer conhecimento de tal fato.

Podemos entender estes processos iniciáticos como selos no espírito. Portanto, não espere a aparição de Senhor Maitreya ou de Sanat Kumara, empunhando seus cajados de luz, para conduzir suas iniciações, apesar de tais experiências serem vivenciadas, por alguns poucos discípulos mais sensitivos e mediúnicos. Tampouco se distraia com a necessidade vaidosa de *ter que saber* em que nível você se encontra. Lembre-se: o nosso papel no plano de Deus é o de evoluir para servir.

É comum que muitas pessoas sequer saibam que passaram pelas suas iniciações, porém, na prática, a vida se transforma, enquanto dons ocultos e capacidades extrafísicas são desbloqueadas. Como conselho, oriento você a dominar o seu ego negativo, para que ele não entre num estado competitivo, comparando o seu grau iniciático com o de outras pessoas.

As explicações e classificações aqui apresentadas devem ser usadas somente para que você se conheça mais, melhor e possa, assim, descobrir o caminho repleto de bênçãos que ainda lhe será apontado!

› A SEXTA INICIAÇÃO

A sexta iniciação é a própria ascensão espiritual. Na prática, é quando a extensão de alma, a alma e a mônada tornam-se um único ser. É o primeiro grande marco na jornada de todas as pessoas despertas para as verdades do espírito e do serviço espiritual. Fazendo uma analogia, podemos comparar as cinco primeiras iniciações com uma graduação universitária, cuja formatura seria, então, a ascensão.

Assim como nas iniciações anteriores, a sexta iniciação também acontece no plano extrafísico, apesar de suas implicações no plano material serem bastante profundas. Conforme vimos no começo deste capítulo, passar pelas sete iniciações espirituais representa uma travessia através dos sete subplanos do plano físico cósmico. São eles: físico, emocional (ou astral), mental, búdico (ou da intuição), átmico (ou da alma), monádico e logóico (ou *adi*).

A sexta iniciação sintoniza o iniciado no subplano monádico, e o prepara para o subplano logóico. É a fase em que o adepto se torna um *mestre ascensionado* oficialmente, mesmo que no início de sua carreira como tal! O mestre ascensionado, a partir da sexta iniciação, também pode ser chamado de *chohan*, aquele que domina o próprio corpo monádico e controla a realidade através dos efeitos das Leis Universais. Deste ponto em diante, a cada iniciação, o *chohan* expande o seu poder sobre a Criação.

O mestre recém-ascensionado carrega um enorme potencial luminoso, além de ter mais conexão com a verdadeira identidade espiritual da criação, do espírito e dos demais mestres ascensionados acima de si. A ascensão é a consciência plena da união de todos os seres com Deus e em Deus.

Ele torna-se o colega de trabalho melhor graduado de toda a Hierarquia Espiritual, contribuindo para que mais pessoas avancem pelos vários níveis iniciáticos, a fim de tornarem-se instrumentos divinos cada vez mais qualificados.

O foco principal do mestre é o trabalho incessante a serviço da humanidade, de modo que cada extensão de alma consiga recuperar sua verdadeira identidade divina. A ascensão é o caminho natural de todas as personalidades encarnadas, mais cedo ou mais tarde.

O propósito deste livro é abreviar o tempo necessário para que isto aconteça com você, indicando formas práticas de dominar o ego negativo, equilibrar o karma e estimular o desenvolvimento espiritual, a ponto de acabar com a necessidade de encarnações futuras.

Ao contrário do que muitos poderiam imaginar, a ascensão espiritual não significa, necessariamente, que a pessoa atingiu um nível perfeito de santidade e saúde global. De acordo com Djwhal Khul, a pessoa precisa dominar a maior parte do seu karma, de modo a equilibrá-lo, juntamente com o domínio do seu ego negativo.

Quantitativamente, dominar a maior parte do karma implica em pelo menos 51% do todo. Logo, se você se dedicar e quiser verdadeiramente, ainda que existam pendências a resolver e inferioridades a tratar, ou até mesmo emoções negativas, desafetos, traumas, conflitos internos ou outros bloqueios negativos, mesmo assim, você pode ser um mestre ascensionado e não saber!

Apesar de eventuais dificuldades pessoais, quem é realmente comprometido com a própria evolução espiritual e com a lapidação de sua moral, ao se dedicar ao serviço divino atribuído pelos Mestres, é capaz de atingir sua ascensão espiritual ainda nesta encarnação.

Afinal, se você já despertou e, por livre-arbítrio, se pôs no caminho do crescimento espiritual nesta vida, é muito possível que esta iniciativa tenha raízes em vidas passadas. Portanto, você pode trazer habilidades já desenvolvidas em existências anteriores para que, nesta vida, consiga acelerar o avanço do seu espírito na escada evolutiva.

Em algum momento do período da sexta iniciação, a extensão de alma se torna dispensada de voltar à Terra, ou seja, fica liberta da roda de reencarnações. No entanto, dependendo do karma gerado e daquilo que ainda seja preciso aprender ou dominar, mesmo tendo passado pela ascensão, é possível escolher reencarnar. Isso varia de pessoa para pessoa.

Uma vez que o adepto tenha atingido o nível de mestre ascensionado, lhe são oferecidas possibilidades para seguir evoluindo e contribuindo com o serviço de Deus. Afinal, ainda virá a sétima iniciação pela frente. Essas possibilidades são conhecidas como **caminhos pós-ascensionais**. Eles são formas diferentes para um mesmo objetivo: servir e ajudar à humanidade.

Os caminhos pós-ascensionais são sete:

- O Caminho do Serviço Terreno (ou na Terra);
- O Caminho do Trabalho Magnético;
- O Caminho do Treinamento para Logos Planetário;
- O Caminho rumo a Sírio (ou Sirius);
- O Caminho do Raio;
- O Caminho onde o Próprio Logos Solar é Encontrado, e;
- O Caminho da Absoluta Condição de Filho.

O próximo capítulo explica melhor cada um desses caminhos, assim como os aprendizados que vêm de cada um deles. É de extrema importância que você saiba do que se tratam e já comece a pensar sobre quais deles melhor combinam com sua energia. A maioria dos mestres recém-ascensionados escolhe o Caminho do Serviço Terreno, por sua prévia experiência no planeta.

Porém, para a Hierarquia Espiritual, essas escolhas não são imutáveis. Caso você escolha um caminho e, ao percorrê-lo, perceba que a afinidade esperada não aconteceu, é possível conversar com o seu Mestre, no plano interior, a fim de decidirem juntos o que fazer para melhor servirem.

É natural que, neste ponto, você esteja se perguntando por qual iniciação está passando agora, quais já foram superadas e quais ainda virão. As informações aqui expostas não esgotam este assunto, mas, com esta base — e sua intuição — você já está apto a identificar em que estágio está. Além disso, você pode, por exemplo, usar a radiestesia para tal, ou pedir a resposta por meio de sinais, sonhos, meditações ou outros canais.

Mais adiante, trarei sugestões de práticas e rituais para que você consiga avançar nas várias iniciações, independentemente do seu nível atual.

› A SÉTIMA INICIAÇÃO

A sétima iniciação marca a migração do mestre ascensionado do subplano monádico para o logóico. O subplano logóico, ou *adi*, é o sétimo e último subplano físico cósmico. A sétima iniciação é a mais elevada que se pode receber na dimensão material e torna o mestre em um mestre de sétimo grau.

Ao passar por ela, o mestre pode graduar até o posto do *Manu* — caso pertença ao primeiro raio; do *Cristo, Instrutor do Mundo* ou *Bodhisattva* — caso pertença ao segundo raio; ou do *Mahachochan* — caso pertença ao terceiro: assumindo a responsabilidade sobre o terceiro, quarto, quinto, sexto e sétimo raios. Cada um desses postos citados se refere a posições de liderança dentro da Hierarquia Cósmica, conforme veremos nos próximos capítulos.

É comum que o mestre ascensionado que escolheu, por exemplo, o Caminho do Serviço Terreno, ao passar pela sétima iniciação, comece a ter mais destaque e visibilidade, presencialmente ou *online*, podendo chegar até num nível mundial. Isto acontece puramente pelo *mahakaruna*, isto é, o amor por servir que alimenta todos os Mestres.

Durante a sétima iniciação, o mestre é treinado para dominar suas habilidades divinas, como psicometria solar e teleportação, e a presença ou realização de "milagres" passa a ser sua nova realidade. Depois que o mestre passa pela sétima iniciação, ele desenvolve total controle de sua ***merkabah***[9].

Neste processo, a consciência do mestre ascensionado funde-se à do Logos Planetário, posição atualmente ocupada por Sanat Kumara, que, ao ascensionar em Vênus, decidiu seguir pelo Caminho do Treinamento para Logos Planetário, assumindo esta posição na Terra para viabilizar nossa própria evolução.

Como trabalhador da luz e na luz, o mestre deste nível é habilitado a controlar a matéria com sua intenção e materializar suas vontades para melhor servir. O mestre torna-se uma extensão do próprio Logos Planetário, a serviço da iluminação daqueles a quem ela ainda falta.

Outro ponto notável é que o mestre, neste estágio, sutilizou sua energia a ponto de ser livre para entrar e sair de Shamballa (veremos mais sobre Shamballa e seu impacto em nosso processo evolutivo no capítulo 6).

Ao passar pela sétima iniciação, o mestre começa a servir com a Grande Fraternidade Branca, como integrante do governo espiritual, ou governo oculto, do planeta.

Capaz de comandar o poder dos sete raios, na sétima iniciação, o mestre rompe qualquer ligação existente entre si e a forma ou a matéria, transcendendo as leis físicas e afastando-se por completo de qualquer influência remanescente do ego negativo. O mestre transforma-se em luz pura.

A matéria e todas as coisas físicas passam a ser meras ferramentas a trabalho da luz. Como quem se veste e se despe de um uniforme de trabalho, quando necessário, o mestre manifesta um corpo físico para executar qualquer tarefa que lhe seja designada e, ao final, o dissolve.

9 A palavra *merkabah*, em hebraico, significa "veículo" ou "carroça". Este conceito refere-se a um veículo espiritual capaz de nos transportar através das dimensões. A merkabah é formada por duas pirâmides de luz que se interpenetram, sendo uma apontada para cima e a outra apontada para baixo. A que aponta para cima começa na altura dos joelhos e a que aponta para baixo começa na altura dos ombros. Cada uma dessas pirâmides gira sobre seu próprio eixo, ao longo de nossas colunas vertebrais, cada uma para um lado.

Livre de qualquer influência das leis do karma desde a ascensão, ou sexta iniciação, o mestre atinge um elevado nível iniciático no plano físico cósmico, podendo permanecer em seu corpo físico até quando seja conveniente ao seu serviço.

› A OITAVA E NONA INICIAÇÕES

Ao final da sétima iniciação, o mestre torna-se completamente livre e dispensado da Terra. Entretanto, esta liberação não inclui a migração do plano físico cósmico para o plano astral cósmico. Isto ocorre após a oitava e nona iniciações, as portas para abandonar completamente o universo material.

Preciso adiantar que há pouquíssima informação disponível, em nossa dimensão, sobre essas iniciações, haja vista que, a partir da sétima iniciação, o mestre se torna dispensado do planeta.

Porém, essas iniciações envolvem *mudanças de raios*, para o primeiro e segundo raios, no caso da oitava iniciação; e para o primeiro raio, no caso da nona. Se o mestre estiver disposto a este trabalho, ele graduará muito espiritualmente, começando a servir junto com os *Logoi*[10] Superiores, como o Solar, o Galático e o Universal.

Como exemplos de seres que passaram por estas iniciações, podemos citar o iluminado Mestre Siddharta Gautama — iniciado de oitavo grau — e Sanat Kumara — o Logos Planetário, o Antigo de Dias, o Senhor do Mundo — iniciado de nono grau. Como Mestre Buddha é natural do segundo raio, ele não precisou fazer nenhuma migração para sua atual iniciação, porém precisará fazê-la caso opte por passar pela nona iniciação.

---

10 *Logoi* é o plural de *Logos*, por exemplo: "o *Logos* Planetário refere-se a um único ser, enquanto os *Logoi* Planetários podem significar dois ou mais seres diferentes".

› A ASCENSÃO DA ALMA E DA MÔNADA

No capítulo 1, quando aprendemos sobre a história esquecida da criação, comentei sobre a nossa verdadeira origem espiritual. Relembrando o que já vimos, uma mônada é capaz de se projetar através de até doze almas; e cada alma é capaz de gerar até doze extensões de si mesma. Cada extensão de alma é uma personalidade encarnada, ou pessoa, diferente; ou seja, as extensões de alma encarnadas somos nós.

Agora que entendemos sobre os processos ascensionais, até a migração do plano físico cósmico para o plano emocional cósmico, já temos base o suficiente para entendermos o processo de ascensão tanto da alma, quanto da mônada.

A alma irá ascensionar no momento em que todas as suas doze extensões o fizerem. E isto pode acontecer de duas maneiras.

A primeira é através da ascensão individual de cada personalidade. Isto significa que, nas seguidas encarnações, cada personalidade precisará educar o seu ego negativo e equilibrar seu karma, passando individualmente pela sexta iniciação. Este caminho para a ascensão da alma é mais demorado, porém, mais leve para cada personalidade.

A segunda maneira é a ascensão em massa de todo o grupo-alma. Esta forma de ascensão em massa de todas as extensões de uma mesma alma é particularmente mais desafiadora, mas garante uma ascensão mais rápida. Para que ela ocorra, a alma e suas extensões elegem a personalidade mais preparada, aquela com maior capacidade e habilidade para assumir e equilibrar o karma concentrado de todas as extensões de alma, a fim de equilibrá-lo Se a personalidade escolhida concordar com este processo, o acordo é selado e aquela personalidade passará a ter a total atenção de sua alma, bem como o apoio energético e espiritual das outras onze extensões daquele grupo-alma.

Djwhal Khul comenta que, por mais desafiador que este processo possa parecer, é a forma mais comumente escolhida.

Agora reflita sobre isso. Quando sua vida lhe parecer extremamente desafiadora, quando tudo lhe parecer desencaixado ou prestes a desmoronar, quando você fraquejar e sentir vontade de desistir, até mesmo da sua própria encarnação, é extremamente importante que você lembre disso tudo que acabou de ler.

Você foi a personalidade eleita, considerada a mais forte e preparada, com maior potencial para ascensionar o *seu próprio grupo-alma*.

Não se deixe abater pelas intempéries da ilusão, e tampouco pelo ego rebelde que continua presente. Apesar das dificuldades e dos desafios, lembre-se que você foi eleita como a personalidade que conseguiria equilibrar o karma acumulado de *doze personalidades* — e isto requer muita força e dedicação.

Se você é um estudante de espiritualidade, e caso servir ao plano de Deus para todos nós seja a sua real motivação, por que não começar este trabalho divino servindo, primeiramente, o seu próprio grupo-alma? Tenha certeza e confiança de que todos os aprendizados, lições e desafios não estão acontecendo em vão, mas sim para que *você*, a personalidade escolhida, com o apoio sutil de *sua própria alma* e de todo o seu grupo-alma, atinja a ascensão.

Lembre-se que este acordo foi feito respeitando o seu livre-arbítrio, mesmo que você não tenha nenhuma recordação do fato.

Este foi o acordo que selei para mim, para minha alma e meu grupo-alma e, acredite, não é porque estamos conscientes de nossas caminhadas espirituais que os desafios tornaram-se mais brandos. Como numa escola, a segunda série é mais difícil que a primeira, a terceira é mais difícil que a segunda, o ensino médio é mais difícil que o fundamental, o superior é mais difícil que o médio, e assim sucessivamente, até nossa ascensão.

A chave que limita a evolução é a própria dedicação de cada um ao seu sucesso espiritual. A ascensão é o caminho natural de todas as extensões de alma — tanto das encarnadas, quanto daquelas que ainda reencarnarão para evoluir. Mais cedo ou mais tarde, ela acontece. E nós, conscientes desta jornada iluminada, tivemos a honra de sermos considerados os mais preparados pela *nossa própria alma*.

Quando as dores ilusórias se mostrarem intransponíveis, invoque a divina presença do seu Eu Superior, que é a sua alma, e peça inspirações. Conecte-se com as outras onze extensões de alma do seu grupo e peça apoio.

Nunca subestime o poder que existe em você. Tire um tempo para lembrar de todas as dificuldades que já superou e de todos os desafios que enfrentou e venceu. Tenho certeza de que o desafio atual, assim como o próximo e o que vier depois, parecerão como sendo só mais um.

No que se refere à ascensão da mônada, ela acontecerá quando todas as suas doze almas — ou cento e quarenta e quatro extensões de alma — passarem pela sexta iniciação e entrarem na sétima.

É compreensível que a ascensão de todo um grupo monádico leve mais tempo que a de um grupo-alma, por exemplo. Porém, gosto sempre de pensar neste processo como a evolução do próprio Deus.

Se nos foi confiada a honrosa responsabilidade por algo tão precioso, dado o nosso próprio mérito, por que nos envolver com dramas e conflitos fúteis, cujo único resultado é a total exaustão? Compensa mesmo despender energia com isto?

Na minha sincera visão, penso ser melhor investirmos esta energia preciosa na nossa evolução e no trabalho que nos foi incumbido pelo Pai.

TÉCNICA DA ANTENA ESPIRITUAL

Conforme vimos anteriormente, até a quarta iniciação, na qual chegamos ao nível do *arhat*, nossa consciência é essencialmente orientada pelas vontades da alma. Na primeira e segunda iniciações, somos chamados de *discípulos;* de primeiro e segundo grau, respectivamente. Na terceira iniciação, nos tornamos *iniciados* e nossa consciência se funde com a da alma. Já na quarta iniciação, a do *arhat*, nós próprios nos fundimos à alma.

Esta técnica, que assim como a anterior, foi canalizada por mim, visa acelerar este processo iniciático até a quarta iniciação, estimulando uma conexão direta e cada vez mais forte entre nossa consciência e nossa alma. Logo, com sua prática recorrente, podemos esperar melhoria na nossa intuição e sensibilidade ao extrafísico.

Como o avanço pelas primeiras quatro iniciações é estimulado, podemos entender que outro benefício consequente da aplicação desta técnica é a indução da construção dos primeiros estágios de nosso *antahkarana* — entre nós e a alma.

Para que o processo funcione adequadamente, é importante que façamos a invocação do Mantra da Alma, conforme apresentado no capítulo anterior, juntamente com a ativação do chakra *Estrela da Alma*.

O *Estrela da Alma* é um chakra extrafísico e adicional, além dos sete chakras principais. Ele pode ser entendido como uma extensão do nosso sistema de chakras e está situado acima do chakra da coroa, que é o sétimo chakra. O *Estrela da Alma* está profundamente ligado à alma e é o responsável por nos conectar a ela, além de estar associado à espiritualidade elevada e à compreensão mais profunda do nosso verdadeiro propósito de vida.

Para o que se pretende com essa técnica podemos entender o *Designio Estabelecido*, na última linha do Mantra da Alma, como sendo a própria vontade da alma para nossa presente encarnação — já que somos uma extensão dela.

Dentro desta vontade da alma, qualquer pessoa é livre para escolher e viver de qualquer maneira, ou em qualquer condição que deseje e, caso cometa qualquer erro, a alma ajudará a pessoa a aprender com este erro.

Entretanto, se a extensão de alma encarnada escolhe, consciente e deliberadamente, seguir a vontade de sua alma, a pessoa evoluirá mais rapidamente, colhendo os benefícios de sua encarnação.

PRÁTICA 2

Vamos começar este nosso processo relaxando. Encontre uma posição confortável, feche os olhos e respire profundamente, no seu próprio ritmo.

Sinta o ar que entra, o ar que sai… enquanto acompanha o caminho que ele percorre, do seu nariz aos pulmões… dos pulmões ao nariz.

Enquanto mantém seu foco em sua respiração, vá relaxando… mais e mais… relaxado, solto, entregue.

Agora, deixe que se forme em sua tela mental dois pontos muito luminosos no céu da noite. O primeiro corresponde à sua alma, o segundo à sua mônada. Mantenha essa visão enquanto continua a respirar.

Enquanto visualiza sua alma e sua mônada como duas estrelas brilhantes no céu, vamos recitar o Mantra da Alma algumas vezes:

Eu sou a Alma
Eu sou a Luz Divina
Eu sou o Amor
Eu sou a Vontade
Eu sou o Desígnio Estabelecido

Siga repetindo esse mantra, enquanto ele ecoa por todo o seu ser.

Sinta, visualize ou simplesmente perceba que uma esfera intensamente luminosa agora paira sobre sua cabeça. Trata-se do seu chakra Estrela da Alma.

Imediatamente quando você nota a ativação do Estrela da Alma, você percebe que o ponto luminoso que representa sua alma começa a pulsar, seguindo o ritmo das batidas do seu coração. E, como que numa sincronia perfeita, sua Estrela da Alma também pulsa.

Quando é estabelecida uma conexão entre a alma e a esfera de luz sobre sua cabeça, um flamejante tubo de fogo cósmico é projetado pela alma até a Estrela da Alma.

Agora, sua Estrela da Alma se transforma numa incandescente esfera de fogo cósmico.

O fogo cósmico sagrado no qual se transformou seu chakra agora o banha completamente... da cabeça aos pés... energizando... purificando... lhe trazendo respostas e informações ocultas, mesmo que você ainda não tenha compreensão profunda sobre seu significado.

Agora, sinta esse fogo cósmico sendo projetado através de seu canal central, passando por cada chakra... limpando... purificando... removendo bloqueios e impurezas... e transmutando quaisquer formas-pensamento negativas em pura luz.

À medida em que esta chama sagrada, que é o seu chakra, avança para baixo, ele se estende através da Terra até o próprio centro do planeta, levando consigo tudo aquilo que é nocivo.

Enquanto este processo se desenvolve, você simplesmente acompanha, em sua tela mental, enquanto segue respirando profundamente.

Quando sua Estrela da Alma toca o coração da Terra, sua alma novamente envia outro jato flamejante para baixo, aterrando você ao planeta.

Sinta o perfeito equilíbrio e harmonia estabelecidos entre a matéria e o espírito... o físico e o extrafísico... a profunda compensação entre essas polaridades que o compõem.

Agora, sua Estrela da Alma volta a subir do centro da Terra... passando pelas várias camadas do planeta e entrando pelos seus pés, passando pelos chakras e sintonizando cada um deles na vibração de Deus, através da alma.

Ao mesmo tempo, sua consciência é sintonizada com a consciência da própria alma e, nisso, aceitamos e reforçamos nossa condição de extensão de alma, a serviço de Deus na Terra.

Quando, finalmente, para sobre nossa cabeça, o Estrela da Alma continua queimando intensamente, como a forte estrela flamejante na qual se transformou.

O tubo de fogo cósmico, ora projetado pela alma, agora é recolhido... deixando, porém, o Estrela da Alma em sua condição flamejante.

Sempre que nos lembrarmos deste momento, ela estará assim, pronta para ser usada a nosso serviço em benefício da humanidade.

Que sua Estrela da Alma seja o farol-guia de sua jornada espiritual, iluminando o caminho diante de si e revelando a presença de Deus através das adversidades.

Eu sou!

Siga respirando de forma profunda enquanto volta, vagarosamente, sua percepção ao seu corpo. Vá percebendo seus pés, suas pernas, suas mãos, seus braços, seu rosto... até que esteja pronto para abrir os olhos!

A AFIRMAÇÃO DO DISCÍPULO

A Afirmação do Discípulo foi dada ao mundo também pelo Mestre Tibetano Djwhal Khul, através do livro *Discipulado na Nova Era, Volume II*, de Alice Bailey, em 1955.

Segundo Djwhal Khul, a Afirmação do Discípulo é um mantra extremamente antigo, usado pelos discípulos nos *ashrams* dos Mestres há milhares e milhares de anos. Este mantra sagrado tem como intenção fortalecer nosso compromisso, através das afirmações que o compõem, estabilizando nossa orientação e dando-nos maior percepção sobre nosso papel no Plano de Deus.

Ela sintetiza os principais fundamentos espirituais na busca pela integração, em nós, entre aquilo que estudamos e aprendemos e a transcendência da vida. Isto significa deixar para trás aquilo que não nos leva para frente, principalmente no aspecto da evolução espiritual.

Para citar alguns desses fundamentos:

- Nosso princípio espiritual divino;
- A existência de uma Mente Divina superior a todos e que tudo orienta;
- A necessidade que temos de voltar nossas consciências para esta Mente Divina da qual viemos;
- A maneira através da qual podemos ajudar nossos irmãos e irmãs em Deus na Terra a progredirem nessa mesma percepção;
- A devoção equilibrada às causas de Deus e dos Mestres na Terra;

A Afirmação destaca o papel dos discípulos, ou seja, aqueles que já passaram pela primeira e segunda iniciações, manifestando sua relevância dentro da Hierarquia e para o trabalho dos Mestres; mesmo que ainda estejam nos estágios iniciais da Senda. É sempre importante lembrar que a humanidade geral é essencial para que o Plano Divino seja executado.

A repetição dessa afirmação servirá como uma prática espiritual, para que possamos reforçar esses princípios na consciência daqueles que a praticam. Somente repita a Afirmação do Discípulo se estiver completa e integralmente disposto a servir ao Propósito de Deus, pois sua entoação ativa em nós uma atitude de serviço, promovendo e estimulando o autoaperfeiçoamento, além de aprofundar nossa conexão espiritual.

PRÁTICA 3

Antes de darmos início ao nosso processo, procure um lugar calmo, tranquilo onde você possa relaxar e se entregar.

De olhos fechados, vá respirando profundamente, se entregando à calma e ao relaxamento completo!

Agora, vamos fazer a respiração do So Ham sete vezes, enquanto elevamos nossos pensamentos à nossa alma, à nossa mônada, até Deus.

Vamos inspirar profundamente, repetindo mentalmente a palavra "So", e expirar repetindo mentalmente a palavra "Ham". Vamos lá?

Inspirou pensando "So"... Expirou pensando "Ham"...
Inspirou pensando "So"... Expirou pensando "Ham"...
Inspirou pensando "So"... Expirou pensando "Ham"...
Inspirou pensando "So"... Expirou pensando "Ham"...
Inspirou pensando "So"... Expirou pensando "Ham"...
Inspirou pensando "So"... Expirou pensando "Ham"...
Inspirou pensando "So"... Expirou pensando "Ham"...

Sinta-se em harmonia com o ritmo da sua própria respiração.

Agora, vamos fazer a Afirmação do Discípulo:

Eu sou o ponto de luz dentro da Luz Maior.
Eu sou um fio de energia amorosa
dentro do fluxo de amor divino.
Eu sou um ponto de fogo sacrificial concentrado
dentro da ardente vontade de Deus.
E assim eu permaneço!

Eu sou o caminho pelo qual os homens poderão chegar,
Eu sou a fonte de força que lhes permite resistir.
Eu sou o raio de luz que brilha no seu caminho.
E assim eu permaneço!

E assim permanecendo
Revolvem e trilham esse caminho, os caminhos dos homens
E conhecem a vontade de Deus.
E assim eu permaneço!

À medida que essas palavras ecoam em sua mente e em seu coração, deixe que o amor de Deus e dos Mestres chegue até você, confirmando sua permanência na Senda.

Quando finalmente absorver todo esse amor que lhe foi enviado, lentamente você começa a retornar.

Vá voltando ao presente, percebendo o chão sob seus pés, o ritmo da sua respiração, a temperatura do ambiente em que está, assim como todos os cheiros presentes no ambiente.

Até que esteja pronto para abrir os olhos e despertar!

Capítulo 4

OS CAMINHOS PÓS-ASCENSIONAIS

Como vimos no capítulo anterior, na ocasião da sexta iniciação — ou ascensão — devemos escolher como queremos continuar servindo a Deus em seu Plano.

Atingir a ascensão espiritual não implica, necessariamente, na migração do plano físico cósmico para o próximo, o plano astral cósmico. Isto será feito após a oitava e nona iniciações. Depois do plano astral cósmico, ainda existem os planos mental, búdico, átmico, monádico e logóico cósmico.

Passar por todas as iniciações e seguir além do plano logóico cósmico é o que representa o retorno para a Casa de Muitas Moradas, o nosso retorno em unidade ao próprio Deus.

O retorno à União com Deus requer muito trabalho e dedicação, e desenvolver essas habilidades é o caminho natural de todos os seres. Logo, quanto antes começarmos, mais cedo atingiremos essa totalidade.

Como a Criação e, por extensão, o próprio Deus, são vastos, é preciso ter foco, do contrário, nossa evolução será muito mais difícil. Escolher o seu caminho pós-ascensional é a realização deste foco. Cada um dos sete caminhos leva ao mesmo destino, não existindo um pior, ou melhor, mais fácil ou difícil, mais longo ou mais curto. Inclusive, se houver necessidade, existe a possibilidade de mudar os caminhos. Portanto, reflita: sobre ter a capacidade de abdicar daquilo que não combina mais com você e mudar para aquilo com que tem mais afinidade.

Até onde se sabe, a única fonte confiável de informações sobre os caminhos pós-ascensionais são as obras de Alice Bailey, orientadas por Djwhal Khul, muitas vezes também conhecido como Mestre Tibetano pertencente ao segundo raio. E, como é inevitável chegar o momento no qual tenhamos que escolher por qual caminho seguir, é produtivo repassar agora essas informações, para que você já possa meditar sobre elas e decidir qual caminho tem melhor afinidade com seu verdadeiro Eu.

Pouco se tem registro sobre o passado do Mestre Djwhal Khul. Algumas linhas de estudo defendem que, num futuro próximo, o Mestre Kuthumi estará à frente da direção do Segundo Departamento (relacionado ao Segundo Raio), no posto do Cristo Planetário — que atualmente é ocupado pelo Mestre Maitreya.

Até lá, para que Kuthumi possa se preparar adequadamente para assumir o posto do Cristo, Mestre Djwhal Khul, aprendiz de Kuthumi, tomou para si o trabalho de orientar aqueles que continuam passando pelas iniciações inferiores, permitindo que Kuthumi seguisse focado em suas atribuições.

Pertencente ao Segundo Raio, Djwhal Khul orientou vários trabalhos na Terra, entre eles o de Alice Bailey — que muito fundamentou as bases da segunda dispensação da Luz dos Mestres em nosso planeta. Uma das questões reveladas por Djwhal Khul foi a existência dos sete caminhos pós-ascensionais, que são os seguintes:

- O Caminho do Serviço Terreno (ou na Terra);
- O Caminho do Trabalho Magnético;
- O Caminho do Treinamento para Logos Planetário;
- O Caminho rumo a Sírio (ou Sirius);
- O Caminho do Raio;
- O Caminho onde o Próprio Logos Solar é Encontrado, e;
- O Caminho da Absoluta Condição de Filho.

› O CAMINHO DO SERVIÇO TERRENO

Escolher este caminho equivale a dizer que, depois da sua ascensão, você permanecerá na Terra, servindo e trabalhando incessantemente para concretizar o plano de Deus. Num primeiro momento, a ideia de trabalhar incessantemente pode gerar certa aversão, porém eu lhe asseguro que, para um mestre ascensionado, não há prazer maior! Conforme nos é ensinado no livro *Um Curso em Milagres*, "o verdadeiro prazer é servir a Deus".

Quem escolhe este caminho se mantém ligado à Hierarquia Espiritual, ao nível planetário, sendo extremamente empenhado no serviço ao nosso planeta e à sua contribuição para a evolução de todos os seres e extensões de alma encarnadas.

Escolher o Caminho Terreno não significa, necessariamente, servir apenas à humanidade. O mestre que escolhe este caminho pode servir a um — ou mais — reinos terrenos: mineral, vegetal, animal ou humano.

Os *chohans* que optam por este caminho seguem os desígnios estabelecidos por Sanat Kumara, o nosso Logos Planetário. Tais desígnios são originados em Shamballa, sede do trabalho de Sanat Kumara, e repassados aos *chohans* que, finalmente, distribuem as tarefas entre os adeptos com os quais trabalham. Não é uma imposição ao mestre que opte por este caminho, servindo encarnado fisicamente. Caso assim o prefira, o mestre pode preservar sua forma espiritual, servindo indiretamente de um dos ***ashrams*** *extrafísicos*[11].

No ato da sexta iniciação, quando for preciso manifestar nossa escolha a respeito do caminho que escolhemos, o Caminho do Serviço Terreno pode gerar certa dicotomia ou indecisão. O mestre pode querer optar por este caminho, dada sua familiaridade e sua recente experiência terrena, porém, ele também pode optar por outro caminho, no qual espera aprender e trabalhar em novas áreas.

---

11 *Ashram* é um lugar, que pode ser físico ou extrafísico, onde os que lá residem ou frequentam servem a um mesmo propósito ou objetivo, de forma orientada e ordenada. No caso da Hierarquia Espiritual, os ashrams *extrafísicos* são organizados conforme os raios da manifestação, sendo um *ashram* por raio.

Djwhal Khul explica que, apesar da vontade do mestre em querer servir neste caminho, poucos são os realmente autorizados a fazê-lo. O fato é que, somente aqueles melhor preparados e mais dedicados a esta causa são autorizados, dada a responsabilidade implícita que existe em orientar e conduzir o mundo através da evolução espiritual. Um mestre mal preparado pode condenar a humanidade a anos de atraso espiritual, caso direcione orientações indevidas.

O Caminho do Serviço Terreno requer que o *chohan* dissemine o conhecimento iluminado sobre a Hierarquia, garantindo que ele se torne o novo estilo de vida de todos os seres na Terra, a fim de promover a evolução espiritual de todas as personalidades encarnadas.

Como está atrelado à evolução planetária, através do segundo raio, o do Amor-Sabedoria (veremos mais sobre os Raios no próximo capítulo), este caminho pós-ascensional está sob a orientação dos Mestres do segundo raio, como o Senhor Maitreya — o atual Cristo Planetário, Senhor Buda, Mestre Kuthumi — o futuro Cristo Planetário e o próprio Mestre Tibetano, Djwhal Khul.

A maioria dos caminhos pós-ascensionais levam ou ao plano emocional cósmico, um centro de puro amor; ou ao plano mental cósmico, onde habita a Mente Divina.

Depois que o mestre escolhe por qual caminho quer seguir, intensos treinamentos são iniciados. Aqueles que escolheram o Caminho do Serviço Terreno passam por treinamentos de telepatia, de canalização (tanto como transmissor, quanto receptor), transmissão de vontades e transmissão direta de Luz. Estes treinamentos servem como exercícios para desenvolver e fortalecer os sentidos extrafísicos.

Além disso, são realizados treinamentos sobre os ciclos evolutivos da Terra (com respeito ao ***manvantara***[12]), marcos evolutivos e sobre modelos evolutivos, como os usados em outros planetas. Na Terra, o

12 *Manvantara* é o ciclo do mundo. Segundo os Vedas hindus, existe um período correspondente à atividade nos planetas existentes, que leva 4,32 bilhões de anos terrestres. A este período, onde há atividade pelas formas vivas, é dado o nome de "Dia de Brahma". A "Noite de Brahma" (ou *Pralaya*), de mesma duração, é o período de inatividade pelas formas vivas.

modelo evolutivo utiliza as emoções para estimular o desenvolvimento e a maturidade espiritual.

Assim como os demais caminhos pós-ascensionais, o Caminho do Serviço Terreno reserva muitas lições e ensinamentos, tanto para o mestre que o trilha, quanto para seus discípulos,cada um levando à evolução superior.

› O CAMINHO DO TRABALHO MAGNÉTICO

Quem passa por este caminho, aprende a trabalhar com o controle das forças universais e com o magnetismo, para manifestar as vontades dos Grandes Seres, em todos os aspectos da Criação.

Segundo a Teosofia, o conjunto destas forças universais com o magnetismo inerente ao nosso sistema solar é chamado de *fohat*. A energia *fohat* é inerente ao nosso Logos Solar, cargo atualmente ocupado pelo Mestre Hélio (ou Helios).

Esta energia emana diretamente do Logos Solar, sendo fundamental na formação da Criação. *Fohat* é a energia originária que possibilita a "eletricidade" da consciência cósmica, de maneira análoga à nossa percepção dos impulsos elétricos (ou sinapses neurais) que formam os nossos pensamentos.

Escolher este caminho implica aprender a trabalhar com a energia emocional da Terra para, posteriormente, trabalhar com a energia emocional do sistema solar como um todo. Ao aprender a lidar com a energia *fohat*, o mestre ascensionado descobre como dissipar o fascínio e a ilusão. Além disso, quem escolhe este caminho domina a matéria, independentemente de sua densidade ou vibração, a serviço do plano Divino.

O Caminho do Trabalho Magnético torna o mestre apto a atuar com as grandes ondas de ideias e correntes de opinião pública do planeta, a fim de alinhar a vontade cósmica com as vontades individuais de cada extensão de alma encarnada. O mestre que escolhe este caminho é treinado na arte da sincronização das ações individuais da humanidade, através da manipulação de energia *fohat*, uma expressão da energia emocional cósmica.

O destino deste caminho é o plano mental cósmico, junto da Mente Divina. Dados os aspectos "positivo e negativo", que podem ser aplicados aos trabalhos com a energia *fohat*, o mestre que trilha este caminho trabalha também com as polaridades existentes e as suas várias faixas.

Trabalhar com magnetismo requer que o mestre aprenda a equilibrar as forças universais, e isto inclui as linhas magnéticas de grade na superfície terrestre — citadas também pelo Dr. James Hurtak no "*O Livro do Conhecimento: As Chaves de Enoch*".

Neste caminho, o mestre aprende a combinar energia e pensamento com magnetismo e polaridade. Num certo nível, podemos dizer que o mestre que passa pelo Caminho do Trabalho Magnético opera leis universais como a Lei da Atração — no sentido de preservar seu funcionamento, e não a utilizar.

Podemos perceber noções de magnetismo e polaridade em várias situações do cotidiano, por exemplo: o magnetismo romântico entre as pessoas, as polaridades de opinião em debates ou discussões intelectuais, ou até mesmo o fluxo energético percebido de uma pessoa com excesso de energia positiva (*yang*) para outra pessoa com muita energia negativa (*yin*).

Por isso, o mestre que passa pelo Caminho do Trabalho Magnético trabalha com esta noção, a fim de lidar com a humanidade como um todo, guiando e orientando as extensões de alma ainda em evolução, através da emissão de ondas e pulsos eletromagnéticos.

Os mestres treinados neste caminho podem enviar diretamente ondas na frequência da *paz*, *compaixão* ou *harmonia*, assim como desenvolver ferramentas frequenciais e enviá-las à Terra, para que nós mesmos as utilizemos, como, por exemplo, a cromoterapia, que usa a frequência das várias cores para gerar equilíbrio; e musicoterapia, que usa o som, ou frequências sonoras, para induzir o equilíbrio.

De acordo com Djwhal Khul, pessoas nativas do quinto raio, orientadas para a busca da Verdade e do conhecimento, costumam ser inclinadas a seguir este caminho, por enxergarem nele a capacidade que o magnetismo tem de manter a Criação coesa e aderida ao plano Divino, rumo à evolução superior.

› O CAMINHO DO TREINAMENTO PARA LOGOS PLANETÁRIO

Este foi o caminho escolhido por Sanat Kumara. De acordo com Djwhal Khul, os mestres que escolhem este caminho têm certos traços em comum, como: aptidão excepcional de compreender a mente e seus mecanismos (no sentido da "psique"), predisposição para trabalhos com cores e sons e habilidade de trabalhar com espíritos em evolução, com o entendimento e compreensão do nível de evolução espiritual de cada um.

Por estes motivos, aqueles que trilham esse caminho são tidos como uma espécie de "psicólogos Divinos" ao nível cósmico.

Mestres de sétimo grau podem designar mestres recém-ascensionados para este caminho especificamente, se assim concordarem. Assim como nós, os Mestres Cósmicos — como o Logos Solar, o Galático e o Universal — também estão em processo evolutivo. Portanto, é preciso que haja treinamentos nos níveis de baixo, para que estes lugares sejam preenchidos.

Aqueles que escolhem este caminho são treinados pelo próprio Sanat Kumara, para estarem aptos a corporificar seus próprios planetas.

Os elementais da natureza trabalham de forma intimamente ligada à vontade do Logos Planetário, de modo a expressar a sua vontade e viabilizar a evolução dos seres que habitam o planeta.

Um caso curioso sobre este fato é descrito no livro *Ativações Espirituais*, de Bruno Gimenes, onde ele relata que os elementais planetários, nos tempos em que a energia da Terra está demasiada densa, a ponto de formar uma bruma nociva ao bem-estar geral, são ordenados a provocar de forma controlada aquilo que, erroneamente, conhecemos como "desastres naturais".

Pelo que é relatado, este movimento serve para unir todos os povos, principalmente em momentos de oração; o que, consequentemente,

MAS, AFINAL, O QUE SIGNIFICA SER UM LOGOS PLANETÁRIO?

Assim como um gerente ou coordenador, "Logos Planetário" é uma *posição* em uma Hierarquia Cósmica. Aqui na Terra, esta posição é atualmente ocupada pelo Mestre Sanat Kumara.

Cabe ao mestre que ocupa a posição de Logos Planetário montar uma estrutura, no nível físico, capaz de proporcionar as condições e possibilidades necessárias para o crescimento e a evolução dos seres de todas as espécies e demais formas de vida presentes naquele planeta.

Simbolicamente, o Logos Planetário pode ser comparado a uma montanha, cujos caminhos as formas de vida precisam percorrer para crescer e evoluir. O Logos Planetário, que também está presente no topo da montanha, é o responsável por guiar todas as formas de vida em direção ao topo. Em outras palavras, o Logos Planetário é, ao mesmo tempo, o caminho e o fim através dos quais a evolução se processa no planeta.

Assim como temos nossas próprias células obedecendo aos comandos que damos, nós, enquanto personalidades encarnadas, somos células no corpo do Logos Planetário.

O Logos Planetário é o Senhor do Mundo, o Antigo de Dias, o Iniciador Uno, o Diretor Divino e a omnisciência perfeita de tudo aquilo que acontece no planeta, atuando como um rei ou presidente de todos os seres, sem exceção. Uma vez finalizado o treinamento para se tornar um Logos Planetário, o ser que ocupa esta posição só deixará seu posto quando todos os indivíduos sob seus cuidados ascensionarem.

eleva o nível vibratório do planeta, dissipando quaisquer frequências nocivas ou psiquismos densos.

Todos os seres e formas de vida habitam na aura do Logos Planetário e, por este motivo, o ser que ocupa essa posição não deve favorecer ou desfavorecer nenhum indivíduo em particular; muito menos forçar ou infringir o livre-arbítrio de cada um, para acelerar a evolução daqueles que habitam em si. Devido a isto, seguir este caminho contempla também ensinar a remoção de quaisquer resistências ou padrões negativos que afetem a evolução de cada personalidade.

O mestre que escolhe este caminho precisa dominar a sutil arte de guiar os seus, sem forçar nenhuma escolha. Dominar este equilíbrio previne, por exemplo, que o mestre em treinamento assuma o karma daqueles que forçou — o que seria extremamente contraprodutivo. Tecnicamente falando, o Logos Planetário é o "mentor" da evolução dos seres que habitam a Terra, sendo, literalmente, a face de Deus que vemos - quando oramos a Deus, é o Logos Planetário que recebe tais orações. Para o Logos Planetário, o que importa é a evolução do todo, e não apenas a evolução individual de cada discípulo.

Como você deve imaginar, o Caminho do Treinamento para Logos Planetário é extremamente exigente e pressupõe uma capacidade excepcional de se doar em benefício ao *dharma* — o bem maior a todos os seres. É imprescindível que, o mestre, ao escolher este caminho pós-ascensional, tenha predisposição para criar unidades, deixando-se inundar de amor e paciência para lidar com os progressos e retrocessos daqueles que habitarão em si.

Agora que temos uma maior noção a respeito do que significa ser e servir como Logos Planetário, proponho entendermos o que acontece com mestres que escolhem este caminho.

Dentre alguns dos treinamentos pelos quais o mestre passa, cito um de particular curiosidade: o de desenvolvimento evolutivo de multiespécies. No caso da Terra, por exemplo, Sanat Kumara foi treinado a desenvolver as várias espécies minerais, vegetais, animais e humanas. Outro treinamento habilita o mestre na arte da comunicação e unidade, a fim de aprender, entre outras habilidades, a de viabilizar e conduzir mudanças em grande escala. O mestre que segue o Caminho do Treinamento para Logos Planetário foca no macro e não no micro.

Nós, enquanto personalidades encarnadas, servimos a um propósito específico no plano de Deus, sempre orientados por seres mais iluminados e evoluídos. Com o Logos Planetário não é diferente. O mestre que escolhe este caminho aprende a expressar a vontade do Logos Solar, Hélio. Se fizermos uma analogia com o mundo empresarial, o Logos Solar pode ser entendido como o "superior direto" do Logos Planetário; assim como o cargo de Logos Galático seria o "superior direto" do Logos Solar.

Como o Logos Planetário incorpora um planeta inteiro, ao invés de focar sua atenção na melhora dos corpos físicos, emocionais, mentais e espirituais de um único indivíduo — ou de um pequeno grupo de indivíduos —- ele foca sua atenção em desenvolver os corpos físicos, emocionais, mentais e espirituais de todas as formas de vida do planeta sob seus cuidados.

Uma confusão que costumo perceber nos estudantes de espiritualidade envolve a relação entre o Logos Planetário e o Cristo Planetário — ou simplesmente Cristo, ou também, Instrutor do Mundo ou Mestre dos Mestres.

Tanto o Logos, quanto o Cristo Planetário equivalem a *cargos* ou *posições* em uma organização — no caso, a Hierarquia Cósmica. A posição do Logos Planetário é atualmente ocupada por Sanat Kumara, enquanto o atual Cristo Planetário é o Senhor Maitreya, que também é o dirigente do Segundo Raio.

No papel de Logos Planetário, o mestre que escolhe este caminho aprende a manifestar a vontade do Logos Solar. Já, ao Logos Solar, cabe a tarefa de expressar a vontade do Logos Galático que, por sua vez, realiza o que é determinado pelo Logos Universal e assim sucessivamente, passando pelo nível de Hyos Ha Kodesh, os mais elevados servos Divinos, até Deus.

Da mesma forma, ao concluir as tarefas do Logos Planetário, o mestre pode escolher continuar seu treinamento e manifestar o seu próprio sistema solar, assumindo o papel do Logos Solar. Depois,

QUAL A DIFERENÇA ENTRE LOGOS PLANETÁRIO E CRISTO PLANETÁRIO?

Enquanto o Logos Planetário tem o dever de proporcionar todas as condições e possibilidades necessárias para o crescimento e a evolução de todos os seres que habitam em si, o Cristo Planetário ocupa-se da evolução de todas as personalidades (ou extensões de alma) terrenas, através das várias iniciações espirituais.

O Logos Planetário propicia a evolução total de todos os seres que nele habitam, enquanto, ao Cristo Planetário, cabe o compromisso de orientar os destinos espirituais das extensões de alma, isto é, apenas da humanidade.

Podemos entender a posição do Cristo Planetário como um importante braço a serviço do Logos Planetário, cuidando especificamente do crescimento espiritual dos filhos e filhas de Deus na Terra. O Cristo Planetário é o responsável por receber do Logos Planetário as orientações sobre aquilo que precisa ser feito para, como dirigente da Hierarquia Espiritual, distribuir tais desígnios entre os demais mestres trabalhadores — em Shamballa ou fora dela.

ele pode seguir seus estudos até aprender a manifestar uma galáxia inteira, tornando-se um Logos Galático e, em seguida, um universo inteiro, sendo um Logos Universal.

É perceptível o nível de esforço necessário para os mestres que escolhem seguir pelo Caminho do Treinamento para Logos Planetário obterem sucesso. É absurdo o grau de dedicação requerido para o mestre ascensionado finalizar esta honrosa jornada. Tanto pelo seu trabalho de autolapidação — haja vista que ainda pode haver resquícios de ego negativo até mesmo para mestres neste nível — quanto pela responsabilidade centralizada pelo Logos Planetário.

Como você deve imaginar, este caminho não é para a maioria. Porém, dados os aprendizados desenvolvidos pelos mestres que o escolhem, aqueles que desenvolvem estas capacidades aceleram muito sua evolução, avançando diretamente para o plano mental cósmico, onde habita a Mente Divina.

› O CAMINHO RUMO A SÍRIO

Este é o quarto dos caminhos que levam à evolução superior. Sírio (ou Sirius) pode ser considerada uma universidade cósmica no plano interior. Muitos vão até lá antes mesmo da ascensão, para aprender a melhor servir ao plano Divino.

Por ser um caminho que serve como um estágio superior, capaz de abrir muitas possibilidades, ele é escolhido pela maior parte da humanidade. Ele poderia ser considerado um estágio intermediário, ou até mesmo preparatório, para os mestres que optaram pelo Caminho do Trabalho Magnético, ou pelo Caminho do Treinamento para Logos Planetário — por serem mais avançados.

De acordo com Djwhal Khul, a energia que vem de Sírio é o princípio do amor cósmico. Quando falamos da estrela Sírio, aqui consideramos o seu aspecto sutil, assim como entendemos Shamballa como uma fortaleza imaterial. O nosso próprio Logos Solar, Hélio, treinou em Sírio.

Sendo de grande importância para a Hierarquia Cósmica, em função dos treinamentos que lá são conduzidos, precisamos entender também que Sírio não serve apenas para aperfeiçoar os mestres ascensionados terrenos. Sírio serve como posto de treinamento para todos que se relacionam com o nosso Núcleo Galático e com a Hierarquia Cósmica.

O mestre que escolhe o Caminho rumo a Sírio dispõe das qualidades presentes nos mais ávidos aprendizes. A premissa básica é que o mestre esteja disposto tanto a aprender, quanto a ensinar.

Pensando em Sírio como uma universidade cósmica e um centro de aprendizado, este caminho proporciona, em sentido mais amplo, uma oportunidade profunda de trocar aprendizados e aprender com mestres de outras origens. Por exemplo, o mestre pode tanto ensinar sobre o modelo evolutivo da Terra — que usa as emoções para provocar o desenvolvimento espiritual das extensões de alma — quanto aprender sobre outros modelos evolutivos; bem como demais assuntos úteis para a evolução da Terra, ou para o trajeto que o mestre tomará após o Caminho Rumo a Sírio.

Ser autorizado a assistir às aulas de Sírio não necessariamente implica no fim do processo iniciático e evolutivo do mestre. O restante da jornada evolutiva está distribuído ao longo de 352 níveis, até que o mestre una-se completamente a Deus e em Deus.

› O CAMINHO DO RAIO

O Caminho do Raio é o quinto dos sete caminhos pós-ascensionais. Caso o mestre, durante a sexta iniciação, escolha este caminho, ficará em seu próprio raio, seja o da alma, ou o da mônada. No capítulo 5, você estudará os detalhes mais importantes de cada um dos principais raios cósmicos da manifestação.

O mestre que escolhe este caminho trabalha diretamente ligado a Sanat Kumara, o Logos Planetário, e também ao mestre à frente do seu raio. Quando finalizado o treinamento necessário, o mestre recém-ascensionado, então, sairá em campanhas de serviço, executando a vontade de Sanat Kumara e servindo ao seu sistema de origem.

De certa forma, o Caminho do Raio se assemelha ao Caminho do Serviço Terreno, porém, numa perspectiva ampliada, ao invés de servir apenas à Terra, o mestre atuará nos vários reinos e planos do sistema solar, trabalhando de modo a expressar e desenvolver os aspectos e virtudes associados ao raio em questão.

De acordo com Djwhal Khul, este é um caminho muito complexo, pois o mestre que o escolhe precisa dominar tanto habilidades matemáticas, quanto a capacidade de utilizar a geometria — de uma forma ainda incompreensível às nossas mentes tridimensionais.

Geralmente, é um caminho escolhido por aqueles que valorizam e respeitam a **Lei da Vibração**[13]. Isto acontece porque o mestre que escolhe este caminho utiliza a Lei da Vibração incessantemente — primeiro, em seu próprio raio, e depois no raio cósmico em nível galático.

À medida que o mestre avança através do Caminho do Raio, ele precisará servir num planeta cujo raio predominante seja equivalente ao seu próprio. Por exemplo, se o raio do mestre for o segundo raio, ele precisará buscar um planeta de segundo raio para servir. Se for do terceiro raio, o mesmo raio da Terra e de Sanat Kumara, ele poderá servir aqui, em nosso planeta.

Quando a evolução do mestre neste caminho avançar mais ainda, ele passará a servir ao Sol e ao nosso Logos Solar, Hélio. E tendo dominado a Lei da Vibração no sistema solar, o mestre gradua e serve no nível galático — deixando de servir no próprio raio para fazê-lo no raio cósmico correspondente.

Os sub-raios nos quais encarnaram as personalidades são apenas ramificações de um raio cósmico. Por exemplo, no nosso sistema solar, o raio cósmico predominante é o segundo raio — em outro sistema, possivelmente será outro.

Cada um dos *chohans* (ou Senhores dos Sete Raios) tem certos aspectos de vida a manifestar, assim como qualidades a expressar, e é destas intenções e manifestações que se ocupam os mestres que escolhem este caminho. O mestre que escolher o Caminho do Raio precisará ampliar seus conhecimentos a respeito dos objetivos e desígnios cósmicos — o que não é pouca coisa!

13 A Lei da Vibração é uma das doze Leis Universais atualmente aceitas como verdadeiras. Ela afirma que tudo na Criação (material ou imaterial) é feito de energia, sendo que cada um vibra numa frequência específica. Por exemplo: um *smartphone*, seu animal de estimação, seus parentes, seus sentimentos, pensamentos e emoções.

Não é incomum que o mestre cujas alma ou mônada sejam do primeiro raio escolha este caminho pós-ascensional. Este raio está relacionado ao aspecto Divino da *vontade* ou do *poder*. Isto acontece ou porque o mestre já é de um dos três raios principais, ou porque a evolução do mestre no caminho espiritual necessita que ele aprenda a dominar o uso da vontade em nível cósmico.

Segundo Djwhal Khul, existem sete aspectos (ou faces) da vontade que formam a base do treinamento desse caminho, que são: a vontade de iniciar através do poder, a vontade de unificar através do amor, a vontade de evoluir através do conhecimento, a vontade de harmonizar através do contraste, a vontade de agir a partir da informação, a vontade de causar através da fé e a vontade de se expressar através da ordem.

Os adeptos de primeiro raio que escolhem o Caminho do Raio precisam abdicar de sua "unidade isolada", enquanto descobrem a beleza e o valor da diferenciação, com relação a tudo aquilo que existe na Criação. Este treinamento é, então, sucedido por um processo chamado "múltipla identificação", no qual o mestre desenvolve o entendimento de que, apesar de ser uma unidade em si, ele carrega o poder latente de focalizar, se concentrar e abranger muitos outros seres, em muitos outros lugares.

Agora, se o adepto pertence ao segundo raio, e escolhe este caminho, Djwhal Khul comenta que deve negar as "tendências atrativas e magnéticas" enquanto domina a arte da "intenção isolada com múltiplos objetivos". O mestre deverá transformar o exclusivo em inclusivo, numa noção extremamente ampliada da realização Divina. No entanto, é preciso ter claro que essa "exclusividade" não implica na heresia da separação entre os seres, apenas na certeza inabalável daquilo que precisa ser feito.

Fato é que este caminho sagrado, assim como os demais, leva à evolução superior e, independentemente da escolha, todos os *chohans* precisam aprender a desenvolver as habilidades pertinentes a cada raio, à medida que seguem suas trilhas evolutivas.

› O CAMINHO ONDE O PRÓPRIO LOGOS SOLAR É ENCONTRADO

Este é o penúltimo dos sete caminhos pós-ascensionais. De forma semelhante ao Caminho do Treinamento para Logos Planetário, neste sexto caminho, o *chohan* é preparado para se tornar um Logos Solar, sem a necessidade de qualquer passagem preparatória em Sírio. Ou seja, o mestre é diretamente desenvolvido para aprender o que é preciso para se tornar um Logos Solar.

Sendo Hélio o nosso Logos Solar e Sanat Kumara o nosso Logos Planetário, entendemos que o Senhor do Mundo pode ser considerado tanto um aprendiz, quanto um "braço" do Logos Solar.

Um dos trabalhos do Logos Solar diz respeito ao despertar e à expansão da visão interior. Isto pode ser entendido como a "abertura do terceiro olho", porém para enxergar a Verdade em nível cósmico. Somente iniciados de alto grau conseguem auxiliar o Logos Solar em seu trabalho, os quais, poderíamos dizer, formam a "pupila do terceiro olho cósmico".

São poucos os adeptos que, na passagem pela sexta iniciação, escolhem este caminho pós-ascensional, haja vista o trabalho necessário e as responsabilidades intrínsecas que o envolvem. Ainda assim, precisamos lembrar de que os poucos que escolheram esse caminho no passado também estão em evolução, e, ainda assim, mesmo daqui a milhões de anos, precisarão ser rendidos de suas funções.

Gradualmente, com muito esforço e dedicação, alguns mestres colocaram-se num processo de qualificação. Quando for a hora, eles servirão no lugar dos mestres cósmicos que governam nosso sistema solar.

Comparativamente, podemos considerar que, numa escala evolutiva, a posição do Logos Solar está tão distante da do Logos Planetário, quanto o Logos Planetário está distante de um discípulo de segundo grau.

Ainda assim, tanto o Logos Solar quanto o Logos Planetário estão unidos pela afinidade entre seus objetivos. Quando falo sobre o Logos Planetário, não me restrinjo apenas a Sanat Kumara — o

Logos Planetário da Terra — mas a todos os *Logoi* Planetários de nosso sistema solar, e, consequentemente, ligados ao Logos Solar de nosso sistema, Hélio.

O Logos Planetário, independentemente do planeta que incorporou, é encarregado de manifestar a vontade do Logos Solar pelo bem do despertar cósmico de todos os seres daquele planeta. Por isso, podemos entender que pelo trabalho do Logos Solar abranger todo o nosso sistema, regula tudo o que se passa em cada planeta e, por extensão, em nossas vidas.

Caso você escolha este caminho quando passar pela sexta iniciação, será preciso se especializar em ter visão interna, isto é, a percepção e o entendimento a respeito de tudo aquilo que ocorre no seu ser imaterial.

Além disso, precisará também desenvolver um certo grau da visão cósmica, ou seja, a percepção e o entendimento do que ocorre nos movimentos que acontecem no macrocosmo.

Outro fato importante sobre o Caminho onde o Próprio Logos Solar é encontrado, é que o mestre aprenderá a trabalhar com os ***devas***[14] da Criação, pertinentes àquele sistema solar, e tão importantes para o processo criativo ao nível do sistema solar.

Assim como o Logos Planetário tem o seu trabalho ligado ao dos elementais, o Logos Solar trabalha com os *devas* para que eles executem seus comandos. Em nível solar, podemos entender o trabalho dos *devas* como sendo o responsável, por exemplo, pela originação de novas estrelas e nebulosas, ou até pela renovação de estrelas antigas.

Como parte do treinamento, os mestres que escolhem este caminho podem, eventualmente, participar dos Conselhos Sagrados de alguns dos *planetas sagrados*, até que estejam suficientemente prontos para serem transferidos para o grupo guiado pelo nosso Logos Solar — aquele que forma a "pupila do terceiro olho cósmico".

14 *Deva*, em sânscrito, significa "iluminado". São os seres responsáveis por manifestar as vontades de Deus na dimensão física. Uma pimenteira, uma girafa ou uma montanha, assim como tudo aquilo que existe, tem (ou teve) um *deva* associado à sua criação.

A condição de planeta sagrado pode ser comparada à terceira iniciação, na qual o discípulo se torna um iniciado, sendo orientado pela alma. Porém, no caso dos planetas sagrados, esta seria uma terceira iniciação cósmica. Segundo a Mestra Helena Blavatsky, existe uma série de planetas sagrados, os quais originalmente formaram um grupo de sete planetas: Mercúrio, Vênus, Marte, Júpiter, Saturno, a Lua e o Sol — mesmo que os dois últimos não sejam, por definição, planetas.

Dada a abrangência do trabalho do Logos Solar, são perceptíveis os motivos que fazem deste caminho um dos menos escolhidos pelos adeptos que chegam à sexta iniciação. Entretanto, se completado com sucesso, o mestre que passa pelo Caminho onde o Próprio Logos Solar é encontrado, pode atingir o plano búdico cósmico — ou seja, avançar muito na sua caminhada rumo à evolução superior.

› O CAMINHO DA ABSOLUTA CONDIÇÃO DE FILHO

O último dos sete caminhos pós-ascensionais conduz o mestre que o escolhe à condição de Filho de um ser cósmico mais elevado que o nosso Próprio Logos Solar, Hélio.

Podemos considerar este caminho como sendo, particularmente, complexo e misterioso, dada a elevação de sua natureza. No livro "*Os Raios e as Iniciações*", ele é explicado como sendo um caminho capaz de abrir um duplo portal interdimensional cósmico, ambos de constituição triangular.

O primeiro destes portais triangulares é formado pela tríade existente entre Sanat Kumara (Logos Planetário), Hélio (Logos Solar) e um ser cósmico superior (mencionado como "Aquele do qual não podemos falar").

Já o segundo destes portais é formado pela tríade gerada entre um facho de energia emanado da Constelação da Ursa Maior, outro facho emanado do nosso Próprio Logos Solar — o Coração de nosso sistema solar — e um terceiro facho energético, resultante da combinação dos sete fachos energéticos emanados dos sete planetas sagrados originais de nosso sistema solar.

Estes dois portais manifestam a relação existente entre nosso planeta, nosso sistema solar, nossa galáxia e o próprio universo. Além disso, estes portais sustentam a abertura através da qual operam os ***Seres Lipikas***[15] — Os Senhores do Karma.

É através destes portais que os Grandes Avatares e outros Grandes Mestres da Humanidade ingressam em nosso sistema e "encontram o Ponto onde podem servir". Um exemplo destes avatares era Mestre Sathya Sai Baba, o Cristo Cósmico, que foi a encarnação de Dattatreya, o avatar que combinou simultaneamente os deuses Brahma, Vishnu e Shiva.

Este é o caminho daqueles pelos quais o Logos Solar desenvolve especial intimidade. Por isso, podemos entender que trilhar este caminho requeira alguma preparação prévia, seja através do Sírio, através do Caminho do Raio, ou até mesmo servindo ao Próprio Logos Solar, com o reconhecimento de desejos, vontades e objetivos.

Agora, em contrapartida, os mestres que escolheram este caminho devem executar fiel e perfeitamente os comandos do Grande Ser que personifica nosso sistema solar.

O propósito deste caminho é possibilitar que os planetas não sagrados em nosso sistema solar alcancem sua libertação e sejam consagrados. Isto acontecerá quando cada um passar pela terceira iniciação cósmica e se unir à Mente Divina.

Como você pode inferir, pela densidade de conteúdo que vimos aqui, estas informações podem ser consideradas pouco palatáveis para o público em geral. Oro para que esta realidade seja diferente num futuro próximo.

Chegando ao fechamento deste capítulo, espero sinceramente que você tenha gostado de desvendar estas informações o tanto quanto amei

15 Segundo *A Doutrina Secreta*, estes seres celestiais são espíritos universais responsáveis por gravar o karma universal, alimentando os meios pelos quais a Lei Universal da Compensação pode atuar.

repassá-las! No entanto, o início da trilha de um ou outro Caminho, dentre aqueles apresentados anteriormente, continua consideravelmente distante — para alguns mais do que outros.

Por isso, antes de dedicar muito tempo a decidir qual caminho você escolherá, quando chegar o momento de sua ascensão, ocupe-se em viver uma vida harmoniosa e bela, enquanto mantém sua postura justa, correta e alinhada com o propósito de Deus para todos nós.

Disciplinar a mente e equilibrar as emoções, enquanto dissolvemos o veneno da ilusão e da separação, serão a base certa para a decisão mais assertiva quanto ao melhor caminho pós-ascensional a ser trilhado por cada um de nós. Para Deus, não importa *o quanto sabemos*, mas sim *o que fazemos* com aquilo que sabemos. É exatamente isso, o que fazemos aqui e agora, que determinará o caminho que vamos seguir.

O entendimento de fazer o que se pode com aquilo que sabemos, abre passagem através do *Caminho Para Viver o Céu na Terra*. Esta é a verdadeira **ascensão integrada**: aquela que é construída dia após dia, com comprometimento, dedicação e foco no serviço maior a Deus Altíssimo.

Quanto mais nos concentrarmos em viver o verdadeiro propósito, contribuindo com a Obra Maior de Deus, evitando comparações, julgamentos e a percepção herética da separação, mais rapidamente integraremos as várias iniciações ao nosso sistema de diferentes corpos, avançando com maior velocidade, rumo à evolução superior.

Por fim, caso este magnífico assunto dos caminhos pós-ascensionais tenha chamado sua atenção e você queira se aprofundar ainda mais nele, indico a leitura da bibliografia que consta do final desta obra.

Capítulo 5

OS RAIOS CÓSMICOS DA MANIFESTAÇÃO

Em muitas linhas de estudo, principalmente na tradição teosófica, os raios cósmicos são vistos como correntes de energia ou influências espirituais que emanam do Divino Pai e afetam nosso desenvolvimento espiritual, nossa evolução e a expansão da consciência da humanidade.

Entretanto, apesar de sua importância, e devido ao nível médio da consciência espiritual da raça humana, algumas informações referentes a este assunto ainda são consideravelmente complexas.

Datado de 1875, com a fundação da Sociedade Teosófica pela Mestra Helena Blavatsky, a maravilhosa ciência dos raios chegou ao nosso planeta pelo advento da *Grande Fraternidade Branca* — também chamada, em outras literaturas, de *Grande Loja Branca* ou *Governo Oculto* — e da revelação dos trabalhos da Hierarquia Cósmica e Espiritual.

Para entender a origem e o significado dos raios cósmicos, convido você agora a usar toda sua capacidade imaginativa e de extrapolação.

Inicialmente, consideraremos que Deus é uma Luz Perfeita. Se apontarmos essa Luz Perfeita para um prisma, ela se dividirá em sete espectros principais, *sete raios cósmicos* ou *chamas cósmicas*. Estes raios cósmicos vêm do próprio Deus e cada um deles representa um aspecto divino, isto é, uma qualidade específica da consciência de Deus.

Temos a informação de que cada um destes raios cósmicos derivados de Deus são personificados pelos denominados *Sete Grandes Seres*. Juntos, eles representam as várias faces das virtudes e qualidades de Deus, as quais agem sobre toda a Criação. Passar pelas iniciações ligadas ao plano físico cósmico significa, em certo grau, integrar tais qualidades à personalidade em evolução.

Nenhum dos raios que derivam de Deus é superior, melhor ou pior que o outro, pois todos se complementam divinamente, sendo nosso papel integrá-los em nosso ser. Cada um dos sete raios cósmicos que emanam de Deus é direcionado a um sistema solar específico e, consequentemente, ao Logos Solar daquele sistema.

Consideremos, agora, apenas um dos sete raios cósmicos principais, e iremos submetê-lo ao prisma novamente. Assim como antes, ele terá suas próprias sete subdivisões. Cada uma das subdivisões do raio cósmico de cada sistema solar é direcionada a cada um dos sete planetas sagrados daquele sistema e, consequentemente, ao Logos Planetário daquele planeta.

O mais importante a entender é que existe um desmembramento sétuplo que acontece duas vezes.

O primeiro desmembramento acontece entre um dos Sete Grandes Seres e os Sete *Logoi* Solares ligados a ele.

O segundo, ocorre dos *Logoi* Solares de cada sistema solar para os *Logoi* Planetários daquele mesmo sistema.

Assim, multiplicando os desmembramentos, temos, no total, quarenta e nove raios em nosso universo.

Nosso sistema solar tem apenas um dos sete raios cósmicos, em operação, e suas sete divisões são os *nossos* sete raios, os quais estão diretamente ligados ao trabalho da Grande Fraternidade Branca.

Resumindo, podemos entender os raios como a manifestação de forças e qualidades que se completam. Essa completude perfeita é Deus.

› RAIOS DE ASPECTO E RAIOS DE ATRIBUTO

Os raios podem ser divididos em dois tipos: (i) os *raios de aspecto* e (ii) os *raios de atributo.*

Os raios de aspecto são:

- 1º RAIO: o da Vontade, do Poder e do Propósito;
- 2º RAIO: o do Amor-Sabedoria;
- 3º RAIO: o da Inteligência Ativa;

Os raios de atributo são:

- 4º RAIO: o da Harmonia através do Conflito (ou Purificação);
- 5º RAIO: o do Conhecimento e da Ciência Concreta (ou da Verdade);
- 6º RAIO: o da Devoção;
- 7º RAIO: o da Ordem Cerimonial.

Os raios de aspecto estão intrinsecamente ligados ao aspecto da vontade divina, como: *O que Deus espera? Qual é a vontade de Deus para tal pessoa, situação ou circunstância? Como, por meio de tal situação ou circunstância, podemos servir mais e melhor em prol do bem geral e paz do todo?*

Os raios de atributo, por sua vez, estão associados ao aspecto da consciência e das características majoritariamente individuais; isto é: como é a *minha* forma de interpretar tal situação ou circunstância? Como são *minhas* respostas ou reações emocionais? Como são *meus* pensamentos? Como o *meu* corpo físico reage diante de um determinado fato?

Todos os raios, do primeiro ao sétimo, preservam essas qualidades essenciais, variando apenas em intensidade, à medida que analisamos níveis distintos, ao longo da Hierarquia.

De acordo com Djwhal Khul, o terceiro raio de aspecto, o Raio da Inteligência Ativa, sintetiza todos os raios de atributo, ou seja, os raios, do quarto ao sétimo, são, em certo sentido, desdobramentos do terceiro; podendo ser focalizados ou absorvidos por ele. Mais adiante, veremos em detalhes as principais características associadas a cada raio.

› A RELAÇÃO ENTRE OS RAIOS E AS INICIAÇÕES

Invariavelmente, toda personalidade encarnada tem seis raios, podendo ser repetidos ou não. Estes seis raios são: o raio do corpo físico, o raio do corpo emocional , o raio do corpo mental, o raio da própria personalidade, o raio da alma e o raio da mônada.

O raio do corpo físico impacta diretamente os atributos e características do corpo físico. O raio do corpo emocional se relaciona à forma como as emoções são processadas pelo corpo emocional, enquanto o raio do corpo mental afeta a natureza da mente e como a realidade é percebida. Já o raio da personalidade está ligado às atitudes da pessoa, onde geralmente podemos perceber nuanças do ego negativo. O raio da personalidade de alguém que ainda não despertou para a espiritualidade provoca a sensação de separação entre si e os demais com quem convive.

O raio da alma, por sua vez, possibilita comportamentos baseados numa consciência grupal e estimula o discernimento entre o real e o ilusório. Quando este raio começa a predominar sobre o raio da personalidade, a pessoa — virtudes do seu raio de alma — começa a apresentar uma postura mais desapegada da vida material e focada no serviço a Deus. Por fim, quando o raio da mônada começa a imperar sobre o raio da alma — entre a terceira e quarta iniciações — o discípulo se torna mais consciente da vontade divina, negando tudo aquilo que o impede de servir ao propósito de Deus.

É razoável considerar que pessoas com raios semelhantes vejam as coisas sob uma mesma ótica ou ponto de vista, mas esta percepção pode mudar, dependendo de qual raio estamos falando e, mais importante, do grau iniciático de cada um.

Por exemplo, dois colegas de trabalho que tenham o raio do corpo mental pertencente ao quinto raio podem encarar um desafio de um mesmo jeito. Porém, ao passarem pela terceira iniciação, se eles tiverem raios de alma diferentes, aquela percepção pode mudar, conforme o raio da alma de cada um.

A cada existência da personalidade encarnada, os raios da mônada e da alma se preservam; o que não pode ser dito a respeito dos demais raios do discípulo. Conforme estudamos anteriormente, todos os raios complementam-se e a união total dos raios resulta em Deus.

Isto equivale a dizer que cada raio conta com habilidades e fraquezas que balanceiam e são balanceadas pelos demais raios. Este é o motivo pelo qual o conjunto de raios da personalidade ainda presa no ciclo reencarnatório muda a cada encarnação: possibilitar que os aprendizados e resgates kármicos sejam desenvolvidos e manifestados.

É importante salientar que um estudante de espiritualidade ciente da existência e dos efeitos dos raios pode invocar a energia de qualquer um deles para balancear eventuais desequilíbrios ou fraquezas.

Por exemplo, suponhamos que o corpo emocional não domado de alguém pertença ao quarto raio e gere sofrimento mediante tendências e percepções vitimistas. Estas tendências podem ser equilibradas pela invocação do quinto raio, para a a verdade ser revelada e a pessoa enxergar a situação a partir do que ela realmente é, e não pelas lentes de seus gatilhos.

Os raio da alma e da personalidade encarnada, bem como os dos corpos inferiores, estão ligados a um dos sete raios. Caso o raio da alma seja um raio de atributo — isto é, do quarto ao sétimo raios — após passar pela terceira iniciação, deverá se polarizar num dos três raios de aspecto — do primeiro ao terceiro. O raio da mônada, por outro lado, sempre estará localizado num dos raios de aspecto.

Para a maioria da humanidade, ainda dormente sobre a identidade espiritual, os raios dos corpos físico, emocional e mental são dominantes. À medida que a personalidade vai se realizando em si, o raio da personalidade começa a predominar e os raios dos três corpos inferiores começam a ser subjugados. Se a pessoa continua seu processo evolutivo e atinge o grau de discípulo; isto é, quem passou pela primeira ou segunda iniciação, tem o raio de sua personalidade absolutamente subordinado ao raio da alma — pelo menos até a terceira iniciação.

Da terceira iniciação à sexta, quando ocorre a ascensão, o iniciado começa a ser gradualmente orientado pela mônada e, gradualmente, o raio da alma vai sendo superado pelo raio da mônada; o qual pertence a um dos três raios de aspecto.

Na sétima iniciação, o raio ao qual pertence o mestre de sétimo grau continua sendo o mesmo raio da mônada. Caso ele deseje seguir evoluindo, através das iniciações do plano físico cósmico, precisará passar por aquilo que Leadbeater chama de *mudança de raio* que, embora conceitualmente simples, pode ser particularmente desafiador quando posto em prática.

Em essência, no processo da mudança de raio, o mestre tempera gradualmente a energia específica de seu raio de origem com a energia específica do raio para o qual deseja transitar , até que as polaridades se invertam e a mudança de raio aconteça.

No caso, a oitava iniciação do plano físico cósmico só pode ser completada no primeiro e segundo raios. Se um mestre do sétimo grau já for de um desses raios, ele não precisa mudar de raio para a oitava iniciação. Porém, se ele for do terceiro raio, esta mudança se faz necessária, ou para o primeiro ou para o segundo raio.

Um iniciado de oitavo grau é chamado de *Pratyeka Buddha,* ou "Buda Solitário", caso seja do primeiro raio, e *Buddha,* caso seja do segundo. O grande Mestre Buda Siddharta Gautama é um iniciado de oitavo grau do segundo raio.

A nona iniciação é a última do plano físico cósmico e só pode ser completada no primeiro raio. Logo, caso o iniciado de oitavo grau já seja do primeiro raio, isto é, seja um *Pratyeka Buddha*, a mudança de raio se torna desnecessária. Agora, caso ele seja do segundo raio, isto é, um *Buddha*, ele deve mudar do segundo para o primeiro raio. O iniciado de oitavo grau que completa a nona iniciação com sucesso atinge o mesmo quilate espiritual que o nosso Logos Planetário, Sanat Kumara, mestre de nono grau.

Aproveito para reforçar que estas informações sobre mudanças de raio só foram aqui introduzidas para que o estudante realmente interessado tenha ciência desta realidade sublime. Entretanto, assim como não convém decidir agora qual caminho pós-ascensional você tomará após sua ascensão, ainda é muito cedo para se preocupar com a passagem por mudanças de raio ou não. Recomendo que tal decisão seja reservada para depois, em momento mais oportuno e próximo da sua ascensão; que é quando tais mudanças de raio serão, de fato, importantes e decisivas para sua evolução superior.

Dada a natureza dos raios e seus vários desmembramentos e influências sobre nós, é primordial a compreensão de seus aspectos e qualidades, para o completo entendimento do ser que somos e daquilo que conhecemos como *missão de vida*.

Por antecederem as próprias galáxias, sistemas solares e planetas, considero que o efeito e a influência dos raios em nossas vidas, comportamentos e emoções são consideravelmente mais profundos que os da própria astrologia. Por isso, esta ciência oculta pode tornar-se uma poderosa ferramenta, tanto para levantar traços e perfis psicológicos, quanto para alinhar a vida e revelar propósitos velados.

› SOBRE AS LINHAGENS DOS RAIOS

Conforme vimos anteriormente, a revelação da Hierarquia Cósmica e Espiritual através do trabalho da Sociedade Teosófica, em 1875, marcou a primeira grande dispensação dos ensinamentos dos Mestres da Grande Fraternidade Branca.

Este trabalho permitiu que outras pessoas despertassem para a existência dos Mestres e de seu trabalho e começassem a desenvolver a própria espiritualidade, seguindo seus ensinamentos.

Após a criação da Sociedade Teosófica, diversos outros projetos guiados pelos Mestres da Grande Fraternidade Branca emergiram.

Eles contribuíram significativamente para completar o quebra-cabeça da ascensão espiritual, ajudando a esclarecer muitos dos mistérios e dúvidas que, até então, pairavam entre os primeiros adeptos desta caminhada espiritual. Ao trazer outra luz para o avanço espiritual da humanidade, estes novos trabalhos serviram ao propósito de revelar uma realidade diferenciada.

Podemos citar, por exemplo, os trabalhos da própria Alice Bailey — orientada por Djwhal Khul — e de Charles Leadbeater — orientado por Kuthumi —, por volta de 1919. Outros exemplos são Guy Ballard, ora também chamado de Godfrè Ray King — orientado por Saint Germain e fundador do Movimento EU SOU na Califórnia americana, em 1930 — e Mark Lyle e Elizabeth Clare Prophet — fundadores da Summit Lighthouse, em 1958 — que mais tarde se tornaria a Igreja Universal e Triunfante.

Mark e Elizabeth Prophet foram profundamente influenciados pelos trabalhos da Sociedade Teosófica e do Movimento EU SOU. Há, inclusive, alguns relatos, afirmando que ele teria sido guiado pelo Mestre El Morya, enquanto ela era orientada por Saint Germain.

Naquela época, o casal Prophet foi muito notório, tanto pela revelação de novas verdades espirituais para o mundo, quanto pela popularização da prática dos "decretos", a partir das Afirmações Eu Sou. Estes decretos funcionam como uma forma de oração em voz alta, destinada a invocar energias espirituais, e manifestar curas, proteção energética e espiritual e transformações pessoais em diversos aspectos.

Após a morte de Mark, Elizabeth Prophet seguiu na liderança da organização, a qual passou a ter ainda mais destaque popular pelas previsões cataclísmicas, inicialmente assertivas, que ela fazia.

Entretanto, com o tempo, suas previsões foram se tornando cada vez mais apocalípticas até que, em 1990, membros da Igreja Universal e Triunfante esconderam-se em abrigos nucleares subterrâneos, a fim de sobreviverem a um ataque nuclear que nunca ocorreu. Naquele mesmo ano, Elizabeth Clare Prophet foi diagnosticada com o Mal de Alzheimer.

A importância de entendermos este recorte histórico das dispensações dos Mestres da Grande Fraternidade Branca recai numa herança dos trabalhos desenvolvidos pela antiga Summit Lighthouse, ainda muito presente atualmente.

Nosso entendimento atual sobre os raios da manifestação deriva de duas fontes fundamentais: a linhagem da Sociedade Teosófica e a linhagem originada pelo casal Prophet; ambos atuando como canais para a Grande Fraternidade Branca.

Entretanto, tendo em vista a natureza das informações e o fato delas serem transmitidas por *pessoas*, é imprescindível que tenhamos um filtro criterioso para separar quaisquer impurezas ou distorções causadas pelas projeções dos canais encarnados.

Durante minha investigação sobre os raios da manifestação, observei que ambas as linhagens ofereceram *insights* sobre estas energias, apresentando informações ora convergentes, ora divergentes em suas concepções.

Por exemplo, no que diz respeito à personalidade, às tendências emocionais e comportamentais, bem como ao perfil individual associado a cada raio, ambas as linhagens descreveram os sete raios planetários de maneira semelhante.

No entanto, houve desacordo sobre aspectos como os dias da semana, cores, planetas e até em torno dos signos astrológicos vinculados a cada raio, revelando contradições nas informações disseminadas por cada linhagem; o que pode indicar projeções pessoais daqueles que canalizaram tais informações.

Sendo assim, e por lealdade à prudência e ao bom senso, na próxima seção, apresentarei apenas aquilo que considero pertinente à evolução espiritual. Deste modo, nos concentraremos em detalhar os aspectos e atributos específicos de cada raio, seus traços pessoais e comportamentais mais marcantes, entre outras particularidades.

› OS DETALHES DE CADA RAIO

Os raios são intransferíveis e imutáveis, exceto no caso das iniciações superiores; ou seja, a oitava e nona iniciações. O raio da mônada é definido, ou pelo Logos Solar de cada sistema solar, ou pelo Logos Planetário do planeta daquele sistema. Ela mesma não define seu próprio raio. Já o raio da alma é definido pela mônada; enquanto o raio da personalidade, do corpo mental, do corpo emocional e o do corpo físico são definidos pela alma. Por sinal, estes são os raios que mudam entre cada existência, a depender da necessidade de evolução daquele ser.

Conforme já discutimos, cada um dos raios é associado a uma cor, dia da semana, traços pessoais, características comportamentais e qualidades espirituais específicas. Entretanto, limitaremos nossos estudos somente aos aspectos mais importantes e melhor relacionados à evolução espiritual, conforme veremos a seguir.

ANOTAÇÕES DO DISCÍPULO

PRIMEIRO RAIO

DA VONTADE E DO PODER

O primeiro raio é associado à vontade, ao poder divino e à fé. Representa a energia da liderança, da determinação e da força de vontade que gera o movimento na direção desejada. Aqueles que têm esse raio mais evidenciado podem ser vistos como líderes natos e pessoas decididas, que sabem exatamente o que querem e o que fazer para chegar lá.

Pessoas de primeiro raio têm o poder de canalizar uma porção maior de força e materializar suas vontades, principalmente quando seus objetivos estiverem alinhados ao propósito de Deus — quer tenham esta consciência ou não. Este raio abre os caminhos para o novo acontecer, dando sustentação e estrutura ao cumprimento dos desejos. Aqueles regidos por ele têm uma grande capacidade de construção e resiliência, o que os torna excelentes agentes causadores de verdadeiras transformações.

Como está relacionado à energia, do dinamismo, à vitalidade e às iniciativas, o primeiro raio pode ser entendido como o que dá início a novos empreendimentos e realizações. É o raio que mais se destaca em situações que provocam quebras de padrões e paradigmas antigos;

sendo responsável por nutrir a pessoa com a energia necessária para abrir caminhos, manifestando o novo na vida.

O primeiro raio revisita o poder pessoal e a autoconfiança. É o raio da objetividade e da direção. Como essa energia de começos e inícios é muito forte, caso ela não seja temperada pela persistência e consistência do sexto raio, por exemplo, pode fazer com que a pessoa tenha muita iniciativa, mas não finde os projetos iniciados.

Pessoas que pertencem ao primeiro raio são naturalmente corajosas e dificilmente recuam diante dos desafios, sendo capazes de fazer os enfrentamentos necessários para superá-los.

As pessoas deste raio tendem a tornarem-se líderes, rapidamente, por mostrar exímia habilidade de envolvimento e engajamento com as mais diversas causas; fazendo delas excelentes chefes, comandantes e pioneiras em suas áreas. Quando este raio é muito evidenciado, e não é amortecido pelo amor-sabedoria, por exemplo, pode tornar a pessoa áspera, dura, controladora e demasiadamente prática, beirando a grosseria. Nesse caso, falamos de alguém implacável e imparável, até conquistar aquilo que deseja.

Porém, pessoas excessivamente emotivas, sensíveis, com tendência de postergar a execução de projetos ou tarefas e reféns do comodismo e da zona de conforto, que gostariam de adotar uma postura nova, mais dinâmica, podem se beneficiar da invocação das energias pertinentes ao primeiro raio.

Um **corpo físico** que pertença ao primeiro raio é forte, musculoso, resistente e pode ser alto, para a pessoa conquistar o que deseja. Geralmente, esportistas e competidores bem-sucedidos têm seus corpos físicos pertencentes ao primeiro raio. Já o **corpo emocional** do primeiro raio tende a ser austero, severo, irredutível e inabalável, incapaz de deixar que quaisquer medos governem atitudes e decisões; podendo também estar associado as pessoas inconsequentes, impulsivas, com reações emocionais intensas e desproporcionais.

A **mente** do primeiro raio é inabalável e capaz de manter longos estados de concentração e foco naquilo que considera importante. Até que comece a ser moderada pela alma, a personalidade do primeiro raio pode ser ríspida e intransigente, porém segura de si e inspiradora.

Já pelo viés espiritual, quando aplicamos todas essas virtudes de primeiro raio ao serviço de Deus na Terra, a personalidade que avança pelas iniciações torna a pessoa de primeiro raio um imparável trabalhador no projeto de levar a espiritualidade para o maior número de pessoas. São verdadeiros missionários de Deus na Terra, independente de vínculos religiosos. Seu papel é sempre o de buscar, entender e revelar a vontade de Deus para a humanidade. Foi exatamente isso que aconteceu com Helena Blavatsky e seu correspondente de primeiro raio, Mestre El Morya Khan, que orientou o trabalho da mestra e contribuiu com a fundação da Sociedade Teosófica. O trabalho divino daqueles que pertencem ao primeiro raio é incessante e encaminha as pessoas impactadas por ele à libertação pela fé e pela manifestação da vontade divina.

Algumas palavras que podem resumir o comportamento do primeiro raio são: determinação, resiliência, independência (inclusive emocional), coragem, firmeza, destemor, e superação. Alguns aprendizados daqueles que pertencem ao primeiro raio são a tolerância, a candura, a paciência e a simpatia. No entanto, até que certos traços sejam transformados, as personalidades do primeiro raio podem cair em armadilhas, como arrogância, orgulho, controle e teimosia.

SEGUNDO RAIO

DO AMOR-SABEDORIA

O segundo raio é ligado à sabedoria divina, à obtenção de conhecimento e à busca pela verdade através do amor. Este raio representa a eterna jornada em busca da compreensão de todos os seres, sem qualquer vestígio de julgamento. Por isso, os traços amorosos deste raio possibilitam que a sabedoria venha do acolhimento e da compaixão. Esta sabedoria espiritual é obtida através da expressão do amor universal, onde não há espaço para conceitos como "melhor" ou "pior", apenas para a verdade que é. Este raio fomenta o serviço altruísta, cujo foco está no bem do outro, e na doação, no sentido mais amplo da palavra.

Os indivíduos influenciados por este raio têm uma tendência natural para compreender a situação ao redor de uma forma geral, não manchada pelas percepções geradas pelos gatilhos do ego negativo. Pessoas de segundo raio costumam manter uma postura imparcial e, ao mesmo tempo, acolhedora, a fim de conseguirem perceber e captar amorosamente todos os detalhes envolvidos nos diversos enredos formados pela ilusão da vida material. Nativos do segundo raio têm uma postura serena e leve.

É importante lembrar que, mesmo quando mais influenciados por algum outro raio, seja de aspecto ou atributo, todos nós somos, em algum nível, afetados por este raio, por ser aquele no qual nosso Logos Solar,

Hélio, trabalha. Todos os raios de nosso sistema solar, de certa forma, são um sub-raio deste grande segundo raio cósmico.

Pensadores, professores, diretores acadêmicos ou universitários, educadores, embaixadores e diplomatas têm facilidade em ativar e integrar as virtudes deste raio, que permite expressar conhecimento e transferir informação de forma que o receptor tenha total clareza. Pessoas desse raio são altamente intuitivas, tendo maiores chances de praticar a autovigília (isto é, o *orai e vigiai*) de forma ininterrupta; evitando sofrimentos desnecessários.

Pessoas que têm este raio mais pronunciado em seu conjunto de raios exalam sabedoria e serenidade, tendo olhares calmos, acolhedores, mas, ao mesmo tempo penetrantes e capazes de enxergar a verdade velada das situações, das pessoas e as motivações reais dos outros.

Apesar da maior inércia, que gera dificuldade em agir e ir atrás daquilo que interessa, quando se colocam em movimento, as pessoas de segundo raio conquistam aquilo que almejam. Capazes de realizar longas e rigorosas sessões de estudo, os nativos deste raio são mestres em usar a prática para transformar conhecimento acumulado em sabedoria profunda; principalmente se o assunto estudado estiver relacionado ao lado espiritual da Criação. Por este comportamento, conseguem ampliar os horizontes da vida espiritual e vislumbrar tanto os próximos passos a serem percorridos, quanto identificar soluções aparentemente inexistentes para problemas diversos.

Este é o raio ao qual pertencem os honoráveis Mestres Buda Gautama, Senhor Maitreya (o Cristo Planetário), Djwhal Khul (responsável por orientar o trabalho de Alice Bailey) e Kuthumi (mestre de Djwhal Khul).

Pessoas ansiosas e impulsivas têm muito a se beneficiar com as bênçãos desprendidas por esta chama sagrada, assim como aquelas que estão passando por situações nas quais estão sendo postas a teste — seja no sentido figurado (como em desafios gerais da vida terrena), seja no sentido literal (em épocas de exames escolares, admissionais, entrevistas, provas de vestibular, entre outros). As energias que emanam do segundo raio dissolvem a ignorância, o orgulho, a arrogância e abrem espaço para que o conhecimento limpo e puro seja absorvido pela mente.

Ele estimula a autoanálise compassiva dos atos e escolhas que fizemos no passado e permite que, através do perdão e do amor-sabedoria, identifiquemos os momentos nos quais erramos, gerando os desafios atuais. Ela permite que cortemos a culpa e nos livremos do sofrimento que ela traz.

O **corpo físico** típico do segundo raio é de baixa estatura, delicado e sensível. O **emocional** de quem pertence a este raio é calmo, sereno, equilibrado e ponderado. O **corpo mental** do segundo raio é capaz de transformar o conhecimento em sabedoria, além de usar as informações disponíveis para antecipar resultados e evitar eventuais problemas. Uma mente do segundo raio também usa a intuição para captar informações não acessíveis para a maioria, ou até mesmo indisponíveis na dimensão material.

Personalidades do segundo raio são inspiradoras e verdadeiros instrutores, sendo responsáveis por ensinar formas diferentes e peculiares de encontrar soluções ou contornar barreiras antes intransponíveis; são os detentores da verdadeira sabedoria e ensinam não só as respostas daquilo que não se sabe, como também, e principalmente, ensinam a fazer as perguntas certas, para que o conhecimento decante e abra espaço à inspiração da mente superior.

Este raio sagrado pode ser resumido como sendo a chama da sabedoria, dos pensadores e de todos aqueles ligados ao aprendizado e ao ensino. Calma, paciência, amor, dedicação à verdade, intuição e serenidade são palavras que resumem bem suas virtudes. Por outro lado, pessoas muito suscetíveis às influências do segundo raio, podem precisar desenvolver qualidades como a compaixão, a tolerância, o amor e o altruísmo. O ego negativo de pessoas do segundo raio pode criar armadilhas como a desconfiança, a frieza e a dureza, além do menosprezo das capacidades mentais e cognitivas dos outros, bem como o uso do estudo excessivo como mecanismo de fuga.

Como todos estamos encarnados para aprender através de nossas experiências, num sistema solar cujo raio governante é o segundo raio, todos podemos invocá-lo e nos banhar em sua graça.

TERCEIRO RAIO

DA INTELIGÊNCIA ATIVA

O terceiro raio é ligado à bondade, ao compromisso, à beleza, ao amor, ao desprendimento da matéria e à inteligência ativa.

Este raio só pode se manifestar na Terra através da própria humanidade e é um dos mais fáceis de ser integrado. Infelizmente, a beleza associada a este raio é erroneamente confundida com a beleza física *apenas*, enquanto ele diz respeito a beleza física *também*. Além desta, também é relacionada a este raio a beleza de nossos espíritos, de nossa personalidade, do altruísmo, do desempenho de nossas missões, da vivência de propósitos. É a beleza que floresce a partir do amor divino em ação por meio de nós, a qual gera uma comunhão profunda com a vida.

Este raio também está associado à metafísica e ao pensamento filosófico, assim como à busca por aquilo que remete à verdadeira essência do ser, ao sentido que a realidade tem em nossas vidas e aos aspectos relacionados às virtudes da natureza. Aqueles que têm afinidade com este raio muitas vezes são considerados criativos, versáteis e adaptáveis.

Pessoas desse raio são criativas e capazes de fazer associações incomuns com elementos aparentemente desconexos. A imaginação dessas pessoas é altamente desenvolvida, permitindo que compreendam a essência da verdade por meio do pensamento abstrato e contemplativo. Aqueles influenciados por este raio tendem a ser sonhadores e teóricos, sempre absortos em seus pensamentos.

Devido ao seu pensamento abstrato, é comum terem amplas visões e sejam cautelosos, procurando enxergar todos os lados de uma situação com igual clareza. Porém, às vezes, caso não seja equilibrada com a praticidade do primeiro raio, por exemplo, essa visão ampla pode se tornar um fator limitante, paralisando a capacidade de agir. Pessoas de terceiro raio costumam ser cheias de ideias, mas podem ter desafios na fase de implementação.

Indivíduos influenciados por este raio são pouco convencionais e diferenciados, podendo até ser tachados como excêntricos. Sua comunicação pode oscilar de vaga a desnecessariamente complexa, porém essa abordagem pode ser transformada quando influenciada pelos raios mais práticos e aterrados, como o primeiro e o quinto. Ao contrário das personalidades de primeiro raio, que podem começar muitas coisas e terminar poucas, indivíduos de terceiro raio têm a tendência de ignorar completamente tudo aquilo que não inclua seus gostos preferidos, executando até mesmo estas tarefas não tão agradáveis, até a perfeição.

O **corpo físico** do terceiro raio é mediano tanto na estatura quanto no desenvolvimento muscular, por serem pessoas que aparentemente se mesclam com seu entorno. O **emocional** do terceiro raio é empático, fluido, sensível, profundo e incrivelmente organizado, o que permite aos indivíduos desse raio se conectarem com o Todo Que É. A **mente** do terceiro raio é analítica, lógica, concentrada, teórica e persistente, ao mesmo tempo que aberta às percepções sutis captadas pela sua intuição e sensibilidade. Personalidades equilibradas do terceiro raio costumam resultar em artistas, filósofos, arquitetos e demais profissionais que consigam expressar através da arte e da comunicação — não restrita apenas à verbal e à escrita — sua percepção da realidade.

Pessoas muito calculistas e exatas, apegadas à matéria, irredutíveis e controladoras; principalmente aquelas ainda presas ao engano mental da ilusão, podem se beneficiar da invocação do raio da inteligência ativa.

Personalidades do terceiro raio ainda governadas pelo ego negativo tendem a usar chantagem e manipulação emocional para atingir seus interesses próprios e egoicos, controlando suas relações através de argumentos dúbios e venenosos. Agora, aqueles realmente comprometidos com o propósito divino e com seu crescimento espiritual trabalharão com o Plano, canalizando toda a força do terceiro raio para mostrar a beleza óbvia da Criação, que passa despercebida para a maioria. Alguns muros são derrubados apenas pela força da paciência, algumas fontes só podem ser construídas com o carinho, e o terceiro raio abençoa todos com essas potências, a fim de estimular que o Plano se concretize.

O terceiro raio pode ser resumido como sendo a chama da visão ampla, da percepção abstrata, da dedicação e comprometimento, inclusive com o Propósito, da inteligência lúcida e inspirada e da concentração focada. O ego negativo de personalidades de terceiro raio tende a gerar egoísmo, rebeldia, procrastinação, medo do julgamento e crítica exagerada aos outros. Isso estimula a necessidade de aprendizados como a devoção, a precisão, o bom senso, a ponderação e a objetividade.

QUARTO RAIO

DA HARMONIA POR MEIO DO CONFLITO

Este raio se refere ao processo de harmonização e purificação de sentimentos e pontos de vista conflitantes, podendo ser considerado o raio que busca a unidade por meio da aceitação da diversidade. É o raio da inclusão do indivíduo ao Todo Que É e, por meio dele, podemos dissolver a ilusão da separação criada pelo ego negativo.

Este raio nos incentiva a aprofundar assuntos diversos, trabalhando fatores conflitantes e buscando informações que levem à verdade, a fim de que sejam tomadas as decisões e adotadas as posturas que gerem os mínimos efeitos colaterais. Quando nos desenvolvemos nas virtudes deste raio tão sagrado, amadurecemos nossa capacidade de ver os diferentes ângulos e perspectivas das situações e chegamos a soluções eficazes, viáveis e abrangentes.

Este raio tem uma relação intrínseca com o corpo emocional, sendo também chamado de *ray of struggle*, ou o "raio da batalha" ou "raio do conflito". Pessoas muito influenciadas por este raio vivem uma eterna batalha; de um lado encontram a comodidade, o prazer, a indulgência e a procrastinação; do outro, a ação, a impetuosidade e a impaciência. Aqueles que não aprenderem a dominar as influências deste raio sobre si, principalmente sobre o corpo emocional, estão condenados a intensas oscilações emocionais.

Pelo fato de o modelo evolutivo da Terra usar as emoções como forma de provocar o desenvolvimento espiritual da personalidade encarnada, empregar disciplina e comprometimento para integrar os aprendizados associados a este raio resulta num grande avanço pelo caminho espiritual.

É comum serem identificados muitos sentimentos ruins e emoções negativas, como aspectos a serem desenvolvidos naqueles que pertencem a este raio. Estes sentimentos e emoções negativos são estimulados pelo ego negativo e, por ele não participar da composição do Eu Superior e da mônada, precisam ser superados. O quarto raio estimula e acelera este processo.

Este raio é um estímulo constante para a cura e transmutação de nossas inferioridades e para a iluminação de nossos egos negativos. De certa forma, o quarto raio serve como um reflexo intenso que força a pessoa a olhar para aquilo que não quer ver, a trabalhar aquilo que muitas vezes é desconfortável e dar fechamento a questões emocionais internas postas de lado. Se considerarmos que os sentimentos e as emoções são um tipo particular de energia, é coerente dizer que eles nunca serão destruídos, cabendo apenas a sua transformação em algo diferente e, preferencialmente, mais leve e iluminado. Este processo também é estimulado por este raio.

Como é um raio que basicamente trabalha questões abertas do corpo emocional, pessoas muito práticas, lógicas e objetivas tendem a se beneficiar com a invocação das qualidades deste raio. E o contrário também pode ser dito: pessoas de quarto raio podem se equilibrar caso invoquem as energias oriundas de raios pragmáticos e executores, como primeiro, o terceiro e o quinto raios Este raio é aquele que ensina a sutil arte de viver através dos contrastes da realidade material, sem sermos fisgados pelo fascínio ou ilusão. É o raio da aceitação da pluralidade, um dos elementos-chave que compõem a obra de Deus. Dominar os atributos do quarto raio gera o fim do sofrimento causado pelo egoísmo e pelas expectativas quebradas.

Não existe um **tipo físico** específico que permita distinguir personalidades de quarto raio. Porém, como são evasivas para questões emocionais, pessoas de quarto raio são versáteis e têm predisposições diferentes, como, por exemplo , para caminhadas, práticas físicas ou esportivas e demais hobbies. Já o **emocional** de pessoas deste raio é oscilante, extremista e intenso e, caso a pessoa não seja equilibrada, pode ser fatalista, exagerada e pouco corajosa. A **mente** de quarto raio é tão inquieta quanto analista, pois a pessoa simplesmente não para de ter estímulos mentais provocados por suas emoções. Podem tender à autoculpabilização e ao vitimismo.

O ego negativo de personalidades de quarto raio costuma provocar pânico, irritabilidade, confusão mental, tristezas profundas, paixões fortes e imoralidade; o que torna o desenvolvimento espiritual dessas pessoas algo imprescindível, pois essa dedicação ao caminho espiritual impede que se tornem depressivos, perfeccionistas, manipuladores ou obcecados.

Podemos listar a afeição, a empatia, a generosidade e a percepção aguçada como sendo virtudes e qualidades de pessoas de quarto raio. Por outro lado, o autocontrole, o equilíbrio, a temperança emocional, a ponderação, a impessoalidade e o discernimento são aprendizados a desenvolver.

QUINTO RAIO

DA VERDADE E DO CONHECIMENTO

Este é o raio da verdade, da ciência divina, da pesquisa acadêmica, da curiosidade intelectual, da compreensão do mundo e do conhecimento puro e detalhado. Aqueles abençoados com as graças deste raio conseguem promover profundas análises objetivas e impessoais, processar dados de maneira incrivelmente assertiva, além de serem dotados de um grande intelecto.

O conhecimento relacionado a este raio está mais ligado ao aprofundamento daquilo que é conhecido do que à aplicabilidade prática daquilo que se sabe — é o conhecimento pelo conhecimento.

O quinto raio também é o raio da tecnologia; em particular, da tecnologia da informação. Pessoas do quinto raio concentram-se nos detalhes, na confiabilidade dos dados e das informações que se têm e no controle de qualidade. Personalidades de primeiro raio que tenham uma mente de quinto raio, por exemplo, são capazes de promover avanços tecnológicos nos vários ramos da ciência, da comunicação e da engenharia. Pessoas desse raio são devotas da inovação e da modernidade e sempre buscam melhorar aquilo que já existe e pode ser otimizado.

O quinto raio também é o raio da inteligência concreta e minuciosa. Pessoas organizadas, metódicas, que seguem tudo à risca, sendo excelentes em reconhecer e revelar padrões ocultos e integrar processos que melhorem os resultados, são exemplos de tipos de quinto raio. Assim como o quarto raio estabelece uma forte conexão com o corpo emocional, o quinto está fortemente ligado ao corpo mental. Logo, o equilíbrio balanceado entre estes raios gera profundos benefícios para aqueles que o conquistam.

Pessoas muito influenciadas pelo quinto raio podem se tornar cientistas, pesquisadores, matemáticos, físicos, teoristas, profissionais de ciências exatas, ou outros estudiosos que investiguem o plano oculto que rege os processos do objeto ou tema estudado.

O conhecimento conquistado através deste raio deve ser desprovido de quaisquer traços de ego, apego, subjetivismo, achismo ou fé; deve ser puramente concreto, exato e detalhado. Personalidades que pertencem a este raio são observadoras atentas, cuidadosas e rastreiam cada fato até sua fonte, a fim de verificar suas teorias; sendo ordeiros, pontuais e extremamente profissionais. Ao contrário do segundo raio, que produz sabedoria, o quinto raio nos oferece aquilo que conhecemos como "conhecimento" ou "informação".

É raro encontrar manifestações de sensibilidade nos artistas ou músicos que pertençam a este raio, dada sua profunda natureza científica. Aliás, por serem extremamente mentais, pessoas deste raio são suscetíveis à ilusão, o engano em nível mental. Como são muito literais e só confiam naquilo que podem provar, testar e verificar, lhes faltando fé e confiança em algo maior, ou até mesmo inexplicável, este raio precisa ser temperado pela espiritualidade através da intuição; o que pode ser bastante desafiador.

A intuição é a capacidade de obter conhecimentos e informações a partir da alma, ou Eu Superior, e se a pessoa deste raio ainda não tiver despertado para sua identidade espiritual, pode sofrer de comportamentos excessivamente rígidos, frios e arrogantes.

Assim como para o quarto raio, também não há notícia de um **tipo físico** específico para o quinto raio. Porém, dada a sua natureza excessivamente inquieta, investigativa e obstinada, pessoas do quinto raio têm predisposição à ansiedade e à compulsão e, se não buscarem energia na fonte certa, não dormirem direito ou se hidratarem suficientemente, podem desenvolver a tendência — e até mesmo o vício — por substâncias ou drogas estimulantes, como bebidas energéticas, açúcar, cafeína, cocaína, metanfetamina e outros.

O **emocional** de personalidades de quinto raio é organizado, curioso, inspirado e lógico. São pessoas que não oscilam muito emocionalmente e poderiam ser descritas como frias, calculistas, disciplinadas e pragmáticas. A **mente** de pessoas do quinto raio é afiada, rápida, analista, observadora e investigativa.

Como são seriamente mentais e objetivos, o ego negativo da personalidade pertencente a este raio impede que a intuição seja desenvolvida; o que pode atrasar consideravelmente o desenvolvimento espiritual. Por confiar apenas naquilo que se pode comprovar, a personalidade de quinto raio pode tornar-se cética e negligente para os assuntos do espírito e outros temas esotéricos. Podem ser pessoas fechadas, por exemplo, para técnicas e ferramentas naturais e vibracionais como a Fitoenergética e o Aura Master. Até se abrirem para os aprendizados espirituais, indivíduos de quinto raio podem ser percebidos como críticos, ásperos, mentalmente fechados ou convictos, arrogantes e preconceituosos. Entretanto, caso consigam desenvolver sua intuição e se abrir para o respeito, o amor e a transcendência dos padrões ilusórios, estas pessoas avançarão rapidamente através do caminho espiritual.

Resumidamente, podemos descrever o quinto raio como o raio da exatidão, do bom senso, da integridade, da independência e da imparcialidade.

SEXTO RAIO

DA DEVOÇÃO

Este é o raio da devoção, do comprometimento emocional profundo, da lealdade e do amor divino. Aqueles que pertencem a este raio, seguem e protegem suas crenças com muita força, exalando sentimento de extremo amor e lealdade. Se desequilibrado, pode ser o raio do idealismo e do fanatismo descomedido.

Este raio é extremamente intenso e nele não existem meios termos, ou algo é perfeito, ou é intolerável. Personalidades que pertençam a este raio são dedicadas e comprometidas com suas causas, subjetivas, isto é, baseiam suas decisões e ações naquilo como sentem e percebem. A visão daqueles que pertencem a este raio é formada não de forma intrínseca e objetiva, como no quinto raio, mas a partir de como se mostram às pessoas e situações, nos próprios conceitos de justiça que a pessoa de sexto raio tem, bem como na simpatia, ou falta dela, por uma causa ou circunstância. Personalidades de sexto raio, quando controladas pelo ego negativo, são enviesadas e tomam decisões com base em suas opiniões e achismos, desconsiderando a exatidão dos fatos e dados.

Personalidades deste raio sempre precisam de uma causa para lutar, de algum propósito para servir, de problemas para resolver, ou de alguém para adorar. No sexto raio, tratamos das polaridades opostas de cada aspecto. Por exemplo, quando uma personalidade deste raio é orientada pelo seu Eu Superior, ela tem o potencial de se tornar um santo em vida; do contrário, caso seja orientada pelo ego negativo, se tornará intolerante ou fanática ferrenha. Este raio está profundamente ligado à fervorosidade, à devoção, ao fanatismo e à batalha por pontos de vista.

Como é uma personalidade que oscila entre os extremos, a pessoa deste raio pode ter tanto um comportamento gentil e agradável, quanto um temperamento irado e furioso. O sexto raio produz pessoas que dariam as próprias vidas por aquilo que acreditam ou acham justo, sem levantar um único dedo para agir em prol daquilo que não julgam digno de sua atenção.

Este raio pode ser equilibrado por mentes práticas, lógicas e orientadas por um propósito, como as de terceiro ou quinto raios; e por personalidades de quarto raio, que buscam o equilíbrio acima de tudo. O sexto raio é capaz de gerar excelentes pregadores ou oradores, sempre energéticos em suas colocações; porém pobres diplomatas, conciliadores ou empresários, que precisam manter-se neutros e serenos, independentemente da situação conflitante em que se encontrem. .

Personalidades deste raio têm qualidades que as tornam capazes de abdicar da própria vida e interesses em favor de um ideal ou do objeto ao qual escolheram se dedicar. No aspecto inferior, esta qualidade pode criar posturas rígidas, inflexíveis e teimosas, além de impedir que o propósito de Deus se faça.

A grande maioria das disputas e cruzadas religiosas que pontuam nossa história têm origem na vibração inferior deste raio. Entretanto, para aqueles que já despertaram para a verdadeira identidade espiritual e estão comprometidos com sua evolução na senda, estas são as exatas qualidades necessárias para superar as quatro primeiras iniciações de forma satisfatória.

Apesar de pertencer ao segundo raio, Buda Gautama, quando ascensionou debaixo da figueira, usou de qualidades devocionais do sexto raio para se iluminar e atingir a extrema sabedoria. A espiritualidade pura, livre e focada é a expressão mais elevada deste raio tão sagrado, que também tem como uma de suas missões a unificação de todas as religiões presentes em nosso planeta.

Assim como para os dois últimos raios descritos, não existe um **tipo físico** específico deste raio. O **emocional**, no entanto, é facilmente perceptível, sendo fervoroso, intenso, apaixonado e parcial em torno de uma causa. O **mental** do sexto raio é irredutível, rígido, definido, dedicado e comprometido.

Este raio pode ser equilibrado com o desenvolvimento de qualidades como a tolerância, a imparcialidade, a impessoalidade, o equilíbrio e a capacidade de ponderação e discernimento com base em fatos e dados, e não em opiniões. Até que personalidades deste raio aprendam a dominar o ego negativo em seus interiores, é possível que se mostrem como pessoas egoístas, iradas, emocionalmente dependentes de pessoas e causas, sectaristas e extremistas.

SÉTIMO RAIO

DA ESTRUTURA E DA ORDEM CERIMONIAL

O sétimo raio representa a ordem e a cerimônia divina. Ele é associado à organização, à ritualística espiritual e à manifestação da vontade divina na Terra. Este raio alimenta a busca pela ordem e pela paz. Personalidades pertencentes a ele são organizadas, rotineiras e sistemáticas, gostando de pôr ordem no que está desorganizado e trazendo traços espirituais para aquilo que está desproporcionalmente mundano e material.

A Chama Violeta da transmutação associada a este raio transforma os conflitos e instabilidades em luz e perfeição divina, motivo pelo qual este raio é capaz de abrandar as oscilações emocionais do quarto e sexto raios. A combinação da dupla formada pelo quarto e sétimo raios com qualquer outro é capaz de amortecer quase que completamente os desequilíbrios gerados pelo ego negativo do outro raio envolvido. Por isso, considera-se que a combinação entre quarto e sétimo raios tem efeitos estabilizadores.

Como sendo o raio da ordem cerimonial e da ritualística, o sétimo raio tem como um de seus objetivos ancorar a espiritualidade no mundo físico material e possibilitar que o Céu e a Terra se aproximem cada vez mais, sendo um dos responsáveis por abrir os caminhos para a evolução superior daqueles que ainda se encontram presos na roda de reencarnações.

Por estar ligado à ritualística e aos cerimoniais, o sétimo raio frequentemente se manifesta através e durante processos e práticas espirituais e de elevação da consciência. É o caso, por exemplo, das sintonizações e sessões de Reiki, Seichim ou Karuna, processos de tratamento e curas vibracionais, técnicas de limpeza e proteção energética e espiritual e outros.

O sétimo raio estimula a união com o divino e facilita a conexão com a alma e a mônada, por alimentar nosso compromisso com a senda dos Mestres. Este raio se manifesta sempre que buscamos inspiração espiritual para resolver os desafios da vida mundana, ou quando contemos as oscilações emocionais do ego negativo, com práticas espirituais como meditação e Aura Master.

Este também é o raio da forma e facilita o processo de organização de tudo aquilo que está desorganizado ou abstrato. Logo, ele pode direcionar a mente de terceiro raio, a fim de produzir resultados tangíveis e práticos. Personalidades deste raio tem afinidade com rituais, rotinas, formalidades, cerimônias, com o oculto e com o esotérico. O *chohan* à frente deste raio, Mestre Saint Germain, foi responsável pela fundação de diversas sociedades secretas e ordens ocultas.

O **corpo físico** do sétimo raio é esbelto, tendo força física mediana. Como são muito observadores e detalhistas, pessoas do sétimo raio têm suas **emoções** sob controle, transmitindo segurança e confiança na assertividade de suas colocações e posturas. Também são pessoas comedidas, ponderadas e sem muita predisposição para ansiedade.

Por sua vez, a **mente** de alguém do sétimo raio é paciente, atenta , perceptiva e, ao mesmo tempo, confiante, decidida e motivada. Pessoas com influências de sétimo e primeiro raios conseguem potencializar suas virtudes através de um comportamento resoluto, que vai atrás daquilo que deseja, e motivado.

Como este é o raio da forma e o responsável pela instalação da espiritualidade no planeta, desígnios do sétimo raio também estão intrinsecamente ligados aos trabalhos dos elementais da natureza, o qual são os seres encarregados de utilizar a forma física para sustentar a vida na Terra. Por exalar organização e estrutura, o sétimo raio também é o responsável pelo conceito da civilização, da hierarquia e da noção de classes.

Quando não tratado, o ego negativo de personalidades de sétimo raio pode dar origem a pessoas supersticiosas, fanáticas, impressionáveis e demasiadamente preocupadas com os sinais, ou a ausência deles, em tudo à sua volta, por exemplo: sonhar com determinadas situações, ver uma cor com mais frequência, números ou palavras em diversas ocasiões, etc. Até que desperte para a necessidade da evolução, esse tipo de pessoa tende ao orgulho, à limitação mental, à intolerância, à teimosia e à arrogância. São pessoas extremamente apegadas a detalhes vazios, além de julgarem superficialmente tudo aquilo ao seu redor.

Já aqueles que avançam na evolução por este raio se tornam pessoas versadas nas artes espirituais e conseguem, antes da grande maioria, desenvolver sentidos extrafísicos, como a intuição e a psicometria. Por este motivo, são, em geral, hábeis interlocutores, capazes de aguardar o momento certo para dizer a coisa certa para a pessoa certa; o que justifica seu sucesso e rápida escalada social. Pessoas de sétimo raio têm seus músculos espirituais precocemente desenvolvidos e suas principais virtudes são a perseverança, a coragem, a cortesia, a autoconfiança e o extremo cuidado com os detalhes.

Nesta seção, estudamos algumas das principais características, qualidades, virtudes e desafios relacionados aos sete raios. É conveniente reforçar que o estudo dos raios e suas qualidades, permite identificar áreas de melhor atuação, possíveis desafios, habilidades a desenvolver e armadilhas que exigem cuidado.

É natural que você esteja se indagando sobre a natureza de seus raios Para tal identificação, nada substitui o próprio autoconhecimento, para identificar em si a natureza oculta de seus raios. Outra ferramenta capaz de auxiliar nesta identificação é a radiestesia, com o uso do pêndulo.

As informações acima explicadas são apenas uma pequena entrada, se comparada ao vasto banquete de conhecimentos que estão disponíveis. Caso você tenha se interessado por este tema e queira aprofundar conhecimentos no assunto, deixo, como referência, algumas obras, na bibliografia apresentada no final do livro.

› OS RAIOS SUPERIORES

Na Hierarquia Cósmica e Espiritual, não devemos considerar nossa limitada percepção da realidade como tudo o que há. Muitas vezes, as informações com as quais nos deparamos não passam de um pequeno recorte do grande cenário cósmico.

Considerando aquilo que devemos aprender e desenvolver enquanto personalidades encarnadas no planeta Terra — cujo modelo evolutivo utiliza das emoções para provocar desenvolvimento espiritual — os sete raios analisados são suficientes para nos ajudar exatamente da forma que precisamos. Entretanto, eles não são os únicos que existem, quer seja em nosso sistema solar, ou na própria Criação.

Joshua David Stone comenta que, após a entrada da Terra na quarta dimensão, que é a dimensão do pensamento, aconteceu uma dispensação divina de cinco raios superiores — somando um total de doze raios, e não mais apenas sete. Estes raios superiores, também chamados de *raios combinados*, são formados pela junção de características específicas dos sete primeiros raios num único raio. De certa forma, ao invés da extensão de alma precisar ter corpo emocional de um raio, mental de outro, e personalidade de outro raio para viver em equilíbrio, os raios combinados já são equilibrados, unindo em si os raios necessários para que o equilíbrio se estabeleça.

A título de curiosidade, o oitavo raio é considerado o **Raio da Limpeza** e nos ajuda a eliminar quaisquer vestígios negativos de nossas personalidades. O nono raio é o **Raio da Alegria** e ajuda cada um a desenvolver seus melhores e maiores potenciais. O décimo raio é o **Raio da Mudança** e favorece o equilíbrio das polaridades *yin* e *yang* no mesmo ser, além de ancorar qualidades divinas no corpo físico. O décimo primeiro raio é o **Raio da União** e nos ajuda a formar uma ponte entre nossas consciências e a Fonte Divina. Por último, o décimo segundo raio é o **Raio Dourado da Nova Era**, responsável pela ancoragem da consciência crística na Terra e por facilitar nossas realizações interiores.

Entretanto, penso que, se os raios superiores são formados pela união de dois ou mais raios, é razoável considerar que dominando as virtudes dos sete primeiros raios, transmutarmos seus vícios de comportamento e desenvolvermos as habilidades que cada um precisa, com a natureza equilibrada dos raios superiores não sendo nada além de uma consequência automática. Por isso, ao invés da preocupação em se desenvolver nas graças dos raios superiores, busque dominar os sete primeiros raios; o resultado será o mesmo.

Assim como os sete primeiros raios, os cinco raios superiores também chegam até nós e ao nosso planeta através do Logos Planetário, Sanat Kumara. Estes doze raios do nosso sistema solar não são os únicos que existem, tendo sido escolhidos por Hélio, nosso Logos Solar, para nos serem enviados.

Capítulo 6

AS HIERARQUIAS DA CRIAÇÃO

"Somos todos filhos de Deus."
— Alice Bailey

Até o momento, esta obra já esclareceu os principais elementos necessários para entender a essência da organização da Criação de Deus. Por esse motivo, dedico este capítulo à revisão dos temas que já estudamos e à ligação dos assuntos que já abrimos. Veremos agora como tudo se encaixa na hierarquia presente na Obra do Divino Criador.

Do organismo unicelular mais simples conhecido, até o próprio Deus, tudo tem o seu lugar na Criação. E, no que se refere à nossa necessidade de evoluir, desde que nos separamos do Todo (ver capítulo 1), cada estágio, fase ou classe a qual entramos ao longo do caminho do nosso retorno à Casa do Pai ocupa um lugar dentro dessa organização — ou hierarquia — da Criação.

Pelo que nos mostra a Teosofia, a Criação, na sua totalidade, pode ser dividida em sete "fatias" cósmicas, equivalentes a dimensões da realidade em níveis diferentes pelas quais passamos, até que estejamos prontos para nos unirmos novamente a Deus. A essas sete fatias damos o nome de "planos cósmicos", os quais são os seguintes:

1. Plano físico cósmico
2. Plano emocional cósmico
3. Plano mental cósmico
4. Plano búdico cósmico
5. Plano átmico cósmico
6. Plano monádico cósmico
7. Plano logóico cósmico

Em cada um destes planos, encontramos elementos e seres afins, ou num mesmo patamar evolutivo; sendo que cada um destes planos nos prepara para o seguinte, isto é, abre os caminhos para nossa evolução até a **teorrealização**[16].

Neste momento de nossas existências, nos encontramos no primeiro plano — o plano físico cósmico — que , por sua vez, tem suas próprias subdivisões (ou subplanos), que são, do mais denso ao mais sutil:

16 Enquanto a autorrealização está associada a reconhecer suas próprias forças, capacidades e seu avanço positivo durante a vida, a teorrealização está ligada à capacidade do espírito encarnado (e em evolução) de se unir tanto a Deus, quanto o Seu plano divino para nós — haja vista toda a estrutura da Hierarquia Cósmica. Quanto mais uma pessoa evolui espiritualmente, mais ela se torna teorrealizada, ou seja, mais unida a Deus ela se encontra.

1.1. Subplano físico

1.2. Subplano emocional

1.3. Subplano mental

1.4. Subplano búdico (ou da intuição)

1.5. Subplano átmico (ou da alma)

1.6. Subplano monádico

1.7. Subplano logóico (ou *adi*)

À medida que vamos avançando pelas várias iniciações, do plano físico cósmico, rumo à evolução superior e à nossa própria iluminação, avançamos também através dos subplanos, do plano físico cósmico.

A primeira iniciação está relacionada ao domínio do corpo físico e seus vícios; a segunda, ao domínio do corpo emocional; e a terceira, do nosso corpo mental. Já na quarta iniciação, nos unimos à nossa alma e nos tornamos seres praticamente perfeitos — isto se processa no subplano búdico do plano físico cósmico.

Na quinta, nos preparamos para a fusão com nossas mônadas, enquanto servimos aos desígnios de Deus, a partir do plano átmico. Já na sexta iniciação — também chamada de ascensão — migramos e nos elevamos ao subplano monádico e nos fundimos com a própria mônada. É na sexta iniciação, ou iniciação da ascensão, que nos tornamos mestres ascensionados oficialmente. Nesta iniciação, também somos dispensados da roda de reencarnações.

Na sétima iniciação, nos fundimos à consciência do Logos Planetário no subplano logóico (ou *adi*), e nos tornamos defensores de suas causas, a fim de auxiliar o restante da humanidade no caminho evolutivo.

Entretanto, apesar de ser a mais elevada que podemos atingir na dimensão material, a sétima iniciação, que ocorre no sétimo subplano, não é a última iniciação do plano físico cósmico. Ainda existem a oitava e a nona iniciações neste plano cósmico (ver capítulo 3).

Após passarmos pela nona iniciação, somos dispensados do plano físico cósmico e seguimos rumo à evolução através dos demais planos cósmicos da Criação, respeitando a hierarquia existente. Quando concluirmos esta fase de nossas jornadas, a tarefa seguinte será a de avançar através dos demais planos cósmicos, até chegarmos a Deus.

› A HIERARQUIA ESPIRITUAL

A Hierarquia Espiritual está relacionada aos seres que habitam os diferentes planos da existência e desempenham papéis específicos na evolução espiritual do nosso universo e do nosso planeta. Ela gera a organização necessária entre os seres que a compõem, de modo que este trabalho organizado resulte na evolução do maior número possível das personalidades encarnadas.

Fazem parte da Hierarquia Espiritual:

- **Os Mestres Ascensionados.** Tanto os que já passaram pela sexta iniciação, quanto os que estão em nível superior. São que atingiram alto grau de realização espiritual, sendo considerados guias e professores da humanidade, trabalhando para orientar as personalidades encarnadas em sua jornada de evolução espiritual;
- **Anjos, Elohim e seres celestiais.** Anjos, arcanjos e outras entidades celestiais que habitam os planos superiores e desempenham papéis na administração do universo e no auxílio aos seres humanos;
- **Devas e Elementais.** Além dos seres espirituais elevados citados anteriormente, os *devas* e os elementais são, respectivamente, os arquitetos e construtores supremos daquilo que existe na Criação. Ambos trabalham sob os comandos dos *Logoi* aos quais estão ligados, sejam eles Universais, Galáticos, Solares e Planetários; e também em parceria com os Elohim.

Esses seres integram a Hierarquia Espiritual e, como parte dela, influenciam e guiam a evolução dos espíritos encarnados através dos vários planos da existência. A Hierarquia Espiritual do nosso planeta começou com a vinda de Sanat Kumara, nosso Logos Planetário, de Vênus para a Terra. Neste movimento, Sanat Kumara veio acompanhado de outros seis seres tão majestosos quanto ele, três dos quais conhecidos nas diversas literaturas espiritualistas como os *Três Kumaras* (*Budas da Atividade* ou *Budas Solitários*) — estes são os Kumaras exotéricos.

Estes Três Kumaras exotéricos auxiliam diretamente Sanat Kumara em seu trabalho de conduzir a humanidade no processo de evolução. Os outros três, que podemos considerar como sendo os Kumaras *esotéricos*, operam mais discretamente em outros planos, sendo encarregados de ancorar novas energias ao nosso planeta, a fim de facilitar os caminhos para nossa evolução. Temos, assim, um total de sete Kumaras, todos trabalhando em nosso benefício.

Neste contexto, é importante que tenhamos uma distinção clara entre "exotérico" e "esotérico", no que diz respeito à maneira como os sete Kuramas desempenham seus papéis na Hierarquia Espiritual e como se conectam ou influenciam o mundo material e espiritual.

O termo *exotérico* é geralmente associado a conhecimentos ou práticas que são abertos, externos e acessíveis ao público geral ou a muitas pessoas, o que indica que as ações e influências dos Budas da Atividade são mais evidentes e impactam de maneira pronunciada o plano material e a evolução espiritual.

Já o termo *esotérico*, por outro lado, se refere àquilo que é oculto, interno ou acessível apenas a um grupo restrito. Neste contexto, ele é usado para descrever o trabalho dos outros três Kumaras, que operam de forma mais discreta em outros planos de existência. Eles têm um papel mais sutil, operando dos bastidores ou em dimensões que não são facilmente percebidas ou acessadas pela consciência humana comum.

Tanto Sanat Kumara, quanto seus Três Kumaras habitam em Shamballa, um lugar que não existe fisicamente em nosso planeta.

Shamballa pode ser entendida como a capital espiritual da Terra no plano extrafísico. Em algumas linhas de estudo, Shamballa também é considerada um estado de espírito ou nível de consciência; não será este o caso aqui.

Este local sagrado é o centro a partir do qual o nosso Logos Planetário orienta os trabalhos de crescimento espiritual e avanço consciencial da Terra. Ele fica localizado na contraparte extrafísica do lugar que, na Terra, conhecemos como Deserto de Gobi. Apesar de ser associada àquele deserto, sua posição exata permanece desconhecida, sendo acessada somente por aqueles que realmente podem e *precisam* estar lá. Para chegar até Shamballa, a pessoa precisa ter passado, no mínimo, pela quinta iniciação — a do adepto — exceto quando a pessoa é levada a convite.

Em Shamballa são analisados os eventos acontecidos na Terra, bem como decididas as próximas ações dos seres de luz do plano interior em prol da evolução que necessitam provocar. Quando necessário, muitos de nós, além de vários outros trabalhadores da Luz, somos transportados para Shamballa em nossos veículos *merkabah.*

Quando temos mérito suficiente para visitar Shamballa antes da ascensão, para aprendermos ou estudarmos, temos acesso a fragmentos dos nossos próximos passos no Plano Divino a fim de que, conscientes na Terra, possamos contribuir de forma mais produtiva e eficaz.

É também em Shamballa que são definidos novos trabalhos e ações para os neófitos e iniciados na Senda da lapidação espiritual. Mesmo sendo referenciada no astral superior do Oriente Médio, este centro diretivo não é limitado apenas para quem tem esta origem, podendo ser acessada também por mentores e estudantes ocidentais. Um exemplo claro é a Sociedade da Cruz e do Triângulo, que orienta a internacionalização e homogeneização dos conhecimentos espiritualistas pelo mundo.

Nesta capital espiritual opera um governo planetário oculto que, assim como Sanat Kumara, trabalha em benefício do nosso crescimento espiritual. Este governo oculto é conhecido por muitos como a *Grande Fraternidade Branca*, *Grande Loja Branca* ou *Fraternidade do Arco-Íris*.

A Grande Fraternidade Branca é composta por adeptos de quinto grau e por *chohans* de sexto e sétimo grau. Cada um dos sete raios que iluminam nosso planeta tem um *chohan* à frente daquele raio, na posição de um guardião responsável por expressar e manifestar as virtudes e aspectos daquele raio na Terra. Os *chohans* de cada raio, assim como a relação hierárquica existente entre eles, serão descritos na seção seguinte, que trata da Hierarquia Planetária.

Apesar da Hierarquia Espiritual ter surgido na Terra com a chegada de Sanat Kumara, o nosso Logos Planetário não faz parte dessa Hierarquia. A Hierarquia Espiritual é dirigida pelo Senhor Maitreya, o nosso Cristo Planetário.

Sanat Kumara recebe suas orientações do Criador através de Hélio, o Logos Solar. Depois, de receber tais direcionamentos, Sanat Kumara as encaminha para o Senhor Maitreya, que tem o compromisso de conduzir os destinos espirituais da humanidade.

Já observei anteriormente, durante aulas que ministrei, que existe uma genuína confusão a respeito da diferença entre os papéis do Logos Planetário e o Cristo Planetário. O Logos Planetário é a personificação energética da estrutura física da Terra, responsável por proporcionar todas as condições necessárias para que *todos* os seres do planeta evoluam, de forma global. Já o Cristo Planetário se ocupa de orientar a evolução espiritual *apenas* da humanidade encarnada. Enquanto Sanat Kumara se ocupa da evolução do planeta todo, o Senhor Maitreya desempenha o papel de orientar, exclusivamente, a humanidade.

Em resumo, a Hierarquia Espiritual reúne todos os trabalhadores da Luz, de todos os reinos, de todas as dimensões associadas ao nosso planeta e à nossa existência. Aqueles que fazem parte dessa Hierarquia se dedicam a um trabalho empenhado e construtivo, cujo único foco é a nossa evolução.

› A HIERARQUIA PLANETÁRIA

A Hierarquia Cósmica engloba a Hierarquia Espiritual e começa com a Hierarquia Planetária.

De forma similar à Hierarquia Espiritual, a Hierarquia Planetária funciona a partir da organização em classes de todos que, independente do grau evolutivo, estão associados ao processo evolutivo em andamento *no planeta Terra*. Enquanto a Hierarquia Espiritual é conduzida pelo Senhor Maitreya, o Cristo Planetário, a Hierarquia Planetária é comandada por Sanat Kumara, o Logos Planetário.

Assim como nós, Sanat Kumara também está passando pelo seu próprio processo evolutivo. À medida que avançamos pelas iniciações planetárias — da primeira à sétima — Sanat Kumara, que ocupa o lugar de Deus, para nosso planeta, também evolui. Daí nasce um dos principais motivos de nos mantermos na Senda: a responsabilidade que temos sobre a evolução do próprio Deus.

Os Mestres da Grande Fraternidade Branca, que nos alimentam com tantos exemplos sobre como agir e nos portar diante das adversidades do cotidiano — por terem vencido os desafios de suas vidas terrenas, derrotado seus egos negativos no campo de batalha e pelo controle sobre a consciência da personalidade encarnada — servindo à humanidade de forma a contarem com nosso maior respeito e admiração, são *Mestres Planetários*, isto é, são Mestres das leis que governam os sete subplanos do plano físico cósmico, mas que, não necessariamente, se tornaram *Mestres Cósmicos*.

Os amados Mestres que nos servem como fonte de profunda inspiração recém começaram a trilhar seus próprios caminhos rumo à evolução cósmica. E este caminho começou com a evolução de cada um, através das iniciações planetárias.

Mestres como Jesus, Djwhal Khul, Kuthumi, El Morya (atual responsável pelo primeiro raio), Mestre Lanto (atual responsável pelo segundo raio), Mestra Rowena e Paulo, o Veneziano (ambos responsáveis pelo terceiro raio), Seraphis Bey (atual responsável pelo quarto raio), Hilarion (atual responsável pelo quinto raio), Mestra Nada (atual responsável pelo sexto raio, sob a orientação de Jesus/Sananda), Saint Germain (o atual responsável pelo sétimo raio, que está em preparação para a ocupar a posição de *Mahachohan*), Siddharta Gautama (o Buda de oitavo grau do segundo raio), Sathya Sai Baba (a última encarnação do Cristo Cósmico), Mestra Helena Blavatsky (a Reveladora do Óbvio não Visto) e os demais integrantes da Hierarquia de Deus — cada um teve o seu momento de dar um basta aos caprichos do ego negativo e se renderam à vontade de Deus para eles. Quando será o *seu* momento?

Quanto mais nos apegarmos às necessidades do ego negativo, mais atrasaremos nossa evolução, através dos vários níveis, até a teorrealização. Entretanto, quanto antes nos rendermos à vontade de Deus, mais cedo conseguiremos quebrar os grilhões das correntes que nos prendem ao ego negativo e avançaremos rumo à nossa ascensão — e para além dela.

A Hierarquia Planetária tem sua organização própria, constituída por três departamentos principais e outros quatro secundários. Cada um destes departamentos está associado a um dos sete raios cósmicos em ação na Terra e, assim como numa empresa, cada um deles está sob o comando de um Mestre numa posição (ou cargo), conforme explicado a seguir.

› PRIMEIRO DEPARTAMENTO

O primeiro departamento está relacionado ao primeiro raio e ao aspecto da vontade divina. O Mestre à frente deste departamento ocupa uma posição conhecida como *Manu*. Os Mestres Vaivasvata e Allah Gobi já ocuparam esta posição no passado. Atualmente, devido às divergências existentes, não se pode afirmar com certeza qual Mestre ocupa esta função.

O Manu e o seu trabalho estão intimamente ligados à expressão e manifestação da vontade do Logos Planetário. Isto envolve direcionar os caminhos políticos do homem e das civilizações existentes, coordenar as mudanças que ocorrem na superfície terrestre — incluindo construções civis e mudanças geológicas e geográficas — e manter o psiquismo planetário sob controle.

Por isso, tanto o Manu quanto seu trabalho não são facilmente acessíveis para nós — o Manu não está aberto, disponível ou inclinado a canalizações. Dado o grau de concentração necessária para o sucesso e eficiência deste departamento, aqueles que seguem este caminho precisam, literalmente, se isolar, mantendo profundas dedicação e disciplina — motivo pelo qual aqueles que avançam através das iniciações no primeiro raio adotam o termo *pratyeka* ou "solitário".

Segundo Djwhal Khul, os principais trabalhos do Manu são expressar o *manvantara* na Terra e implementar as várias raças-raízes designadas ao nosso planeta. O *manvantara*, lembro, é o ciclo ativo do mundo — também conhecido por alguns como "Dia de Brahma" — que dura aproximadamente 4,32 bilhões de anos terrestres. O que seria a "Noite de Brahma" (ou *pralaya*), de mesma duração, é o período de inatividade pelas formas vivas.

Como atual responsável pelo primeiro raio, o Mestre El Morya Khan tem seu trabalho diretamente ligado ao do Manu. Assim como, de tempos em tempos, as empresas investem na modernização de seus procedimentos, computadores, softwares e demais recursos, para ser possível extrair mais resultados em um mesmo período, este primeiro departamento da Hierarquia Planetária funciona como um acelerador de processos. Através dele, são desfeitas as estruturas antigas das civilizações e da humanidade para serem abertos os caminhos para o progresso e inovação.

› SEGUNDO DEPARTAMENTO

O segundo departamento está ligado ao segundo raio, o do aspecto amor-sabedoria divino. A posição do líder deste departamento é chamada de *Cristo* ou, dependendo da fonte, de *Instrutor do Mundo* ou *Bodhisattva*. Esta posição é atualmente ocupada pelo Senhor Maitreya e cabe ao Cristo orientar os caminhos do homem rumo à evolução espiritual. Repito: enquanto o Logos Planetário se ocupa de que todos os seres vivos da Terra evoluam, num sentido mais amplo, o Cristo Planetário se dedica exclusivamente à evolução da humanidade. A energia do segundo raio flui pelo Cristo até a humanidade, chegando a ele diretamente do chakra cardíaco do Logos Planetário.

Antes do Senhor Maitreya, quem ocupava a posição do Cristo Planetário era o Mestre Siddharta Gautama. Quando ele deu seguimento à sua evolução cósmica e passou pela oitava iniciação no segundo raio, recebeu o título de Buda, ficando vaga a posição do Cristo, que foi assumida pelo Senhor Maitreya.

Enquanto o homem Jesus, filho de Maria, esteve encarnado na Terra, foi batizado nas águas do Rio Jordão e ali ele ancorou, em seu corpo, as vibrações emanadas pelo Senhor Maitreya, que na época já ocupava a posição do Cristo Planetário. De certa forma, naquele momento, Jesus se tornou um intérprete, canal ou médium do Senhor Maitreya e, justamente por isso, começou a ser conhecido como *Jesus, o Cristo*. Na ocasião do batismo nas águas, Jesus e Maitreya tornaram-se um único ser.

Este segundo departamento, estando intrinsecamente ligado ao segundo raio do amor-sabedoria, também está incumbido de promover e coordenar a educação e o ensino espiritual para a humanidade. Por exercer o cargo de chefia de um dos três departamentos principais da Hierarquia Planetária, o Cristo Planetário trabalha muito proximamente ao Manu e ao *Mahachohan,* chefe do terceiro departamento. É responsabilidade do Cristo Planetário apoiar todas as personalidades encarnadas até que atinjam a iluminação, isto é, a ascensão; tornando-se libertas da roda de reencarnações.

Este departamento coordena os trabalhos dos instrutores do mundo como, por exemplo, os amados mestres Kuthumi e Djwhal Khul. O Mestre Kuthumi é o próximo na linha de sucessão e ocupará o posto do Cristo, quando o Senhor Maitreya avançar em sua evolução. É natural que Djwhal Khul, na posição de braço direito e ajudante sênior, ocupe a posição do Mestre Kuthumi, e outro mestre ocupe a posição de Djwhal.

Sempre que um mestre ascensionado segue o caminho da evolução cósmica, podemos inferir duas informações: (i) que um mestre acima se elevou a uma classe superior e (ii) que um mestre abaixo se envolve a concretização do plano divino na Terra e, para isso, ele se relaciona intimamente com a força oferecida pelos seres elementais.

Os três primeiros departamentos da Hierarquia Planetária representam os aspectos vontade, amor e inteligência da Criação, os quais são equivalentes à Luz, ao Amor e ao Poder, no encerramento da Oração da Nova Era, a Grande Invocação (da Paz).

O Manu, o Cristo e o *Mahachohan* trabalham estreitamente ligados ao Logos Planetário e esta cooperação permite que a evolução, tanto da humanidade, quanto do planeta todo, aconteça ordenadamente.

Cada um dos chefes dos três primeiros departamentos dirige cargos e atividades subordinadas às suas necessidades. O Manu trabalha com os mestres que regem as principais divisões do planeta, como por exemplo, os regentes da Índia, da Europa, das Américas e das outras partes do mundo. Cada canto do globo tem um mestre responsável por implantar aquilo que é definido pela Hierarquia, em Shamballa. Estes regentes guiam os governos do homem e das civilizações existentes, nos diversos continentes e nas várias nações, inspirando líderes políticos e governamentais, a fim de estimular que os resultados esperados realmente aconteçam.

Por sua vez, o Instrutor do Mundo, como responsável estritamente pela evolução da humanidade, preside a jornada, a evolução e a atualização das religiões. O trabalho do Cristo também é amparado por um grupo de mestres e discípulos, em diferentes níveis iniciáticos, todos ligados às diferentes linhas de pensamento. A própria Sociedade da Cruz e do Triângulo, fundada pelo Mestre Ramatis nos anos 50, é um exemplo disso; ela promove a ideia da integração e internacionalização do serviço espiritual, assim como a interconexão entre todos os seres humanos.

Já no departamento do *Mahachohan*, responsável por fornecer insights espirituais, ensinamentos e orientações para auxiliar os buscadores a evoluir espiritualmente, assim como por promover e concretizar o progresso espiritual da humanidade, nos deparamos com um número ainda maior de Mestres em cooperação; dada a abrangência e as incumbências que pertencem a este departamento.

No terceiro departamento da Hierarquia Planetária existe uma divisão quíntupla dos trabalhos, de forma que cada divisão representa uma seção no terceiro departamento. Essas seções estão relacionadas aos raios, do terceiro ao sétimo, tais como sintetizados pelo *Mahachohan*, e cada uma delas tem seu próprio Mestre dirigente. Cada um dos Mestres dirigentes das seções que formam o terceiro departamento está subordinado aos comandos do *Mahachohan*.

› DEPARTAMENTOS SECUNDÁRIOS

Além do próprio departamento do terceiro raio, também estão sob a responsabilidade do Mahachohan os departamentos associados aos raios de quatro a sete; formando assim a repartição quíntupla dos trabalhos do *Mahachohan*. Diferentemente dos três primeiros departamentos, a posição de chefia dos departamentos secundários não recebe nenhuma nomenclatura ou designação particular.

O quarto departamento é dirigido pelo Mestre Seraphis Bey. Como está ligado ao quarto raio, o da harmonia por meio do conflito, este departamento é responsável por ensinar a humanidade a criar o equilíbrio necessário para conseguir avançar na Senda.

Este equilíbrio pode ser entendido como o balanço entre a mente e as emoções, entre nossa vida material e os planos espirituais, entre o dar e receber em nossos relacionamentos, entre a luz e a sombra que habitam em cada um de nós e entre nossa dedicação ao propósito de Deus e os desejos do ego negativo.

Aprender a manter este equilíbrio, que é o Caminho do Meio ao qual Buda Gautama se referia, é um dos segredos para conquistarmos a harmonia e a iluminação às quais os quartos raio e o departamento estão ligados.

O *chohan* à frente do quinto departamento é o Mestre Hilarion, encarregado também de nos abençoar com as virtudes do quinto raio, que são a verdade divina e o conhecimento concreto. Tanto o quinto raio quanto o quinto departamento da Hierarquia Espiritual tem por objetivo o desenvolvimento da mente racional da humanidade.

O conhecimento concreto, ao qual este departamento está associado, permite à humanidade ampliar o espectro de informações a que temos acesso, de maneira cada vez mais detalhada e minuciosa.

As pesquisas científicas produzidas e em produção no mundo — do estudo do ruído produzido por turbinas aeronáuticas durante o voo, ao cálculo da velocidade e direção das fezes excretadas por pinguins em cativeiro — são reguladas e coordenadas através do trabalho dos mestres ligados ao quinto departamento. Acredite, estes exemplos de pesquisas que dei são temas reais de artigos publicados em congressos científicos!

Outra função sob a responsabilidade do quinto departamento é a de dissolver a ilusão que existe na Terra. A ilusão é um engano ao nível mental (conforme estudaremos mais adiante) e impede que a intuição da humanidade seja desenvolvida. Quando as capacidades intuitivas das personalidades ainda encarnadas forem melhor desenvolvidas, a alma terá acesso mais facilitado às consciências encarnadas, o que representará um salto expressivo para a evolução da humanidade.

Muitos dos avanços científicos e tecnológicos que a Terra experimenta são previamente concebidos nos planos interiores e enviados, via canalização ou inspiração, às mentes daqueles capazes de executar tais projetos na Terra. Estes avanços podem, inclusive, ser na área das terapias, com técnicas cada vez mais modernas e eficientes, capazes de agir com mais rapidez e profundidade, sem quaisquer prejuízos aos seus praticantes; como é o caso do Aura Master.

Outro exemplo deste processo de envio à Terra daquilo que é criado nos planos interiores me foi compartilhado pelo meu amigo Bruno Gimenes. Durante uma experiência extrafísica, Bruno reparou que um dos mentores espirituais presentes usava uma pequena tela de cristal retangular, na qual passava o dedo para o lado, mudando as imagens expostas na tela. Este mesmo equipamento permitia ao mentor o controle de dos demais aparelhos no ambiente em que se encontravam, além de projetar, em telas maiores, aquilo que era mostrado na pequena tela de cristal retangular.

Alguns meses depois, Steve Jobs, o fundador da Apple, revelou ao mundo a tecnologia que hoje conhecemos como tela *touchscreen*. Tanto Bruno quanto Steve Jobs têm o cajado da revelação, o qual concede uma maior predisposição para revelar novas tecnologias ao mundo, em estreita conexão com o quinto departamento.

O sexto departamento é dirigido pela Mestra Nada e se ocupa em derramar sobre a Terra as bênçãos do sexto raio, o raio da devoção. Os mestres que trabalham neste departamento, assim como aqueles que são fortemente influenciados pelo sexto raio, são esforçados, comprometidos e completamente dedicados às causas do sexto departamento.

O amado Mestre Jesus também faz parte deste departamento e nele contribui com o segundo departamento, regido pelo Senhor Maitreya, o Cristo Planetário, na função de unificar as linhas de ensino espiritualistas e as religiões ocidentais com as orientais.

O segundo e o sexto departamentos se auxiliam mutuamente em várias frentes; a unificação das religiões é uma delas. Esta unificação religiosa já pode ser verificada atualmente, em nosso mundo, através do conceito do *universalismo*, cada vez mais disseminado. Outra frente na qual tais departamentos cooperam é a de uniformizar os conhecimentos transmitidos pelos instrutores espiritualistas que ainda não ascensionaram, fazendo com que as várias escolas de desenvolvimento espiritual ensinem a mesma informação em essência, independentemente da forma ou abordagem..

O sétimo e último dos departamentos secundários é dirigido pelo Mestre Saint Germain. Ele está ligado ao envio das energias do sétimo raio para a Terra, o raio da estrutura e da ordem cerimonial.

Este departamento ocupa-se de dissolver gradualmente todos os vestígios do fanatismo descabido e abrir caminho para que o místico e o esotérico se tornem parte integrante e permanente da humanidade. Os trabalhos deste departamento contribuem para que as escolas tradicionais e demais centros educacionais do planeta reconheçam a importância e incluam, por exemplo, conhecimentos de anatomia sutil, estudos sobre chakras, aura, meridianos, *nadis*, astrologia, *kabbalah* e outros, na grade curricular que ensinam.

Os mestres que trabalham no sétimo departamento auxiliam na instalação de uma ordem planetária na qual toda a humanidade, durante e após a unificação religiosa, consiga entrar em sintonia espiritual internacionalmente. De certa forma, isto equivale a estabelecer e popularizar rituais e práticas espirituais que sejam as mesmas — como uma mesma língua espiritual — e torná-las conhecidas do topo dos Himalaias, o local mais alto da Terra, ao fundo da Fossa das Marianas, o local mais profundo dos oceanos.

O sétimo departamento também está ligado aos efeitos da Era de Aquário sobre a humanidade. Com a entrada deste novo estágio astrológico, a humanidade passará por modernizações e inovações espirituais, com velhos padrões religiosos e ritualísticos sendo quebrados, para que os caminhos para o novo sejam abertos.

A Era de Aquário representa tanto o despertar quanto a expansão da consciência espiritual da humanidade. Realmente, estar encarnado neste momento da Terra é uma profunda honra; nunca a humanidade esteve sujeita a tamanho avanço espiritual num espaço tão curto de tempo.

Esta aceleração no despertar espiritual da humanidade, assim como a ancoragem definitiva da quinta dimensão na Terra, em 2022, são alguns exemplos iniciais daquilo que podemos esperar da Era de Aquário.

› A HIERARQUIA CÓSMICA

Conforme vimos anteriormente, o universo segue uma ordem hierárquica, com diferentes níveis ou planos de existência. Essa hierarquia pode incluir dimensões espirituais, reinos celestiais e físicos. A esta hierarquia damos o nome de *Hierarquia Cósmica* e ela engloba todos os seres e dimensões, do menor organismo unicelular em nosso planeta até o mais elevado Logos, até Deus.

A Hierarquia Cósmica ocupa-se, num aspecto mais global, do desenvolvimento da autoconsciência dos seres que fazem parte da Criação. Podemos considerar que todos os seres da Criação, independentemente da dimensão em que habitam, ou do seu nível evolutivo, se encaixam em um destes cinco reinos: mineral, vegetal, animal, humano e espiritual. Sanat Kumara, o Logos Planetário, conduz os cinco reinos à evolução, enquanto o Senhor Maitreya, o Cristo Planetário, foca apenas na expansão da consciência humana, para que se torne espiritual.

Quando entendemos que a realidade não se limita apenas ao plano (ou dimensão) material, mas também inclui planos espirituais ou divinos superiores, nossa consciência se expande e, através da ordem que existe nessa Hierarquia, somos capazes de vislumbrar nossos próximos passos no Plano. Cada uma das dimensões e níveis da Criação pode abrigar seres mais elevados, como os *Logoi*, anjos, arcanjos, Elohim, mentores espirituais e outros.

› EXPLICANDO A HIERARQUIA CÓSMICA

A Hierarquia Cósmica, para nós humanos, começa pela Hierarquia Planetária e seu governo sobre o plano físico cósmico e seus sete subplanos. Para explicá-la, reproduzirei, neste capítulo, o diagrama elaborado por Djwhal Khul, no livro *Iniciação: Humana e Solar*.

No subplano físico do plano físico cósmico da Terra, encontramos as personalidades — ou extensões de alma encarnadas — desempenhando seu papel evolutivo na Criação, após o fenômeno bíblico conhecido como "a queda do Homem"; quer estejam despertas para esse seu propósito ou não.

Quando a extensão de alma encarnada — ou seja, cada um de nós — acorda para a sua essência espiritual e para sua realidade de espírito encarnado passando por experiências humanas, a fim de curar suas inferioridades e harmonizar seus desafetos, passa a desenvolver a governança sobre seus impulsos físicos, emocionais e mentais, isto é, governança sobre sua própria personalidade.

Neste estágio, a personalidade percebe que a verdadeira vida não está nas ilusões da matéria, na separação ou no afastamento com relação ao Todo, mas sim na missão e no compromisso que temos com o plano de Deus. Quando passamos a conter os vícios da carne — usados

DEUS,
O ALTÍSSIMO

↓

HYOS HA KODESH

↓

CONSELHO DOS 24 ANCIÃOS

↓

ARCANJO METATRON
O Anjo da Presença

↓

LOGOS UNIVERSAL
Melquisedeque

↓

LOGOS GALÁTICO
A identidade do Logos Galático é desconhecida, porém, o dirigente de nosso quadrante é Melquior

↓

LOGOS DA URSA MAIOR
Identidade desconhecida

↓

LOGOS DE SÍRIO
Identidade desconhecida

↓

LOGOS SOLAR
Hélio (ou Helios)

↓

VYWAMUS
Eu Superior de vários Logoi Planetários, incluindo os do nosso Sistema Solar

↓

HIERARQUIA PLANETÁRIA NA TERRA

HIERARQUIA PLANETÁRIA NA TERRA

SANAT KUMARA
Logos Planetário

LÍDER: MANU
ASHRAM DO 1º RAIO
Vontade/Poder

LÍDER: CRISTO PLANETÁRIO
ASHRAM DO 2º RAIO
Amor - Sabedoria

LÍDER: MAHACHOHAN
ASHRAM DO 3º RAIO
Inteligência Ativa

ASHRAM DO 4º RAIO
Harmonia pelos Conflitos

ASHRAM DO 5º RAIO
Conhecimento/ Verdade

ASHRAM DO 6º RAIO
Devoção

ASHRAM DO 7º RAIO
Ordem Cerimonial

PLANO FÍSICO CÓSMICO

Subplano Logóico	7ª INICIAÇÃO	- Mestre de 7º grau
Subplano Monádico	6ª INICIAÇÃO	- Mestre Ascencionado
Subplano Átmico	5ª INICIAÇÃO	- Adepto
Subplano Búdico	4ª INICIAÇÃO	- Arhat
Subplano Mental	3ª INICIAÇÃO	- Iniciado
Subplano Emocional	2ª INICIAÇÃO	- Discípulo de 2º grau
Subplano Físico	1ª INICIAÇÃO	- Discípulo de 1º grau

↑ INÍCIO DO CAMINHO PROBATÓRIO

--- DESPERTAR ESPIRITUAL ---

HUMANIDADE EM GERAL
Ainda adormecida para as verdades do espírito

como mecanismos de fuga ou compensação dos desequilíbrios — e direcionamos nosso foco e vontade para servir aos objetivos da alma, passamos pela primeira iniciação e nos tornamos discípulos.

O discípulo, à medida que segue a evolução e passa a renunciar não apenas aos vícios da carne, como também aos vícios comportamentais, em sentimentos venenosos e nas fantasias do ego negativo, reforça seus votos de forma mais profunda e completa a segunda iniciação; avançando para o subplano astral, ou emocional.

Ser discípulo significa passar por um processo de expansão da consciência que muda o centro de nossas atividades. É sair de nós mesmos, como o sol ao redor do qual tudo gira, passando para o centro do grupo e a vivência do dharma. É um processo no qual passamos a ver as coisas pelo que elas são, e não por aquilo que achamos serem. Neste processo, aprendemos a internalizar a dualidade entre a pequenez de nossa individualidade e sua vasta importância para a força do todo.

A terceira iniciação, por sua vez, é marcada pela maestria no domínio do corpo mental e no ligeiro realinhamento com Deus, quando os pensamentos se desvirtuam no ego negativo. Quando passa por esta iniciação, o discípulo tem acesso ao subplano mental do plano físico cósmico e se torna um iniciado, capaz de desabrochar suas capacidades intuitivas, enquanto é inundado pela luz que lhe é enviada pela alma, a qual é a extensão da mônada.

Ele se torna uma personalidade infusa de alma e assume o governo sobre a tríplice personalidade, ou seja, o conjunto formado pelas inferioridades dos nossos corpos físico, emocional e mental. Passar pela terceira iniciação equivale a dizer que, até certo nível, conseguimos purificar o corpo físico, firmar e estabilizar o corpo emocional e controlar o nosso corpo mental; direcionando, única e especificamente, nossas capacidades terrenas e espirituais para o avanço espiritual da humanidade.

Este trabalho sublime em prol do dharma continua até que o iniciado passa pela quarta iniciação, se tornando um *arhat*, ou ser perfeito. Na quarta iniciação, o iniciado e a alma se fundem num único ser, um se dissolvendo no outro. Após a quarta iniciação, o *arhat* passa a receber instruções diretamente da mônada e não reconhece quaisquer barreiras que o impeçam de segui-las; podendo renunciar à própria vida pessoal, profissional e afetiva para cumprir aquilo que lhe é proposto. Após esta iniciação, o *arhat* tem acesso ao subplano búdico, ou da alma.

O *arhat* segue assim até passar pela quinta iniciação e tornar-se um adepto, um ser ainda mais aperfeiçoado. Na quinta iniciação, o adepto chega ao plano onde se encontra a própria alma, o subplano átmico do plano físico cósmico, e se prepara para a ascensão. Neste processo, sua consciência se funde com a da mônada, não existindo nenhuma divergência entre as vontades de um e de outro; mesmo sendo seres ainda separados. Aqui o adepto se torna mestre qualificado e valioso assistente dos mestres ascensionados.

Já na sexta iniciação, acontece a ascensão espiritual oficialmente. Na ascensão, o adepto funde-se com a mônada e os dois tornam-se um único ser — semelhante ao iniciado e a alma, durante a quarta iniciação. O mestre ascensionado é chamado de *chohan* e passa a cumprir os desígnios recebidos diretamente das hostes superiores. O plano onde isto acontece é o subplano monádico.

Outro evento muito importante, durante a ascensão, é a escolha de por qual dos sete caminhos pós-ascensionais o mestre ascensionado deseja seguir, a fim de alcançar a evolução superior. Quando o adepto passa pela sexta iniciação, podemos entender que a maioria do karma passado, isto é, 51% do total, foi equilibrado. Por este motivo, a partir da sexta iniciação, o mestre ascensionado se desprende da roda de reencarnações — o que não o impede de manifestar um corpo físico quando precisar; apenas ele foi liberado do ciclo reencarnatório.

Ao seguir evoluindo, o mestre ascensionado, no sexto grau, passa pela sétima iniciação e se torna um *chohan* do sétimo grau, no subplano logóico do plano físico cósmico — o último subplano ligado à Terra. Nesta iniciação, a consciência e a vontade do *chohan* de sétimo grau fundem-se com as do Logos Planetário e o mestre se torna uma extensão daquela face de Deus para a Terra. Apesar de acontecer no último subplano do plano físico cósmico, a sétima iniciação não é a última deste plano cósmico; existindo ainda a oitava e a nona iniciações.

No nível da sétima iniciação, também são encontrados os três dirigentes dos três primeiros departamentos da Hierarquia Planetária: o Manu, dirigente do primeiro departamento e do primeiro raio; o Cristo Planetário (ou *Bodhisattva,* ou Instrutor do Mundo) dirigente do segundo departamento e do segundo raio; e o *Mahachohan* (ou Senhor da Civilização), dirigente do terceiro departamento e dos raios de três a sete. O dirigente direto do terceiro raio é o próprio *Mahachohan.* Já os raios de quatro a sete têm seus próprios subdirigentes, os quais estão subordinados ao *Mahachohan.*

Caso o *chohan* do sétimo grau opte por seguir evoluindo através das iniciações do plano físico cósmico, passará pela oitava iniciação. Porém, caso o *chohan* do sétimo grau ser do terceiro raio, ele precisará fazer uma mudança; ou para o primeiro raio, onde atingirá o patamar do *Pratyeka Buddha* ou *Buda Solitário*; ou para o segundo raio, onde chegará ao patamar do *Buda* — atual estado do grande mestre Siddharta Gautama.

Para a nona iniciação do plano físico cósmico, caso o mestre seja um Buda do segundo raio, precisará mudar para o primeiro raio e lá poderá almejar o status de *chohan* de nono grau, que é onde se encontra Sanat Kumara, nosso Logos Planetário — ou Senhor do Mundo, Antigo de Dias ou Iniciador Único. Com isso, o mestre avança para o plano astral (ou emocional) cósmico e segue em direção à evolução superior; caso ainda não o tenha feito como consequência do caminho pós-ascensional que escolheu.

A posição em que se encontra Sanat Kumara, na Hierarquia Planetária, está logo acima da posição dos dirigentes dos três raios de aspecto. Nesta posição, o Logos Planetário, com a ajuda dos outros seis Kumaras — três exotéricos (os Budas da Atividade) e três esotéricos, logo abaixo de Sanat Kumara — abrem os caminhos e propiciam a evolução acontecer globalmente, em todos os níveis e reinos.

No mesmo nível de Sanat Kumara, encontram-se outros sete *Logoi* Planetários, totalizando oito *Logoi* Planetários em nosso sistema solar. Cada um destes sete *Logoi* Planetário está associado a um dos planetas sagrados do nosso sistema: Mercúrio, Vênus, Marte, Júpiter, Saturno, Lua (representando um planeta oculto) e Sol (representando um planeta intramercuriano). Segundo os ensinamentos teosóficos, um planeta, para se tornar sagrado, precisa passar por aquilo que seria a terceira iniciação, porém, no nível cósmico.

Acima dos sete *Logoi* Planetários dos planetas sagrados está um ser grandioso que ainda não foi mencionado neste livro, mas tem enorme importância para a organização hierárquica do cosmos, bem como para a evolução da humanidade em geral. Refiro-me a Vywamus.

Assim como somos uma personalidade encarnada subserviente à vontade do nosso Eu Superior (isto é, nossa alma), Vywamus pode ser entendido como o Eu Superior de Sanat Kumara, nosso Logos Planetário. Se Vywamus é a alma, então, acima dele estaria Lenduce, no lugar da mônada; formando, assim, a personalidade (Sanat Kumara), a alma (Vywamus) e a mônada (Lenduce), numa escala cósmica. Vywamus também é corresponsável pela criação da Fundação Tibetana, junto com Djwhal Khul e Janet McClure — autora de *The Story of Sanat Kumara: Training a Planetary Logos (Tools for Transformation)*, em tradução livre para o português: *A História de Sanat Kumara: Treinando um Logos Planetário.*

Na Hierarquia Cósmica, acima de Vywamus está Hélio (ou Helios), nosso Logos Solar, juntamente com sua *chama gêmea*, a Senhora Vesta (ou Vista). Muitas vezes, a energia do Logos Solar é invocada chamando ambos, Hélio e Vesta. Hélio é, para nosso sistema solar, o que Sanat Kumara é para nosso planeta; por isso, devemos honrarias e respeito ao tratar dele. Da mesma maneira que Sanat Kumara está ancorado na Terra, Hélio, nosso Logos Solar, está ancorado no Sol.

Entre o Logos Solar e o Logos Galático, existem dois *Logoi* intermediários. O primeiro deles é o Logos de Sírio (ou Sirius). Pela astronomia, Sírio é a estrela mais brilhante da constelação do Cão Menor; tão brilhante que, no passado, era usada em cartas marítimas, como meio de orientação durante as navegações. É nesta mesma estrela, em sua parte extrafísica, que se encontra a Universidade de Sírio, para a qual muitos mestres ascensionados vão após sua ascensão (ver capítulo 3).

Acima do Logos de Sírio está o segundo Logos intermediário, antes do Logos Galático: o Logos da Ursa Maior. Esta constelação é formada por sete estrelas extremamente brilhantes, visíveis a olho nu e igualmente importantes para as navegações, no passado. Tanto a Ursa Maior, quanto o Cão Maior — onde está Sírio — são constelações da Via Láctea, a galáxia da qual a Terra faz parte; mesmo que estejam a vários anos-luz de distância.

Você já tirou um tempo para perceber que pode ocupar uma ou mais posições da Hierarquia Cósmica? Obviamente não seria tão imediato quanto o próximo amanhecer, mas nenhuma destas posições lhe são inalcançáveis, desde que você realmente queira e se comprometa. Pergunto: sabendo que existe *todo esse caminho*, cabe mesmo se "pré-ocupar" com aquilo que não se pode controlar? Com disputas egoicas de opinião e achismos? Com necessidades carnais, viciosas, ou que reforcem o ego negativo em você? Quanto mais tempo perdido com essas distrações inferiores à sua essência, mais demorará para que você alcance a iluminação e siga adiante.

Além destes seres grandiosos, finalmente encontramos o Logos Galático, responsável pela evolução de toda a Via Láctea. A atual identidade desse ser é desconhecida, porém, o dirigente de nosso quadrante galático, que responde ao Logos Galático, é o Senhor Melquior. Assim como Sanat Kumara conta com vários mestres para dirigirem os desígnios de cada raio, o Logos Galático conta com seus assistentes para dirigir a evolução nos vários quadrantes de nossa galáxia que, como você deve imaginar, não é pequena!

A seguir, encontramos o Logos Universal, o qual também não se sabe quem é. Assim como Sanat Kumara se encarrega da evolução da Terra, e Hélio da evolução do nosso sistema solar, o Logos Universal se encarrega da evolução espiritual de *todos* os seres e reinos que fazem parte do Universo.

Para além do Logos Universal, estão aqueles mestres que percorreram todo o caminho de retorno à Casa de Muitas Moradas, à Fonte ou a Deus. Podemos entendê-los como mestres ascensionados, porém, no nível cósmico; em contraste com os mestres ascensionados planetários que passaram pela sexta iniciação. Neste nível, os Mestres Cósmicos encontram-se no plano logóico cósmico, o último antes do próprio Criador.

Acima do Logos Universal, encontramos o Arcanjo Metatron, também conhecido como o Anjo da Presença, segundo a tradição judaica. Nesta tradição, Metatron é frequentemente considerado um dos anjos mais importantes e poderosos; sendo frequentemente associado às funções de mediador entre Deus e a humanidade, bem como o mantenedor dos registros celestiais, isto é, o Escriba de Deus. Algumas tradições cabalísticas acreditam que Metatron era, originalmente, um ser humano, o profeta Enoch. Pai de Matusalém, Enoch teria vivido 365 anos até que Deus o levou, ou arrebatou.

Enoch é também o criador das *Chaves de Enoch*, canalizadas para a Terra através d'*O Livro do Conhecimento: As Chaves de Enoch*, do Dr. James Hurtak, acompanhado por sua esposa Desiree Hurtak, os quais tive a honra de conhecer pessoalmente, num evento, em novembro de 2021.

Aponte a câmera do celular para o QR Code ao lado e assista ao encontro de Luiz Mourão e Patrícia Cândido com os Drs. Hurtak

À direita de Deus estão os *deuses construtores*, ou os Elohim, criados exatamente quando Deus criou Seu universo infinito. Continuando na tradição judaica, os Elohim são uma das designações para Deus. Eles são os serafins cósmicos, responsáveis pela ordem do universo. A palavra *Elohim* é uma forma plural da palavra hebraica "Eloah", que significa "Deus". Os Elohim variam de acordo com cada raio e cada um tem uma chama na polaridade masculina e outra na feminina, que são, respectivamente:

Designações dos Elohim, segundo os raios

Elohim do primeiro raio:	*Hércules e Amazônia*
Elohim do segundo raio:	*Cassiopéia e Minerva*
Elohim do terceiro raio:	*Órion e Angélica*
Elohim do quarto raio:	*Claire e Astréia*
Elohim do quinto raio:	*Vista e Cristal*
Elohim do sexto raio:	*Tranquilitas e Pacífica*
Elohim do sétimo raio:	*Arcturus e Vitória*

À esquerda de Deus estão os arcanjos, extensões diretas do próprio Deus. Segundo a autora Patrícia Cândido, os arcanjos são os protetores acima dos anjos, na Hierarquia Cósmica. Sua função é cuidar dos vários aspectos da vida humana e, principalmente, trabalhar para o bem de todos — neste caso, em nível cósmico. Os arcanjos também são os responsáveis por transmitir as ordens e os desígnios divinos. Segundo o Glossário Teosófico, a palavra *arcanjo* vem da junção do grego *arch*, que significa "principal" ou "primordial" e *angelos*, "mensageiros"; sendo assim os mensageiros principais de Deus.

Assim como os Elohim, os arcanjos variam segundo os raios e, para cada raio, podemos encontrar um arcanjo divino em sua polaridade masculina (*yang*), e outro na feminina (*yin*), os quais são, respectivamente:

Nomes dos Poderosos Arcanjos, segundo os raios	
Arcanjos do primeiro raio:	*Miguel e Fé*
Arcanjos do segundo raio:	*Jofiel e Constantina*
Arcanjos do terceiro raio:	*Samuel e Caridade*
Arcanjos do quarto raio:	*Gabriel e Esperança*
Arcanjos do quinto raio:	*Rafael e Maria*
Arcanjos do sexto raio:	*Uriel e Donna Graça*
Arcanjos do sétimo raio:	*Ezequiel e Ametista*

Acima de Metatron, o Escriba de Deus, existem ainda outros seres mais divinamente elevados que o próprio Metatron. Tratam-se do Conselho dos 24 Anciãos e os *Hyos Ha Kodesh*. Os 24 Anciãos são incumbidos de administrar a lei do controle universal, em todos os universos que reconhecem Deus. Os *Hyos Ha Kodesh* são tão perfeitos que foram dispensados da própria evolução, sendo seres tão elevados em essência que, em nosso estágio atual, somos incapazes de absorver o real sentido de suas atividades e ocupações.

Por fim, acima de todos os seres da Criação encontra-se o próprio Criador, a Centelha Primeira do Todo que É, o Pai-Mãe, o Início no Fim, o Altíssimo, a Amada Presença: Deus. Tudo veio d'Ele e para Ele que devemos nos voltar. Independentemente da classe ou da posição na Hierarquia Cósmica, todos os seres de todos os planos e reinos são subservientes ao Seu divino plano e ao Seu divino propósito. É Deus quem faz girar as rodas da Criação, é Ele o responsável por todos os ciclos de começos, fins e recomeços. Deus é, ao mesmo tempo, a nossa causa primeira e o nosso destino.

Ao final da ilusão do tempo, é Ele quem nos receberá em Sua Santa Casa. Porém, isso só será possível quando este tempo estiver dissolvido e tenhamos consciência do nosso caminho.

A evolução espiritual é uma decisão binária: ou escolhemos Deus, ou Lhe damos as costas. Não importa quantos caminhos nos sejam oferecidos.

Capítulo 7

A MATRIZ ENERGÉTICA DOS CORPOS

"Nada é mais importante do que cuidar da própria energia."

— Mestre Saint Germain

Agora que já temos noção mais clara a respeito da nossa origem espiritual e dos processos que envolvem a evolução através do caminho espírito, considerando as várias iniciações, a Hierarquia Cósmica e Planetária, e também os raios aos quais podemos pertencer, é importante abordarmos um aspecto muito importante da nossa existência: os nossos corpos.

Precisamos ter sempre em mente que não somos seres humanos passando por experiências espirituais. Pelo contrário, somos seres espirituais passando, neste momento, por mais uma experiência como humanos. Podemos chamar esta experiência humana de existência ou, simplesmente, vida.

Como seres espirituais que somos, quer estejamos despertos para esta verdade ou não, a nossa expressão em cada existência é manifestada através de um conjunto de quatro corpos: o físico, o emocional, o mental e o espiritual, do menos sutil para o mais sutil.

Estes quatros corpos formam a nossa real identidade, até mesmo a dos mais incrédulos, céticos, ou daqueles pertencentes a religiões proibitivas e restritas.

O corpo físico é o veículo da nossa essência espiritual. Através dele podemos executar projetos, ajudar ou atrapalhar outras pessoas, realizar nossas vontades, nos relacionar, dormir, comer, ir atrás daquilo que desejamos, e assim por diante. O nosso corpo físico é a ferramenta que nos foi concedida e através da qual podemos cumprir os desígnios de Deus, no subplano físico do plano físico cósmico. Assim como o corpo físico é o instrumento da expressão da alma neste plano, a alma é, num sentido superior, o veículo da manifestação da mônada.

Ele é a expressão material de nossa identidade espiritual. Por mais que a prática de cirurgias estéticas, ou até mesmo "corretivas", esteja cada vez mais comum ou acessível, é preciso frisar que, para o propósito individual na Terra, não existe um corpo físico melhor ou pior, certo ou errado. Existe apenas o corpo físico ideal, aquele feito sob medida para aflorar nossas inferioridades, a fim de serem equilibradas; assim como nossas habilidades, para podermos servir melhor.

O nosso corpo emocional é o segundo mais sutil. Ele é composto de substância emocional e podemos entendê-lo como sendo o conjunto de todas as emoções que predominam em nós. "Emoção" e "sentimento" são duas expressões frequentemente usadas como semelhante, porém, tecnicamente, têm significados distintos. Em resumo, podemos entender as emoções como sendo *respostas automáticas e universais* a estímulos emocionais, enquanto os sentimentos são as interpretações conscientes e particulares de cada personalidade a cada uma dessas emoções.

Alegria, amor, raiva, tristeza, medo, nojo e remorso são exemplos de emoções. Por outro lado, felicidade, satisfação, ciúmes, insegurança e ansiedade são exemplos de sentimentos. Os

Por fim, o mais sutil de todos os nossos quatro corpos é o corpo espiritual, que é a própria extensão de alma que compõe a nossa verdadeira essência. Nosso corpo espiritual é o ponto de convergência entre a origem espiritual e a existência no mundo tangível. Ele habita, simultaneamente, a dimensão material — abrigado pelo corpo físico — e o plano interior.

Nosso corpo espiritual é o portal pessoal para tudo aquilo que há de mais sublime em toda a Criação: o Amor e a correspondência entre Deus e nós. Por meio dele, conseguimos nos conectar aos planos mais sutis do Todo, e acessar, por exemplo, os registros akáshicos. Processos meditativos, estados de contemplação, a utilização regular de compostos fitoenergéticos, assim como práticas Aura Master, são formas de cuidarmos da saúde deste corpo tão importante em nosso sistema.

Quando falamos do sistema de quatro corpos, precisamos olhar sempre para o conjunto pois, tal como uma cadeira de quatro apoios não se sustenta quando algum deles está quebrado ou enfraquecido, assim também ocorre conosco. Não existe, neste conjunto, um corpo mais ou menos importante que o outro, o que existe é a harmonia e o equilíbrio perfeito entre eles.

Para entendermos como essa harmonia se processa e como este equilíbrio pode ser estabelecido, gostaria de resgatar a equação sintética da Teoria da Relatividade, formulada por Albert Einstein na primeira metade do século XX . Falo sobre a famosa fórmula $E = mc^2$, na qual E é a energia, m é a massa de um corpo qualquer e c é a velocidade da luz, que mede 300.000 km/s.

Uma análise simplória e rasa desta teoria nos permite enxergar como a matéria, isto é, tudo aquilo que é físico e tocável, pode ser expressa em termos de energia — que é a capacidade que os corpos têm de realizar qualquer ação. Em outras palavras, podemos dizer, por exemplo, que *matéria* é energia concentrada e *energia* é matéria dispersa. Mas, qual a importância disso?

Isso é importante porque nos permite entender que o efeito daquilo que acontece em nossa contraparte extrafísica, ou seja, nos nossos corpos emocional, mental e espiritual, reflete-se no corpo físico, e vice-versa; tudo o que fazemos com nosso corpo físico altera os corpos não físicos.

O que garante que estes corpos estejam em profunda harmonia e correspondência mútua é a nossa *matriz energética*, *corpo etérico* ou *duplo etérico*.

Os estudos sobre a matriz energética são datados de mais de 10.000 anos, sendo o povo hindu o pioneiro na área. Estes conhecimentos que, no passado, relacionaram o corpo físico à nossa matriz energética compuseram a base do *Ayurveda;* aquilo que, atualmente, conhecemos como *Medicina Ayurvédica*.

Assim como o sangue, as veias e os órgãos do nosso corpo físico, existem análogos extrafísicos, que estão "além do físico", em nosso *eu sutil*. No corpo etérico, o sangue, responsável por uniformizar os nutrientes em nossos corpos físicos, equivaleria à *energia vital* ou *prana*, *ki*, ou *chi,* entre outras nomenclaturas; as veias, em seu papel de servir como passagem do sangue, seriam os *nadis* — do sânscrito "vaso" ou tubo" —; e os órgãos, responsáveis por garantir o funcionamento adequado do corpo físico, seriam os *chakras*.

› O QUE SÃO OS CHAKRAS?

Os chakras são centros de energia sutil, ou energia vital, distribuídos ao longo da coluna vertebral do corpo humano. A palavra *chakra,* em sânscrito, significa "roda" ou "disco", e esses centros de energia são frequentemente representados como vórtices cônicos, ou rodas de energia que giram ao longo da coluna vertebral. Os chakras funcionam como órgãos distribuidores e baterias energéticas, suprindo nosso corpo físico com a energia necessária para executar aquilo que é preciso.

Tradicionalmente, segundo o *Ayurveda*, existem sete chakras principais, ao longo da coluna vertebral, do topo da cabeça à base da coluna vertebral. Porém, em algumas literaturas, é possível encontrar a referência de que estes sete chakras principais se limitam apenas à terceira dimensão. Na quarta e quinta dimensões, existiria um conjunto de oito e sete chakras, respectivamente, ligados aos nossos corpos.

Como a maioria de nós continua lapidando a própria existência, na dimensão material, sem ainda a ter superado, acredito ser prudente focar, por hora, apenas nos sete chakras principais da terceira dimensão. No tempo certo, teremos acesso aos conhecimentos necessários para ingressar nas dimensões superiores e dominar os chakras associados a cada uma.

Cada um dos chakras funciona como sendo a cola que une os nossos quatro corpos, de modo que exista uma intercorrespondência: se um deles estiver enfraquecido, os demais também estarão; ao passo que, se um deles for equilibrado e saudável, os demais também o serão. Os chakras são responsáveis por ligar o corpo físico ao etérico, ou matriz energética; sendo que eles fazem parte do corpo etérico, e não do corpo físico. Um médico-legista, que examina um corpo, ao fazer uma necrópsia, não detectará nenhum chakra, pois eles não fazem parte do nosso corpo físico, mas sim do etérico, que é sutil. Este é o motivo pelo qual, ao falarmos sobre a análise da saúde, ou equilíbrio, dos chakras, usamos o termo *anatomia sutil*.

Os chakras têm a função de captar energia e distribuí-la de forma inteligente e balanceada, por todo o nosso sistema de quatro corpos. Quando, por qualquer motivo, a energia, em cada chakra, não está no nível que deveria, essa inteligência própria do corpo etérico se encarrega de redistribuir a energia do todo, para compensar quaisquer desequilíbrios gerados.

Porém, como a energia dos chakras é finita, é preciso que a pessoa mantenha uma conduta espiritual regular, de modo a repor a energia perdida com o tempo. Caso isto não aconteça, a desvitalização dos chakras passará a ser percebida no corpo físico, com a manifestação de *doenças* e *dores da alma*, como: depressão, surtos, crises de ansiedade, baixa imunidade, taquicardia, podendo chegar até casos severos como câncer.

Como o modelo evolutivo aplicado em nosso planeta utiliza as emoções para provocar nosso desenvolvimento espiritual, é seguro dizer que um trabalho dedicado e expressivo, para conseguirmos controlar emoções, caminha em direção à nossa evolução espiritual.

Por extensão, como as emoções estão diretamente relacionadas ao estado dos chakras, práticas e rituais que promovam o equilíbrio dos chakras também contribuem para a nossa evolução. Quanto mais nos dedicarmos a preservar a saúde do corpo etérico, mais rapidamente avançaremos nas várias iniciações.

As *chaves ocultas da ascensão*, apresentadas mais adiante neste livro, têm um efeito duplo: (1) auxiliar na aceleração da evolução de cada pessoa no caminho da evolução superior e (2) promover o equilíbrio dos chakras, mantida a constância das práticas.

› COMO SURGEM OS CHAKRAS?

Este capítulo é dedicado ao entendimento do que é nossa matriz energética, bem como a maneira com que ela se relaciona à nossa evolução espiritual e, consequentemente, à nossa ascensão. Nesse sentido, uma vez que tenhamos compreendido o papel dos chakras em nossas vidas, pode vir a pergunta: como surgem os chakras?

Para explicar como nascem os chakras, precisamos, primeiramente, falar sobre a presença e o papel dos *nadis* em nosso corpo sutil.

De acordo com a tradição Ayurvédica, os *nadis* são canais de energia sutil que existem em nosso sistema de quatro corpos, cuja finalidade é transportar a energia vital, ou *prana,* para os hindus. Existem muitos *nadis* no corpo, porém três deles são considerados os principais. Os três *nadis* principais são o *ida*, o *pingala* e o *sushumna* e, assim como os chakras, os *nadis* fazem parte do corpo etérico, e não do corpo físico.

O *sushumna* (lê-se: *su-chú-mna*) é considerado o canal central e mais importante da anatomia energética do corpo humano. Ele se estende ao longo da coluna vertebral, em sua contraparte extrafísica, bem no centro. Na Ayurveda, é considerado o canal da energia espiritual e da consciência elevada. O *sushumna* é associado à ascensão da kundalini, a energia espiritual adormecida na base da coluna.

Quando a kundalini é despertada e sobe através do *sushumna*, acredita-se que isso leva à iluminação espiritual e à realização espiritual

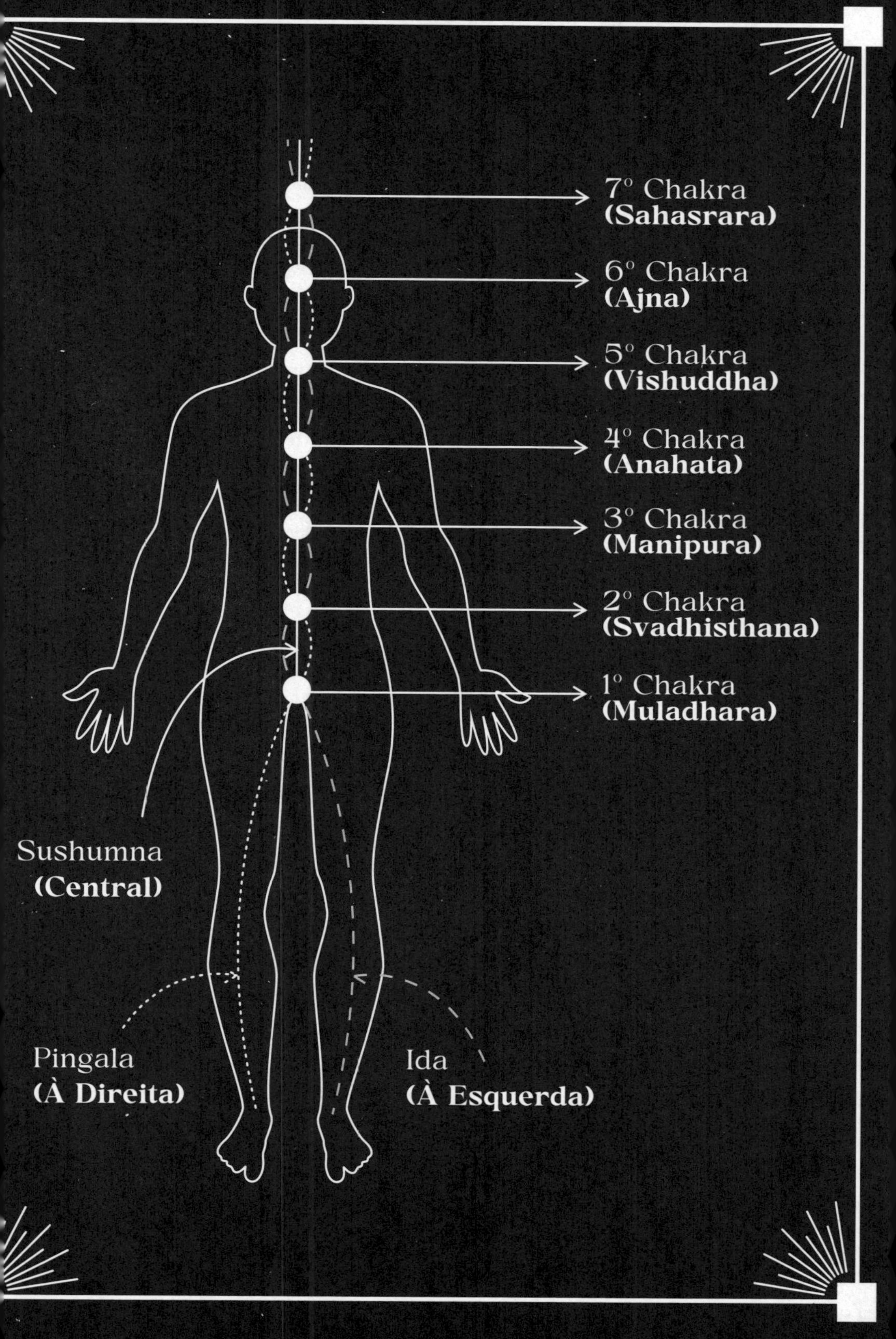
7º Chakra
(Sahasrara)
6º Chakra
(Ajna)
5º Chakra
(Vishuddha)
4º Chakra
(Anahata)
3º Chakra
(Manipura)
2º Chakra
(Svadhisthana)
1º Chakra
(Muladhara)
Sushumna
(Central)
Pingala
(À Direita)
Ida
(À Esquerda)

mais profunda. Como é o canal responsável por conduzir energia espiritual, a qual pode facilmente ser poluída por emoções e pensamentos desqualificados, o *sushumna* é um canal que pode facilmente ser entupido por impurezas energéticas.

Pessoas que passaram por iniciações e sintonizações na energia Reiki, Seichim e Karuna devem se recordar de seus professores realizarem um sopro no topo da cabeça. Este sopro tem a intenção de remover toda e qualquer sujeira sutil estagnada ao longo do *sushumna*.

Já o canal *ida* é outro canal energético que flui ao longo da coluna vertebral, à esquerda do *sushumna*. Ele é associado à energia feminina, à polaridade *yin*, à intuição, à energia receptiva e à Lua — por isso, também pode ser chamado de ***chandra***[17] *nadi*. Na Ayurveda, o *ida* é associado à parte esquerda do corpo e ao hemisfério direito do cérebro. Está relacionado à mente, às emoções, à criatividade e à calma. Práticas usadas para acalmar a mente e reduzir o estresse e a ansiedade equilibram o *ida*.

Por sua vez, o canal *pingala* é o terceiro dos canais principais. Assim como o *ida*, ele flui ao longo do equivalente à coluna vertebral, em nosso corpo sutil, e está à direita do *sushumna*. Em oposição ao *ida*, o *pingala* está associado à energia masculina, à polaridade *yang*, à lógica, à ação, à atividade física e ao Sol — levando o *pingala* a ser chamado também de ***surya***[18] *nadi*. O *pingala* está ligado ao lado direito do corpo físico e ao hemisfério esquerdo do cérebro. Este *nadi* se relaciona ao intelecto, à vitalidade do corpo físico, à disposição e ao vigor. Práticas de desenvolvimento físico, atividades físicas em geral, e desafios intelectuais levam o *pingala* ao equilíbrio.

O *ida* e o *pingala* são a representação essencial da dualidade básica da existência. É o que, tradicionalmente, conhecemos como os aspectos masculino e feminino, lógico e intuitivo, frio e quente, Sol e Lua. É com base nessa lógica dual que a vida é criada. Sem ela, a vida não existiria

---

17 *Chandra*, em sânscrito, significa Lua.

18 *Surya*, em sânscrito, significa Sol.

como existe agora. No começo, tudo é primordial e neutro e a dualidade simplesmente não existe, pois tudo é perfeitamente equilibrado. Mas, no advento da Criação, com o surgimento da dimensão material, a dualidade se fez necessária.

Quando me refiro ao aspecto masculino e feminino, não falo especificamente em termos de sexo, isto é, sobre ser homem ou mulher; tampouco sobre identidade de gênero. A dualidade presente nos aspectos masculino e feminino expressa características que encontramos na própria natureza.

Certas qualidades da natureza foram identificadas como masculinas, outras como femininas. Por exemplo, originalmente, você pode ter nascido num corpo físico com um pênis, porém se o seu *ida* for mais evidenciado, o aspecto feminino, delicado, intuitivo, sensível pode ser dominante em você. Agora, se no seu corpo físico de origem constava uma vagina e o seu *pingala* for mais manifesto, o aspecto masculino, dominante, ativo, prático e objetivo pode ser dominante em você.

No corpo etérico, o *ida* e o *pingala,* de certa forma, costuram o *Sushumna,* sete vezes ao longo da coluna vertebral. É nestes sete pontos de encontro dos três *nadis* principais, no corpo etérico, que surgem os chakras — pelo menos, os sete principais da dimensão material. Tradicionalmente, seguindo a Ayurveda, numeramos os chakras de baixo para cima, sendo o mais inferior o primeiro chakra e o mais elevado o sétimo.

Se recordarmos do sentido da palavra *chakra* no sânscrito, que significa "roda" ou "disco", o envolvimento dos canais *ida* e *pingala*, que representam a dualidade da Criação, gera uma polaridade natural característica, em cada um dos chakras. Em outras palavras, os chakras giram.

Outra forma de entendermos este giro é a partir da analogia com um sistema polia-corrente. Imagine que exista uma polia suspensa e livre para girar (os chakras), e uma corrente que envolve a polia e a faz girar (cada lado da corrente são o *ida* e o *pingala*). Se puxamos um lado da corrente para baixo, o outro lado obrigatoriamente sobe, causando um giro da polia num sentido. Agora, se invertermos, puxando para baixo o lado da corrente que antes subia, o lado que antes descia passa a subir, e o sentido do giro da polia muda.

O sentido do giro dos chakras depende do sentido do fluxo energético através do *ida* e do *pingala*. Em um corpo que nasceu no sexo masculino, a energia flui de baixo para cima no *ida*, e de cima para baixo no *pingala*. Já em um corpo que nasceu no sexo feminino, este sentido é invertido, fazendo com que a energia flua de cima para baixo no *ida*, e de baixo para cima no *pingala*.

Isto implica dizer que, num corpo originalmente masculino, os chakras ímpares (1º, 3º, 5º e 7º) são *yang* (ou seja, giram no sentido horário) e os pares (2º, 4º e 6º) são *yin* (sentido anti-horário); enquanto, num corpo originalmente feminino, os chakras ímpares são *yin* (anti-horário) e os pares *yang* (horário).

As extensões de alma — ou personalidades — encarnadas que passam por cirurgias de mudança de sexo, tenham uma orientação sexual diferente de heterossexual, ou não se identifiquem com os gêneros que nasceram, *podem ter* um sentido alterado no fluxo energético pelos canais *ida* e *pingala*.

Cabe, nestes casos, uma investigação mais atenta e minuciosa, caso a determinação do sentido do fluxo de energia por aqueles *nadis* seja importante. De qualquer forma, no que se refere à evolução espiritual da personalidade encarnada, dentro do quesito da orientação sexual e da identidade de gênero, para Deus não existe certo ou errado, melhor ou pior, vítima ou vilão. Existem apenas as condições e desafios ideais para provocar o crescimento espiritual de todos os seres, os quais são sempre escolhidos pelo próprio espírito, antes do seu acoplamento ao veículo físico.

› CONHECENDO OS CHAKRAS

Os nossos chakras são responsáveis por processar emoções e convertê-las em respostas no corpo físico, sejam reações pontuais ou comportamentos de longa data. Prezar pela saúde dos chakras não só influencia no avanço em nossa caminhada espiritual, como também está relacionado à saúde do sistema de quatro corpos.

Os chakras costumam ser numerados do primeiro ao sétimo, começando pela base até o topo da cabeça. Cada um deles está associado a uma cor, elemento, glândula endócrina, hormônio e qualidades humanas específicas, os quais serão apresentados a seguir.

› PRIMEIRO CHAKRA

O primeiro dos sete chakras principais é conhecido como *Muladhara*, que no sânscrito significa "raiz" ou "base". Usualmente, ele também é chamado de **chakra raiz**, **chakra base** ou **chakra básico**. Este chakra está localizado na base da coluna vertebral, na região do períneo, próximo ao cóccix; no espaço entre o ânus e a região sexual.

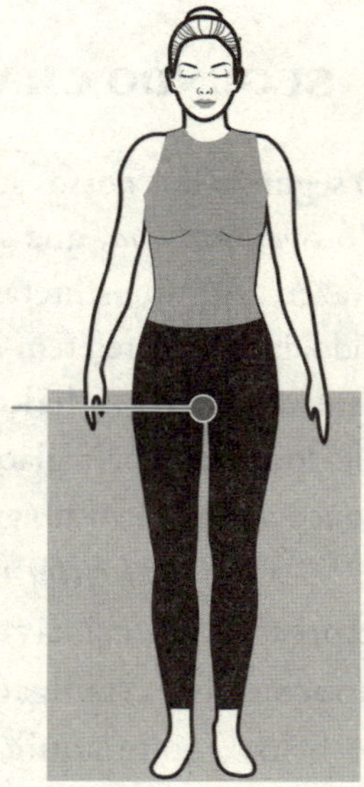

Ele representa a nossa base fundamental e estrutura, tanto física quanto energética, e sustenta toda a existência neste plano. O *Muladhara* está intimamente ligado à conexão com a segurança e o instinto de sobrevivência. Ele influencia a capacidade de nos sentirmos seguros no mundo e de atender às nossas necessidades básicas, como abrigo, comida e água.

O chakra básico relaciona-se com as glândulas suprarrenais e com a produção da adrenalina e cortisol, responsáveis pelos nossos instintos mais primitivos de luta ou fuga. Como está relacionado à estrutura de vida, ele também está ligado aos ossos, aos músculos, à coluna vertebral, às pernas, aos pés, e tudo que nos dá estrutura. O elemento vinculado a este chakra tão importante é a terra e, quando em equilíbrio, produz o espectro vermelho.

Uma pessoa com o *Muladhara* equilibrado exala segurança e confiança, as quais geram estabilidade em todos os aspectos da vida. Equilibrar este chakra gera a capacidade de lidar com os desafios da vida, de maneira resiliente e sem abalo emocional. No entanto, a incapacidade de suprir as necessidades básicas da vida podem desequilibrar o *Muladhara* e, caso este desequilíbrio se sustente por um tempo suficiente, a pessoa pode desenvolver fortes sensações de medo, ansiedade e insegurança, além de gerar, inclusive, problemas financeiros, familiares, profissionais e de ordem pessoal.

› SEGUNDO CHAKRA

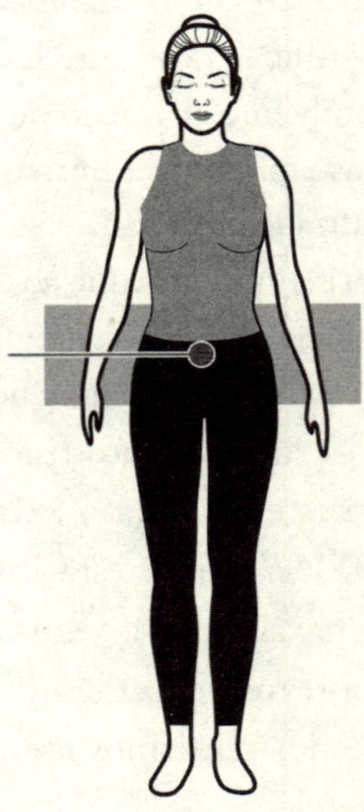

O segundo dos nossos sete chakras principais é o *Svadhisthana*, que significa "Morada do Prazer." Algumas literaturas e linhas de estudo, inclusive, referem-se a este chakra como **chakra sexual** ou **chakra sacral**. Este chakra está localizado na região do baixo ventre, um pouco abaixo do umbigo.

O *Svadhisthana* é crucial para a expressão da criatividade e das nossas emoções. Ele está ligado também às artes, ao belo, a tudo aquilo que se relaciona a percepção subjetiva. É o chakra associado também aos relacionamentos em todos os níveis: amistosos, profissionais, amorosos, românticos, carnais, etc.; incluindo o relacionamento que temos conosco. Consequentemente, este chakra está ligado também à nossa autoestima, autoamor e autorrespeito.

O segundo chakra influencia diretamente a maneira com a qual processamos as emoções e sentimentos. Ele também está associado à sexualidade, à sensualidade e às conexões emocionais que estabelecemos com outros seres. O ato sexual, a libido, o orgasmo, a fertilidade, a gravidez, e os demais prazeres da vida, são aspectos também relacionados a este chakra.

O estado do *Svadhisthana* afeta as glândulas sexuais (ou gônadas), influenciando a produção equilibrada dos hormônios testosterona, nos homens, e progesterona, nas mulheres. Ele afeta também outras partes do corpo, como o abdômen inferior, o intestino grosso e os órgãos sexuais. O elemento associado ao segundo chakra é a água e, quando em equilíbrio, sua cor é laranja vívido.

Este chakra se equilibra quando conseguimos manter uma postura saudável e harmoniosa em nossos relacionamentos e conosco, ou seja, quando respeitamos o equilíbrio entre o dar e receber, entre o fluxo e o refluxo de nossas emoções e relações. Uma pessoa que tem seu *Svadhisthana* equilibrado tem traços marcantes de criatividade e inteligência emocional. Com isso, é capaz de desfrutar relacionamentos saudáveis, alegres e felizes.

No entanto, o desequilíbrio do segundo chakra pode acarretar bloqueios emocionais e criativos, problemas de relacionamento, impotência sexual, falta de libido e falta de orgasmos. A pessoa, simplesmente, se torna incapaz de aproveitar o lado bom da vida e até mesmo sua própria companhia.

› TERCEIRO CHAKRA

O terceiro dos nossos sete chakras é o *Manipura*, ou "Cidade das Joias". Ele é popularmente conhecido como **chakra do plexo solar**, por, justamente, estar localizado nesta região: entre o umbigo e o peitoral, sobre o diafragma, que separa os pulmões da cavidade abdominal.

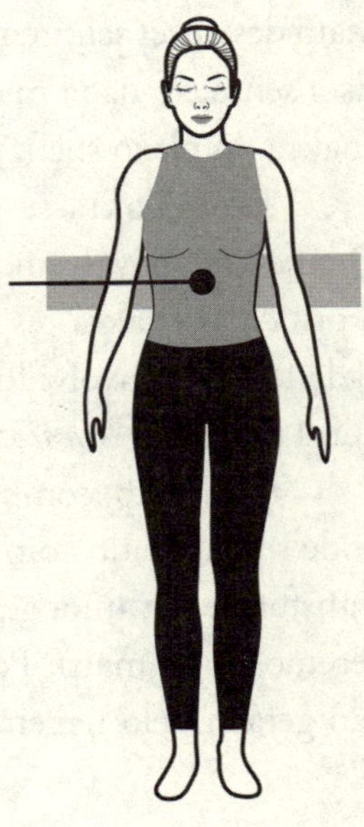

O *Manipura* é associado a poder pessoal, autoconfiança e força de vontade. Ele representa a nossa identidade pessoal, individualidade, vontades, anseios e desejos. Este chakra é associado também a nos percebermos capazes de buscar objetivos e atingir metas com sucesso, em particular as pessoais.

O terceiro chakra influencia a forma como tomamos decisões, agindo diretamente sobre nossa habilidade em liderar, principalmente a própria vida, e nossa capacidade de agir com determinação. É do *Manipura* que vem a força interna para funcionarmos, mesmo diante das mais variadas adversidades. Se você já ouviu a expressão "ter estômago para enfrentar algo", saiba que ela significa justamente isso: inflamar o terceiro chakra de energia para fazermos o que precisa ser feito.

Não por acaso, o elemento associado ao *Manipura* é o fogo, e sua cor predominante,quando em equilíbrio, é o amarelo brilhante. O fogo representa, o poder, a sabedoria, a motivação para agir e a transformação daquilo que é no que precisa ser, enquanto o amarelo é toda a luz, calor e energia que vêm do próprio Sol.

Este chakra está ligado aos órgãos que compõem o sistema digestivo, ao suco gástrico e demais secreções sem as quais a digestão não ocorreria, bem como ao intestino delgado. Está ligado também ao pâncreas e à produção da insulina.

No *Manipura* são processadas as emoções *viscerais* como o medo, a raiva, a angústia, o ódio, a ansiedade, as compulsões e as paixões obsessivas. Tanto é que, quando apaixonados por alguém, alguns costumam descrever sentirem-se como se houvesse "borboletas no estômago". Esta sensação nada mais é do que a hiperatividade desequilibrada do chakra do plexo solar, gerando a paixão.

Este chakra se relaciona, ainda, ao nosso poder de atração. Quando nos envolvemos com alguém, no início de um relacionamento, o principal chakra responsável por essa união é o terceiro chakra de cada um dos envolvidos na aproximação. Pelo desejo ardente de *ter* a outra pessoa, o *Manipura* gera a ação de estar perto ou presente.

Com zelo, comprometimento e dedicação, este relacionamento pode ser lapidado com o tempo, fazendo com que a paixão inicial se transforme em amor genuíno e "suba" para o quarto chakra (conforme veremos logo mais). Porém, caso este relacionamento, fruto da paixão gerada pelo terceiro chakra, não seja cultivado, ou se torne algo puramente carnal e sexual, o impulso energético inicial da paixão perde intensidade e "desce" para o segundo chakra, virando um prazer puramente físico, sem qualquer envolvimento emocional correspondido.

Uma pessoa que tem seu *Manipura* equilibrado apresenta uma autoimagem positiva, isto é, a pessoa mais se automotiva do que se desmotiva. Falamos de alguém capaz de tomar decisões com segurança e confiança, agindo com determinação e assertividade, sem hesitações ou inseguranças. Por outro lado, o desequilíbrio deste chakra gera falta de autoconfiança, indecisão, procrastinação, ansiedade e sensação de pequenez e impotência ante os desafios que se apresentem. A ignição do indivíduo é prejudicada.

› QUARTO CHAKRA

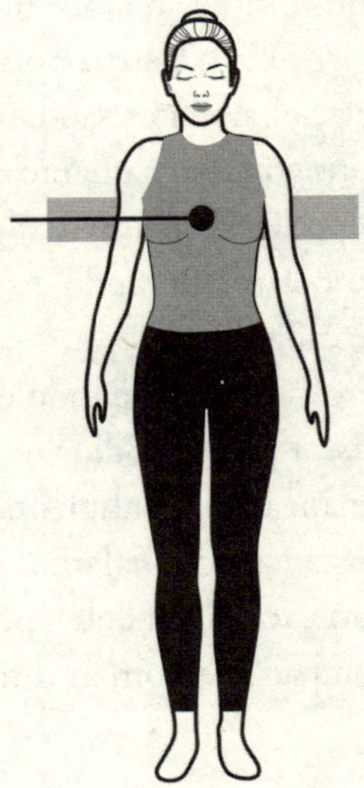

O quarto dos sete chakras ao longo da coluna é o *Anahata*, que em sânscrito significa "ileso", "invicto" ou, simplesmente, "inviolado". Por estar localizado na região do peitoral, este chakra também é conhecido como **chakra cardíaco**.

Está ligado a amor, compaixão, equilíbrio e imunidade. O amor do quarto chakra pode tanto ser o amor-próprio, quanto o amor pelos outros. Ele influencia nossa capacidade de amar, perdoar algo ou alguém, incluindo nós mesmos, mostrar empatia, cultivar relacionamentos saudáveis e equilibrados, além de nos estimular a seguir nossas vidas pelo caminho do meio, isto é, com equilíbrio.

Este chakra fica exatamente entre os três chakras inferiores e os três superiores. O *Anahata* representa o encontro do Céu com a Terra, do Espírito com a Matéria. É a manifestação dos princípios divinos mais elevados em nossas vidas materiais. Seu papel é o de integrar o amor e a compaixão em todas as áreas de nossas vidas, em todas as nossas atitudes, pensamentos e emoções.

O altruísmo, o *mahakaruna* (que é o amor por servir), a leveza, a paz, a harmonia, a cura, tanto física quanto emocional, o desprendimento do ego negativo e a doação equilibrada são outros aspectos vinculados ao chakra cardíaco.

Este é o chakra ligado à cura das feridas emocionais, dos traumas e mágoas do passado. Movimentar as energias estagnadas neste chakra libera ressentimentos e abre espaço para o perdão e para a liberdade emocional genuína.

O chakra cardíaco se associa aos órgãos do sistema circulatório e respiratório — coração, sangue, veias, pulmões, brônquios e vias aéreas — assim como à glândula timo e aos hormônios que ela produz. O elemento relacionado ao quarto chakra é o ar. Quando está em equilíbrio, produz a cor verde, vinculada à natureza, à cura, ao equilíbrio e ao amor universal.

Uma pessoa com o *Anahata* equilibrado é capaz de promover relacionamentos saudáveis e pautados no amor e na compaixão, tanto consigo mesma quanto com outras pessoas, independentemente do tipo de relacionamento. É alguém capaz de ser empata e se colocar no lugar do outro, aflorando a sensibilidade romântica e amorosa da natureza de cada um.

Porém, quando este chakra está desequilibrado, a pessoa pode passar por episódios recorrentes de solidão e tristeza, reviver mágoas, ser incapaz de alimentar relacionamentos saudáveis, deixar de achar graça na vida. Falamos do materialismo excessivo, que torna o indivíduo excessivamente apegado a tudo e incapaz de compreender ou se compadecer com as dificuldades dos outros.

› QUINTO CHAKRA

O quinto de nossos sete chakras é o *Vishuddha*; "o puro", "purificação" ou "o purificador". Localizado na garganta, na base do pescoço, este chakra também é conhecido como **chakra laríngeo,** ou **chakra da garganta**, e está ligado à comunicação, à nossa expressão e à concretização de nossos projetos e metas.

Além da comunicação verbal, o *Vishuddha* nos permite melhorar a maneira como nos expressamos, até mesmo criativamente, por exemplo: com a escrita, a música, a gesticulação, a dança e a arte. Ele é o canal que permite manifestar, no mundo material, aquilo que habita em nosso interior.

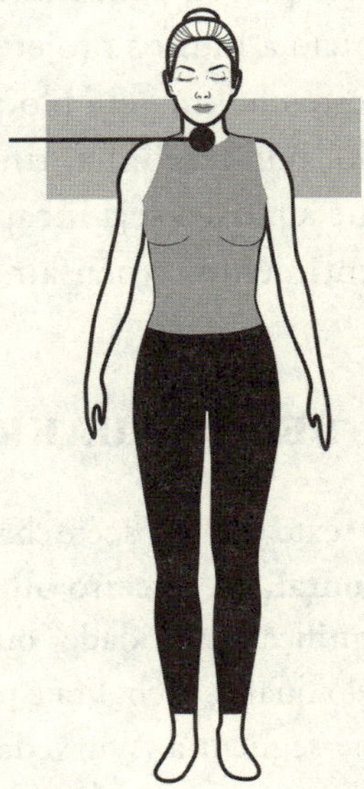

A purificação promovida por este chakra acontece em todos os níveis, da purgação das impurezas do corpo físico à saída das incrustações energéticas presentes no campo áurico. O *Vishuddha* está associado à busca da verdade e à recuperação da autenticidade, sendo esta a legítima verdade interior, a que vem da capacidade de ser honesto consigo mesmo e com os outros.

O elemento do quinto chakra é o som, e ele está ligado à garganta, à tireoide, e paratireoide, ao queixo, ao pescoço, às cordas vocais e à produção do hormônio tiroxina, que limpa o sangue e regula o peso do corpo físico.

É o chakra da força da manifestação a partir de elementos como o Verbo, isto é, através da garganta e aquilo que dizemos. Quando "Deus disse: 'que haja Luz', e houve Luz", de certa forma, usou um poder de emanação semelhante ao que, potencialmente, temos em nosso quinto chakra. É graças ao *Vishuddha* que conseguimos captar a energia imaterial e transformá-la em realização material.

Quando está equilibrado, vibra na cor azul-claro, representando a paz e a tranquilidade. Nesta condição, a pessoa é capaz de desenvolver uma comunicação clara, assertiva, objetiva e empática, que consegue transmitir a mensagem ou a informação necessária exatamente como se pretende.

Quanto está desequilibrado, a pessoa pode ter dificuldades de comunicação, falando demais (sem filtro) ou de menos (com medo de expressar o que realmente pensa ou sente), além de ser uma pessoa com muitas iniciativas e poucas "acabativas", que dá início a muitos projetos paralelos e acaba poucos. O desequilíbrio deste chakra gera bloqueios na fala e nas outras formas de expressão, por vergonha, timidez ou medo do julgamento. Isto faz com que a pessoa seja incapaz de opinar com confiança e "engula" seus sentimentos e pensamentos.

› SEXTO CHAKRA

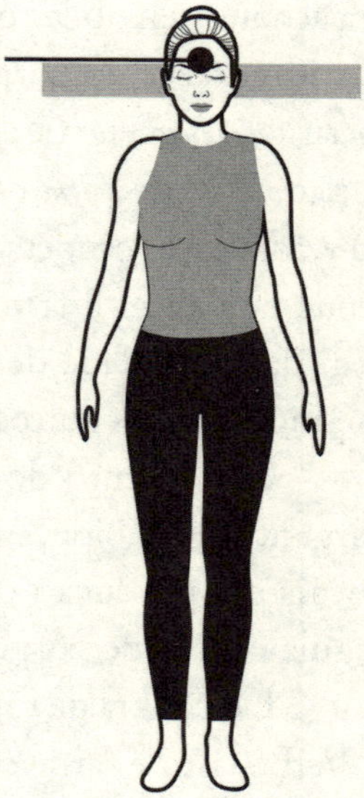

O sexto de nossos sete chakras é o *Ajna*, **chakra frontal,** ou **terceiro olho**. *Ajna* em sânscrito significa "autoridade" ou "comando", motivo pelo qual este chakra é percebido por aqueles que seguem a Ayurveda como um legítimo centro de comando. Ele é conhecido como terceiro olho devido à sua localização, que fica a aproximadamente 1 cm acima do ponto entre nossas sobrancelhas.

Este chakra é fundamental para a expansão da consciência, para o desenvolvimento da intuição e para a aceleração espiritual. O esmero para manter a saúde deste chakra ajuda a aprofundar a compreensão da verdade interior e espiritual e a acessar insights que transcendem a mente lógica e racional.

O sexto chakra tem o papel de sincronizar a nossa mente com o Propósito Divino, para podermos cumpri-lo. Seu papel é fazer com que nossos pensamentos sejam uma extensão dos pensamentos do próprio Deus. Este chakra está relacionado à nossa intuição, à sabedoria e ao entendimento da espiritualidade e da visão espiritual.

Ele também está ligado a sentidos extrafísicos, como clarividência, clariaudiência, e psicometria — que é a capacidade de percebermos o estado de outras pessoas ou seres. Quanto mais se exercita este chakra, mais a pessoa é dotada de uma mediunidade equilibrada. O *Ajna* é o responsável por reunir as informações dispersas nos vários campos de energia e traduzi-las para que sejam aproveitadas pela mente racional — tanto para si, quanto para ajudar outras pessoas, por exemplo.

É graças ao sexto chakra que conseguimos receber informações de origem superior e aplicá-las no mundo físico. Este chakra também está ligado ao intelecto da mente racional e aos processamentos das informações captadas pelos sentidos, sendo ainda responsável por promover o devido equilíbrio de todo o nosso sistema de quatro corpos.

Ele está ligado ao lobo frontal, ao sistema nervoso, aos olhos, aos ouvidos, às narinas e à glândula hipófise (ou pituitária) — responsável por regular o funcionamento e a atividade de todas as glândulas relacionadas aos chakras abaixo do *Ajna*. É por, literalmente, comandar o restante do corpo que o sexto chakra é conhecido como "centro de comando".

O elemento ligado ao sexto chakra é a luz. Quando em equilíbrio, emite a cor azul-índigo e a pessoa se torna extremamente intuitiva e sensível, até mesmo às mais sutis oscilações energéticas, além de ter o raciocínio lógico desenvolvido e uma maior e melhor percepção do mundo e dos ambientes e pessoas que a circundam. A pessoa se torna inteligente e tem grandes capacidades cognitivas e de discernimento. A mente do indivíduo se torna uma com a Mente Divina e as faculdades mentais são abençoadas com aspectos divinos.

Já em desequilíbrio, pode provocar confusão, desorganização nos pensamentos, falta de clareza mental e desconexão espiritual e da Mente Divina, fazendo com que a pessoa seja vítima da ilusão, que é o engano em nível mental. E alguém preso na ilusão se torna incapaz de se conectar com sua verdadeira identidade espiritual, atrasando, significativamente, sua caminhada rumo à evolução espiritual.

A agitação mental, a ansiedade, o imediatismo e o bombardeio de informações, pelas mais variadas plataformas online e redes sociais, fazem do *Ajna* um dos chakras mais difíceis de equilibrar. Porém, caso a pessoa se comprometa o suficiente para promover o equilíbrio, tais condições não a afetarão.

› SÉTIMO CHAKRA

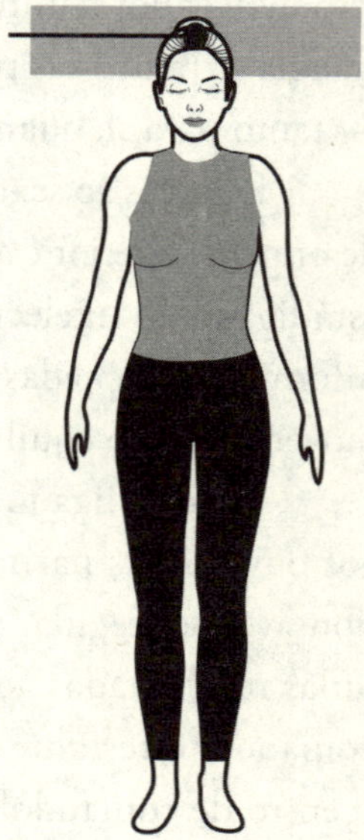

O sétimo de nossos chakras principais é o *Sahasrara*, ou *Sahashara*; a nossa Lótus de Mil Pétalas. Esta interpretação da lótus ter mil pétalas é obtida a partir da visualização de infinitas flores de lótus concêntricas, todas abertas uma dentro da outra. Ele também é chamado de **chakra coronário,** ou **chakra da coroa**, pela lótus que representa este chakra tão importante estar localizada no topo da cabeça, acima do crânio, como se fosse, realmente, uma coroa.

O *Sahasrara* é associado à nossa conexão espiritual, à captação da energia vital que abastece o nosso sistema de quatro corpos e o restante dos s chakras, à iluminação, à ascensão espiritual e à consciência cósmica. Assim como o *Ajna*, o sétimo chakra auxilia na expansão da consciência, através da eliminação do véu das ilusões materiais. Com ele, conseguimos atingir profundos estados de paz, harmonia, conexão e realização espiritual, os quais transformam a solidão em solitude.

O *Sahasrara* é também considerado uma porta de acesso ao espírito. Com a prática, podemos ativar o sétimo chakra para acessar os registros akáshicos, as memórias de vidas passadas, o inconsciente coletivo e nosso DNA espiritual. Este chakra nos conecta com a Fonte Divina, a fim de nos tornarmos unos com a Criação, além de promover, em cada um de nós, a completude pelo amor divino e pela fé.

Além da conexão espiritual, o *Sahasrara* está associado à iluminação espiritual e à consciência universal. Ele fortalece nossas capacidades psicométricas e ajuda a atingir camadas ainda mais sutis e elevadas da existência e dos planos superiores, saindo da psicometria planetária e passando para a psicometria solar, galática e até mesmo universal. Ele representa a realização da unidade, ou seja, é o caminho para conseguirmos atingir nossa realização com Deus e em Deus, ou teorrealização.

É o chakra relacionado ao silêncio interior e à profunda paz da mente. Quando aquietamos a mente consciente, o *Sahasrara* é acionado e, dessa forma, podemos ouvir aquilo que Mestra Helena chamou de *a Voz do Silêncio*, o inefável som divino no interior profundo de nossa essência.

No corpo físico, ele está ligado ao cérebro, à glândula epífise (ou pineal) e à produção do hormônio melatonina; muito conhecido por induzir o sono. Quando o sétimo chakra está em pleno funcionamento, uma certa quantidade de melatonina é derramada no organismo, causando o relaxamento do corpo físico e o despertar do corpo espiritual para as atividades extracorpóreas.

O elemento relacionado ao *Sahasrara* é o éter, a substância espiritual dispersa que alimenta todos os processos não físicos. Quando está em equilíbrio, produz o espectro violeta, branco ou dourado; todos relacionados à Divindade Superior. A pessoa que tem o sétimo chakra equilibrado torna-se imparável, tamanha é sua fé nos desígnios de Deus. O desenvolvimento da espiritualidade, o caminhar até a evolução superior, a lealdade à Deus e à Luz e o compromisso com o serviço são outras características de pessoas com o sétimo chakra equilibrado.

Quando o sétimo chakra está desequilibrado, a pessoa se torna cética, lhe falta fé e não há conexão com o plano divino. Caso este desequilíbrio se sustente, é costumeiro haver o desenvolvimento de síndrome do pânico, depressão e tendências autodestrutivas, pela incapacidade de reconhecer o papel na Criação, além da baixa quantidade de energia vital oferecida ao sistema de quatro corpos.

Em resumo, podemos dizer que a pessoa vive uma vida puramente mundana, superficial e desconectada do plano de Deus para ela.

› A AURA

Conforme acabamos de ver, os chakras são centros de energia sutil localizados no corpo etérico e ligados ao nosso sistema de quatro corpos, impactando diretamente o funcionamento de nossos campos físico, emocional, mental e espiritual.

Os chakras afetam profundamente nossas vidas de várias maneiras, influenciando saúde, emoções, pensamentos e o estado de espírito geral. A maneira como lidamos com nossos desafios é determinante para o estado dos chakras, podendo gerar equilíbrio ou desequilíbrio. Além disso, precisamos ter sempre clareza de que o equilíbrio dos nossos chakras não favorece apenas uma vida mais leve e feliz. A rapidez com a qual caminhamos rumo à evolução superior também será influenciada.

Ainda na perspectiva de desvendarmos a matriz energética que faz parte de nós, é preciso entender o fluxo da energia não só com relação aos *nadis* principais (*ida*, *pingala* e *sushumna*), mas também quanto ao comportamento de tal fluxo para além dos chakras.

A energia vital captada pelos *nadis* flui através dos chakras e irradia para a **aura**, criando um sistema integrado de energia ao nosso redor, e reforçando a integração dos nossos quatro corpos com o nosso lado sutil.

Enquanto os chakras são centros de energia encontrados ao longo da coluna vertebral e ligados à qualidade dos nossos pensamentos, sentimentos e emoções, assim como a maneira como os processamos e lidamos com nossos desafios, a aura é um campo de energia sutil que envolve o corpo físico de uma pessoa, animal ou objeto.

A aura é muitas vezes descrita como uma espécie de "brilho", ou "luminosidade", que emana do corpo e irradia energia. Embora a aura não seja visível para a maioria das pessoas, no sentido físico, existem técnicas que possibilitam enxergá-la. Podemos visualizar a aura através de habilidades mediúnicas, psíquicas ou sensibilidade intuitiva, que podem ser desenvolvidas sob a orientação de pessoas experientes e mediante treino.

Muitas são as linhas de estudo que explicam como se forma a aura. Uns defendem que seja resultante da combinação entre vapor de água e sais minerais flutuantes ao redor do corpo — seja por desidratação ou suor — que geram a refração da luz incidente e provocam as mais diferentes cores e formas de aura.

diversas maneiras, travando a vida da pessoa e gerando dor e sofrimento que poderiam ser evitados.

A aura é frequentemente associada a várias qualidades e informações sobre a pessoa ou objeto que envolve.

Primeiramente, pode ser descrita em termos de cores, sendo que as tonalidades da aura representam, entre outras características, o estado emocional, a saúde física e a espiritualidade da pessoa. Cada cor da aura é associada a qualidades específicas. Por exemplo, uma aura azul pode estar relacionada à calma e à comunicação, enquanto uma aura verde pode indicar cura e crescimento.

Considera-se também que a aura tem várias camadas ou níveis. Cada camada representa diferentes aspectos da experiência humana, desde o físico até o espiritual, isto é, do primeiro ao sétimo chakra. A camada mais próxima do corpo físico é associada à estrutura de vida, à saúde e ao bem-estar — aspectos relacionados ao *Muladhara* —, enquanto as camadas mais externas podem representar a espiritualidade e a consciência superior — aspectos relacionados ao *Sahasrara*. Dependendo do estado de cada uma das camadas da aura, podem ser detectados desequilíbrios nos chakras das pessoas.

Apesar de cada pessoa ter uma cor de aura predominante, tanto a cor quanto a qualidade da aura podem mudar ao longo do tempo, em resposta às emoções, pensamentos, saúde física ou espiritual. Alguém que se sente feliz, alegre e vibrante pode ter uma aura mais brilhante e de cores vivas, enquanto alguém que está doente, emocional ou espiritualmente perturbado, pode ter uma aura mais opaca, ou de cores sombrias.

Caso seja do seu interesse aprender mais sobre a aura, o significado de suas cores, os traços mais destacados na personalidade das pessoas dependendo da cor da aura, além de aprender técnicas que lhe permitam enxergar a aura — seja ela sua, de outra pessoa ou objeto — recomendo fortemente a leitura do livro *Código da Alma*, de Patrícia Cândido. Nesta magnífica obra, ela explica tudo o que é preciso saber para aplicar, na prática, estes conhecimentos e economizar sofrimentos desnecessários decorrentes da falta de autoconhecimento.

› OS CORDÕES DA EXISTÊNCIA

Com o passar do tempo e o discípulo se prestando a realizar práticas e trabalhos espirituais, ele avança ao longo das iniciações. Nesse processo, inicialmente, recebe ajuda da alma e, mais tarde, da mônada. Porém, a primeira e mais importante parte do trabalho pode ser feita somente por ele: que é começar.

Até passarmos pela sexta iniciação, ou ascensão, e nos tornamos mestres ascensionados unidos à mônada, nossa mônada trabalhará *através* de nós. Primeiramente, a mônada trabalha através da alma, assim como a alma trabalha através de nós, na Terra. Porém, após a quarta iniciação, que é quando nos fundimos com a alma, passaremos a ser orientados diretamente pela nossa mônada.

Enquanto passamos pelas várias iniciações, um importantíssimo processo acontece, em paralelo à nossa lapidação pessoal e à nossa transformação em melhores instrumentos divinos: o fortalecimento dos fios (ou cordões) que nos ligam à alma, à mônada e à Criação.

O primeiro assunto que abordaremos, nesta seção, é a construção do nosso antahkarana.

O antahkarana, ou ponte do arco-íris, pode ser entendido como uma espécie de coluna etérica cuja única finalidade é unir a personalidade encarnada à mônada, passando pela alma. Mestre Kuthumi explica o antahkarana como sendo uma ponte estendida que une três grandes países: a personalidade, a alma e a mônada.

Para a compreensão do antahkarana, procure percebê-lo como algo *construído* gradualmente, no sentido de ser desenvolvido com o tempo; e não uma estrutura já existente, porém inacessível até um determinado ponto de nossas vidas.

O antahkarana é construído pelo discípulo, ou iniciado de segundo grau, vida após vida, numa dinâmica sustentada apenas por ações genuinamente espirituais. Esta construção é feita através da concentração mental do discípulo, unida à vontade espiritual, à percepção da importância da evolução, e à vontade da alma. A alma sempre quer se unir ao discípulo, de modo que possa trabalhar melhor. Logo, o fator determinante, na construção do antahkarana do discípulo, é a sua dedicação genuína.

Este processo é muito lento, pois requer que o discípulo passe por diversas experiências e desafios, a fim de que aprenda a escolher o caminho onde está Deus e não o ego. Já que a vontade da personalidade encarnada é imperativa para a construção do antahkarana, o sentido desta construção é sempre de baixo para cima, pois depende do livre-arbítrio da pessoa o esmero para construir ou não seu antahkarana. Para a mônada, seria sempre melhor ter o antahkarana perfeitamente estabelecido — num processo contrário, de cima para baixo — porém isto poderia forçar a personalidade a um trabalho que ela não escolheu, violando o livre-arbítrio.

Podemos entender a construção do antahkarana a partir de três etapas principais.

Na primeira, é estabelecida a fundação do antahkarana, através da integração e unidade entre a personalidade (espírito encarnado) e o nosso sistema de quatro corpos.

Na segunda etapa, é estabelecida a ligação entre a personalidade unida ao sistema de quatro corpos e a alma. Esta etapa é concluída na quarta iniciação, onde o iniciado se torna um *arhat* e se une à alma.

Por fim, na terceira etapa, é construído o restante do antahkarana, isto é, o trecho que liga a alma até a mônada. O fim da terceira etapa é marcado pela sexta iniciação, onde o adepto se torna um mestre ascensionado oficialmente, o que gera a integração completa num único ser entre personalidade, alma e mônada.

Construir o antahkarana possibilita à pessoa receber orientações espirituais cada vez mais alinhadas com o plano divino, tanto das esferas superiores, quanto da mente de Deus. Isso permite que a alma e a mônada tenham, em nós, bons instrumentos de trabalho na Terra, servindo ao que precisa ser realizado. De certa forma, construir o antahkarana habilita o discípulo ao serviço qualificado que Deus precisa. É o antahkarana que viabiliza a personalidade sair do nível de discípulo para tornar-se um mestre ascensionado.

O segundo dos cordões principais que precisamos conhecer, para nossa aceleração espiritual, é o *sutratma*, *fio da vida*, ou *cordão de prata*. No sânscrito, *sūtra* significa "fio" ou "corda", enquanto *ātman* significa o verdadeiro "eu eterno", a Chama Divina inesgotável — em outras palavras, *ātman* equivale à mônada. O sutratma é o cordão que se une à mônada, via o chakra cardíaco da personalidade encarnada. Podemos, então, inferir que cada mônada pode ter até cento e quarenta e quatro sutratmas simultâneos; um para cada uma de suas personalidades.

Através do sutratma, a mônada envia energia vital para a extensão de alma, com o objetivo de sustentar sua encarnação. Como uma das extremidades do sutratma está localizada no chakra cardíaco da pessoa encarnada, a energia vital enviada pela mônada é distribuída pelo corpo através do fluxo sanguíneo, isto é, o sangue leva a energia vital desprendida pela mônada para todas as partes do corpo físico. O sutratma é o fio luminoso que nos mantém vivos na Terra, porém quando morremos para o corpo físico, isto é, no processo do desencarne, o sutratma é rompido.

Quanto mais o discípulo se desenvolve, mais largo é seu sutratma, ou seja, mais e mais energia vital ele recebe da fonte inesgotável que é a mônada, para contribuir mais e melhor com o plano estabelecido por Deus para o retorno à Sua Santíssima Casa.

Assim como a mônada, a alma (extensão da mônada) também tem um cordão que a liga a nós, que é o *fio* (ou *cordão*) *da consciência*. O cordão da consciência se estende da alma até a glândula pineal (ou epífise) da pessoa. É o cordão que une a consciência da alma à nossa própria identidade, através da ação sobre o sétimo chakra.

Quando passamos por situações desafiadoras e nos voltamos à espiritualidade para encontrar soluções, é a alma que nos acode. Ela envia, através do cordão da consciência, o conhecimento e as informações de que precisamos para superar tais dificuldades, de uma maneira que não rompa a conformidade com o plano de Deus. Ações inspiradas e altruístas também chegam à nossa mente através do cordão da consciência.

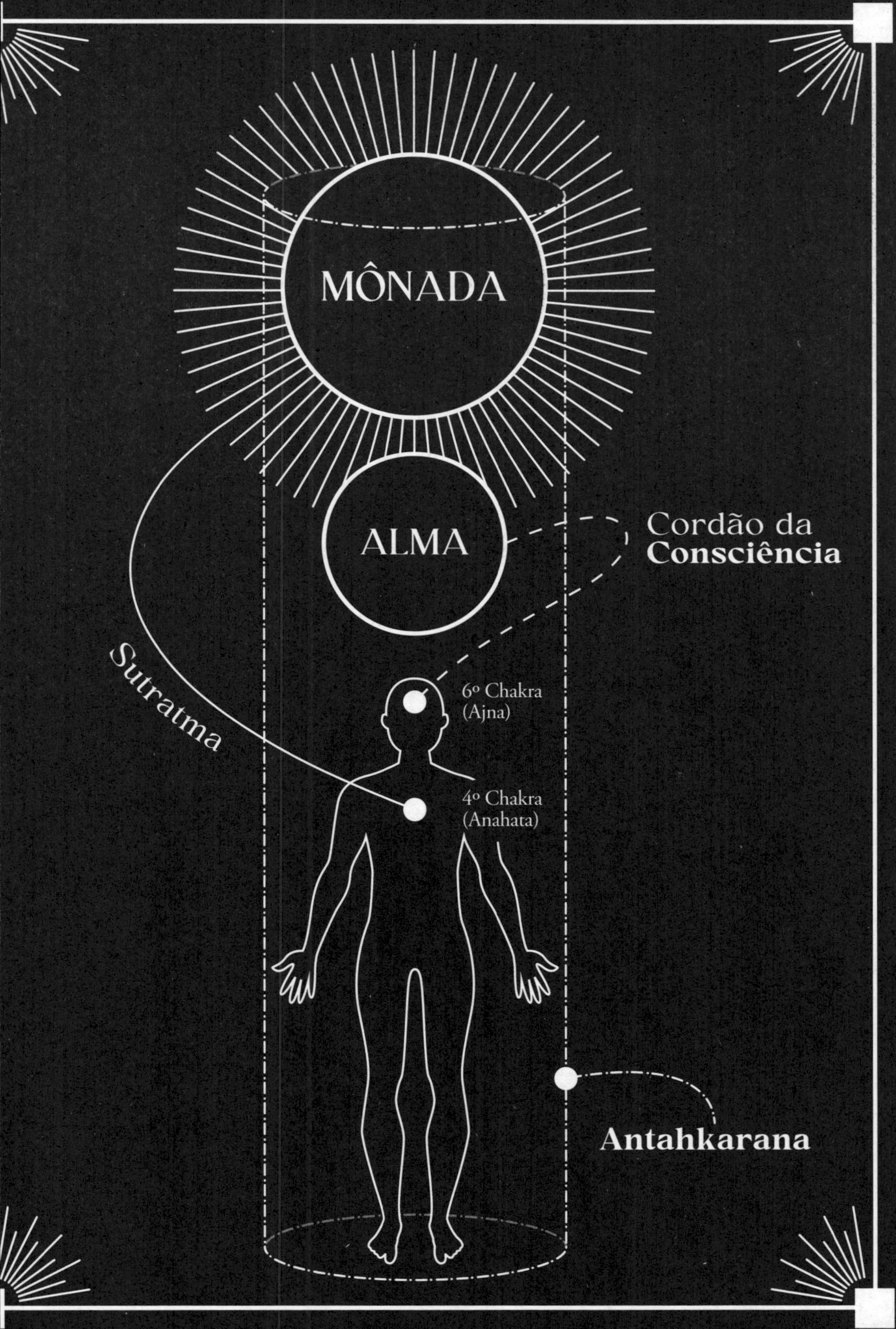
MÔNADA
ALMA
Cordão da
Consciência
Sutratma
6º Chakra
(Ajna)
4º Chakra
(Anahata)
Antahkarana

O cordão da consciência tem qualidades mentais e é através dele que, quando chegarmos à segunda iniciação, a alma começa a prestar mais atenção em nós. Agora, ao longo da terceira e quarta iniciações, ele se fortalece e se torna mais robusto, sendo capaz de canalizar mais energia desprendida pela alma. Isto reforça a influência da alma sobre nossas ações, até completarmos a quarta iniciação e nos tornarmos *arhats*.

Como já dito anteriormente, a glândula pineal é responsável, entre outras coisas, por produzir o hormônio melatonina, que induz o sono e regula as funções vitais do organismo. Este processo se dá na ausência de radiações eletromagnéticas, como a luz. Ou seja, quanto mais a pessoa se aquieta para dormir, tornando o ambiente onde descansa mais penumbroso, desligando aparelhos elétricos e mexendo menos em aparelhos celulares e tablets, mais a pineal é capaz de produzir melatonina e gerar o sono reparador do qual todos precisamos.

Um fato curioso e pouco conhecido pela maioria é que a pineal, como uma das extremidades do cordão da consciência, está relacionada ao fenômeno dos **zumbidos no ouvido**.

Foi comprovado cientificamente, em 1980[20], que a glândula pineal funciona normalmente na ausência de campos magnéticos intensos, ao passo que tem sua atividade drasticamente reduzida, quando submetida a campos magnéticos diretos.

Além disso, há um elemento relacionado à anatomia do corpo físico humano. A pineal está localizada no tálamo, por sua vez ligado, através dos nervos auditivos, ao labirinto e à cóclea do ouvido interno; ambos fundamentais para a transformação das vibrações mecânicas do som em impulsos neuroelétricos.

20 Em 1980, os cientistas P. Semm, T. Schneider e L. Vollrath, do Departamento de Anatomia da Universidade de Mainz, na Alemanha, publicaram o artigo *Effects of an Earth-strength magnetic field on electrical activity of pineal cells* (em tradução livre, "Efeitos de um campo magnético na intensidade da Terra na atividade elétrica de células pineais") na revista Nature (conhecida por reunir trabalhos e estudos capazes de ganhar o Prêmio Nobel). Neste artigo, os autores chegaram à conclusão de que a atividade da pineal foi drasticamente reduzida, quando exposta ao campo magnético, e restaurada na ausência do campo magnético.

Combinando essas duas informações, no mínimo, é razoável considerar que as oscilações eletromagnéticas influenciam tanto a pineal quanto nosso sono e, graças aos nervos auditivos, podem, inclusive, afetar a nossa percepção do som; no sentido de gerar no cérebro a sensação de um "som virtual".

Por isso, caso você acorde, no meio da noite, com sensação de zumbido no ouvido, antes de se preocupar sobre qualquer disfunção fisiológica do corpo físico, considere a possibilidade de estar recebendo informações ou orientações diretamente da sua alma! Como um relato pessoal, já acordei ou fui acordado várias vezes, durante a madrugada, com informações cruciais para a conclusão deste volume da Aceleração Espiritual. Nunca duvide de suas capacidades! Desde que a sua intenção verdadeira seja a de contribuir com o plano de Deus e servir ao Seu propósito, a sua alma genuinamente verá em você um trabalhador da luz.

Agora que já entendemos um pouco sobre o antahkarana, o sutratma e o cordão da consciência, é importante destacar que, nas etapas finais da construção do antahkarana, mais especificamente entre a quinta iniciação e a ascensão, os três cordões (antahkarana, sutratma e cordão da consciência) se fundem completamente, dissolvendo-se uns nos outros, assim como ocorre com a personalidade, a alma e a mônada, durante a ascensão.

Quando o adepto se torna um mestre ascensionado de fato, o antahkarana, o sutratma, o cordão da consciência e os chakras da extensão de alma encarnada se fundem numa única chama cósmica infusa de mônada. Essa é a fusão que possibilita a imortalidade da forma física, pois a personalidade, antes sustentada pela mônada, agora se mistura com a própria mônada.

Por fim, antes de avançarmos nos estudos sobre como usar essas chaves para acelerar a evolução espiritual, preciso ressaltar a importância de nossa ascensão, também no âmbito mundial. Sempre que um mestre conclui a construção do antahkarana e completa sua ascensão, também contribui com a construção do antahkarana planetário, o que facilita exponencialmente o processo para aqueles que vêm em seguida.

A primeira contribuição, isto é, o primeiro serviço prestado por todo mestre ascensionado, é acelerar a construção do antahkarana dos que ainda não o fizeram. Esta é a real natureza da ascensão, servir sem parar e com alegria, até mesmo quando não se percebe!

› AS LINHAS AXIATONAIS

As linhas axiatonais são ou canais de energia que conectam qualquer ser a diferentes dimensões, planos de existência e pontos de poder no Universo. Ao contrário do antahkarana, a ponte que une personalidade, alma e mônada e para ali (até a sexta iniciação), as linhas axiatonais são extensões do indivíduo através de toda a Criação.

Podemos entender as linhas axiatonais como uma espécie de cordões umbilicais cósmicos, que ligam todos os seres ao núcleo da Criação. Dos cristais ao Logos Universal e além, cada ser que faz parte da Criação tem suas linhas axiatonais.

Elas ligam nossa consciência às dimensões mais elevadas, passando pelos mais diversos níveis da existência e cruzando todos os planos cósmicos. Assumir a consciência de nossas linhas axiatonais é um processo que acelera significativamente a caminhada espiritual e a evolução, justamente por gerar a consciência de nossa ligação com o Todo Que É.

As linhas axiatonais existem em pares, sendo duas por indivíduo, e estão descritas até mesmo em *O Livro do Conhecimento: As Chaves de Enoch*, dos Drs. James e Desiree Hurtak.

A designação *axiatonal* vem da união de *axial*, por serem linhas verticais; com *tonal*, por serem capazes de transportar cores e sons. As mentes mais científicas podem se questionar sobre como seria possível transportar o som, que requer um meio físico, como o ar ou a água que conhecemos, para se propagar. Fato é que as linhas axiatonais vibram em frequência especialmente única e singular, numa referência ao endereço cósmico de cada um de nós. Se esta frequência é invariável, logo existe um *tom* associado àquela frequência que, em escala espectral, está vinculado a uma cor específica; assim como, em uma escala musical, está associado a um som ou nota musical determinada.

Este som e esta cor são nossa identidade vibracional cósmica, de nossas casas até o núcleo do centro galático, e além dele.

› O ALMA MATER E A EXISTÊNCIA EM QUE OCORRE A ASCENSÃO

Neste capítulo, falamos de nosso sistema de quatro corpos, dos chakras, da aura e também sobre os principais cordões etéricos que fazem parte dos corpos sutis.

Falaremos agora sobre como este processo começa. Qual é o momento exato onde o espiritual é vinculado ao físico, isto é, o momento específico onde acontece a encarnação do espírito, ou extensão de alma.

Em meditação, me foi revelado que um dos nomes espirituais deste processo é *alma mater*. Em latim, *alma mater* significa "*a mãe que alimenta*" ou "*a mãe que nutre*". É uma expressão que representa o momento exato do acoplamento da extensão de alma, ao encarnar no corpo físico recém-nascido. Neste momento, também ocorrem, sincronamente, a ligação do sutratma entre a mônada e o chakra cardíaco da personalidade, assim como a ligação do cordão da consciência entre a alma e a pineal do indivíduo.

Este processo sagrado é popularmente conhecido como o momento em que "a mulher dá à luz", ou seja, para a luz, para o serviço, para o trabalho a Deus. Portanto, podemos entender que, durante o *alma mater*, os filhos e filhas de Deus têm seus nascimentos marcados na Terra de forma controlada e supervisionada, espiritualmente falando.

Em casos particulares, como quando o recém-nascido têm traços diferentes daqueles considerados "normais" — por exemplo, paraplegia, síndrome de Down, transtorno do espectro autista (TEA), lábio leporino, hidrocefalia, entre vários outros — não deveríamos ter dó, ou cometer a heresia de pensar que Deus foi punitivo ou menos amoroso para com aquela criança ou família. Afinal, *tudo é uma escolha*.

Mesmo que alguns possam rebater esta afirmação, dizendo algo do tipo: "mas como pode um recém-nascido escolher passar por isso?", precisamos lembrar que, naquele corpo recém-nascido habita um espírito imortal, passando por ciclos de encarnação, desencarne, reencarnação, desencarne, e assim sucessivamente, até a ascensão espiritual. Todo esse processo tem por objetivo oferecer as condições exatas para que o ego negativo seja, em suas várias faces, bem como educado para a espiritualidade.

Estas "condições especiais" que usei como exemplo foram escolhas do espírito recém-encarnado, e cada uma delas provocará a evolução do tal espírito, num determinado aspecto. Cabe, ainda, levar em conta a existência da Lei da Causa e Efeito, versando sobre como as ações que tomamos — ou seja, nossos karmas — geram consequências que, muitas vezes, levam mais de uma existência para serem equilibradas.

Condenar tais condições especiais, ou questionar sobre significarem um pedaço menor do olhar de Deus é um profundo desrespeito para com Seu Amor pela Criação. À medida que o espírito encarnado deixa de teimar ou se vitimizar e passa a fazer o melhor que puder com aquilo que souber ou tiver, somente neste momento estará de fato servindo ao propósito maior.

Isto acontecerá, por quantas vezes for necessário, até que ele chegue à existência na qual atingirá a ascensão. Por tantas e tantas vidas o espírito passou, por tantas vidas escolheu o caminho até Deus, o caminho da Luz e Amor, que estes se tornaram seus verdadeiros e mais nobres instintos. Por tantas vidas trilhou o caminho correto, ao invés do fácil que, nesta existência, faltarão tão poucos ajustes a serem feitos que ascensionará; tornando-se um mestre.

E, versado no amor incondicional a todos os seres, mestre da luz e na luz, passará a iluminar o caminho de seus irmãos, mostrando a passagem óbvia, porém subestimada, até a Casa de Muitas Moradas.

Fazer o que nos cabe com o que temos, mantendo o foco no equilíbrio emocional e desenvolvimento espiritual, é a postura infalível que desperta nosso cordão da consciência, permitindo que o nosso antahkarana seja construído até nossa mônada, para concretizar nossa ascensão e abrir o vasto território da evolução superior.

No que diz respeito à evolução espiritual, não existe quem é prodígio; mas sim, aquele que é mais dedicado e comprometido.

TÉCNICA DA PONTE DO ARCO-ÍRIS

A *ponte do arco-íris* é outro dos nomes pelos quais o antahkarana é conhecido. Para esta técnica, precisamos lembrar que o antahkarana opera como a ponte etérica que parte da extensão de alma (nós), passa pela alma e finda na mônada.

O antahkarana é construído gradualmente, desde o discípulo de segundo grau até o mestre ascensionado, e além, avançando pelos outros planos cósmicos até Deus. Inicialmente, é a alma que orienta a construção dos estágios iniciais do antahkarana. Depois, é a mônada que se ocupa desta função.

Após a ascensão — isto é, a sexta iniciação — a orientação da construção do antahkarana do mestre ascensionado é feita por outros mestres que ocupem posições superiores na Hierarquia Cósmica, como Sanat Kumara, o Logos Planetário (um iniciado de nono grau) e o próprio Mahatma, o Avatar da Síntese.

Nunca existirão contraindicações ou malefícios relacionados à construção do antahkarana, pelo menos do ponto de vista da Grande Fraternidade Branca. Sempre será da vontade da alma unir-se às suas extensões, através da evolução espiritual de cada uma delas. Esta vontade vem da capacidade que a alma e todo o grupo-alma terão de acelerar sua evolução.

Esta técnica, também canalizada, agiliza não só o a construção do antahkarana particular de cada pessoa até sua mônada, como também o processo evolutivo de todo o grupo-alma, a partir da ascensão da extensão de alma designada.

PRÁTICA 4

Para iniciar nossa meditação, procure um espaço tranquilo e confortável. Sinta-se à vontade para ajustar sua posição enquanto vai respirando profundamente, permitindo que a paz envolva todo o seu ser. Vá relaxando mais e mais.

À medida em que a leveza vai tomando conta de seu interior, sua consciência sobe, enquanto anéis dourados vão se fechando abaixo dos seus pés, como portais para uma dimensão de serenidade e harmonia.

Em sua mente, deixe que se formem dois pontos luminosos no infinito. Primeiro, a alma – a essência mais profunda do nosso ser e da qual fazemos parte. Em seguida, a mônada – nossa conexão suprema com o divino e também nossa Poderosa Presença Eu Sou.

Mantenha essa imagem, deixando-a nutrir o seu interior da mais profunda paz. Enquanto isso, siga relaxando...

Vamos agora praticar a respiração do So Ham.

Inspire profundamente, repetindo mentalmente a palavra "So", e expire, repetindo mentalmente a palavra "Ham".

Vamos fazer isso sete vezes, mergulhando no ritmo tranquilo e sagrado de nossa respiração. Vamos lá?

Inspirou pensando "So"... Expirou pensando "Ham"...
Inspirou pensando "So"... Expirou pensando "Ham"...
Inspirou pensando "So"... Expirou pensando "Ham"...
Inspirou pensando "So"... Expirou pensando "Ham"...
Inspirou pensando "So"... Expirou pensando "Ham"...
Inspirou pensando "So"... Expirou pensando "Ham"...
Inspirou pensando "So"... Expirou pensando "Ham"...

Após a última respiração, permita-se conectar com seu chakra Estrela da Alma, alguns palmos acima da sua cabeça, enquanto ele ativa sua essência primordial e lhe sintoniza com sua alma.

Visualize-o como uma esfera incandescente, irradiando fogo cósmico e pura energia divina. Sinta sua presença sobre sua cabeça resgatando sua verdadeira natureza e potencial.

Agora, o Estrela da Alma projeta seu fogo sagrado pelo seu chakra coronário, numa cascata de luz que vai descendo e purificando cada centímetro do seu ser.

Imagine esse fogo divino fluindo pelos seus chakras, limpando sua aura, sua matriz energética, seus nadis e meridianos, restaurando seu estado perfeito... em todos os níveis do seu ser.

Esse fluxo de energia purificadora passa por você, desce até o primeiro chakra, atravessa seus pés e mergulha profundamente no centro da Terra. Sinta-se conectado à energia vital que emana do planeta, e contribui para sua purificação e transformação.

Enquanto isso, o Estrela da Alma, sua antena espiritual, começa a subir em direção à sua alma levando sua consciência consigo.

Imagine, veja que um rastro luminoso é deixado para trás, como a cauda de um cometa cósmico.

À medida que vamos desacelerando, nos aproximamos da nossa alma... uma massa de energia brilhante flutuando no universo. Essa massa de energia pode ter a cor ou as cores que você intuir ou desejar.

Preste atenção nessa forma pura e radiante. Observe as cores e nuances dessa energia, refletindo a diversidade e a beleza do seu ser interior.

O Estrela da Alma agora envolve sua consciência com seu fogo cósmico, transformando cada célula, átomo e molécula sua em pura luz. Nesse momento sagrado, entoamos o Mantra da Alma, para que nos conectemos ainda mais profundamente à essência divina que permeia nossa existência:

Eu sou a Alma
Eu sou a Luz Divina
Eu sou o Amor
Eu sou a Vontade
Eu sou o Desígnio Estabelecido

Perceba que a luz a nos envolver é uma extensão da mesma substância divina que compõe a nossa alma. Sinta-se um com a própria alma – um ser completo perfeito e em harmonia com o universo e consigo mesmo. Neste momento, somos o próprio *arhat*.

Nesse estado de plenitude, permita que sua alma envolva o seu corpo com sua luz, selando o cordão da consciência que une sua mente à dela, e o segmento do antahkarana que se formou.

Receba esse amor divino, nutrindo cada parte do seu ser, e permita-se ser um canal dessa energia pura emanada pela Fonte.

Enquanto está imerso nesse amor, um segundo ponto luminoso se destaca. Trata-se da sua mônada, o seu Eu Eterno, a sua Poderosa Presença Eu Sou.

Deixe que essa presença poderosa e iluminada o atraia, e se conecte a você…

Enquanto se aproxima da sua mônada, um rastro de luz é deixado para trás, destacando sua caminhada de evolução. Sinta a intensidade e vibração únicas da sua mônada, abençoando e fortalecendo você, em todos os seus níveis e camadas.

Neste momento sagrado, sua mônada reconhece o ser completo de amor que você se tornou e, assim, une sua substância monádica à sua consciência.

Para selar essa união ascensional, vamos entoar o Mantra da Mônada, deixando-o ecoar em sua mente e em seu coração:

Eu sou a Mônada
Eu sou a Luz Divina
Eu sou o Amor
Eu sou a Vontade
Eu sou o Desígnio Estabelecido

Sinta-se livre de quaisquer amarras energéticas ou bloqueios gerados pelo ego negativo enquanto equilibra a balança kármica e estabelece uma conexão perpétua com sua mônada.

Nesse momento de completude e renovação, perceba sua *merkabah* sendo ativada... na forma de uma dupla pirâmide de cristal que gira em direções opostas, dissolvendo quaisquer bloqueios deixados para trás e ativando todo o seu potencial espiritual.

À medida em que o giro de sua merkabah aumenta, sinta-se completamente inundado pela energia multicolorida da sua mônada, permeando cada célula, cada parte do seu ser, com luz e amor divinos.

Neste momento, seu DNA espiritual é ativado e sua matriz energética é atualizada para uma versão mais elevada.

Neste momento, você se torna um com sua própria mônada, a qual sela este processo enviando pulsos de energia multicor por todo seu antahkarana, passando pela alma, sua consciência, até chegar ao seu veículo físico.

Fique agora nesse estado de profunda comunhão, absorvendo a força e a inspiração que lhe são oferecidas.

Sinta-se completamente renovado, ressintonizado na frequência pura da sua linha axiatonal, dissolvido na energia que era sua mônada... mais brilhante que qualquer luz, mais potente que qualquer força.

Permaneça nesse estado pelo tempo que desejar, permitindo-se absorver cada bênção e cada insight que surgir dessa conexão profunda com sua essência primordial.

Ao finalizar este momento de profunda conexão espiritual, retorne lentamente à sua consciência presente.

À medida em que sua percepção física vai sendo recobrada, perceba que anéis dourados vão se fechando suavemente sobre sua cabeça.

Você percebe a Terra pequena sob seus pés e segue se aproximando do planeta, do seu país, do seu estado, da cidade em que reside...

Até que começa a sentir o chão sob seus pés e a respiração em seu corpo, com a certeza de que a energia e a inspiração deste momento sagrado o acompanharão em suas ações e escolhas no mundo material.

Quando estiver pronto, abra gentilmente os olhos e sinta-se abençoado pela luz e pelo amor divinos que agora residem e fazem parte de você.

Capítulo 8

ALGUMAS ARMADILHAS DO EGO E COMO EVITÁ-LAS

"Nossa evolução é binária: ou escolhemos Deus ou o ego negativo."
— Luiz Mourão

Até agora, discutimos diversos tópicos relacionados à nossa evolução espiritual, desde a ascensão e para além dela. Exploramos a natureza individual de nossas energias, estudando nossos *nadis* principais, os chakras ao longo da coluna vertebral e como o desequilíbrio dos chakras afeta nosso corpo físico.

Agora, gostaria de aplicar essa abordagem à análise do impacto do ego negativo em nosso caminho evolutivo. Assim como o desequilíbrio dos chakras pode causar doenças físicas, o ego negativo pode ter consequências significativas e potencialmente desastrosas em nossas vidas, especialmente quando permanecemos expostos a ele por longos períodos (como, por exemplo, todo o tempo de uma vida).

Primeiramente, é importante entender que tanto o ego negativo quanto a alma — ou Eu Superior — se manifestam através da "mente consciente", não do subconsciente. A "mente subconsciente" internaliza e transforma em hábitos e padrões repetitivos o que é concebido e idealizado na mente consciente.

Numa analogia, a mente consciente é como um jardineiro, decidindo qual semente plantar. Se o jardineiro é o Eu Superior, colhemos relacionamentos saudáveis, harmonia geral e autorrealização pessoal. Agora, se o jardineiro é o ego negativo, colhemos conflitos, medo e raiva, enquanto nos isolamos do Todo e nos afastamos de Deus.

Embora as mentes consciente e subconsciente operem independentemente, elas têm uma relação hierárquica entre si, na qual o subconsciente executa aquilo que o consciente decide. A mente consciente resolve problemas, encontra o caminho no meio das pedras, atalha percursos com segurança e acelera processos. A mente inconsciente transforma tudo isso num hábito ou rotina, para que, num futuro, numa mesma situação, ou em uma situação parecida, a mente consciente não tenha (re)trabalhos.

O desafio para muitos que embarcam no caminho espiritual é aplicar esses ensinamentos na prática e transferir o controle da mente consciente do ego negativo para o Eu Superior. Quando este processo começa, os problemas, os desafetos e as oscilações emocionais se transformam em aprendizados, relacionamentos harmoniosos e paz interior. Precisamos sempre ter em mente que o modelo evolutivo da Terra utiliza das emoções para provocar o desenvolvimento espiritual de cada personalidade encarnada.

Nas primeiras iniciações do plano físico cósmico, controlar os intensos impulsos físicos e emocionais é crucial para evitarmos problemas similares aos causados pelo desequilíbrio dos chakras.

Ao avançarmos pelas iniciações, o ego negativo enfraquece, e, gradualmente, perde seu domínio sobre nós, mas até lá, oscilações e desafios ainda podem ocorrer, devido ao seu poder residual ainda presente.

Até a terceira iniciação, na qual nossa consciência se funde com a da alma, o ego negativo pode influenciar escolhas e controlar ações, sem que percebamos.

A alma e a mônada nos inspiram a ver a igualdade de todos, enquanto o ego negativo nos prende à identificação material. Para o ego negativo, nosso corpo físico é tudo o que somos, negligenciando tudo aquilo que escapa da visão dos olhos da carne. E, se por um lado o ego negativo nos leva a priorizar a matéria e somente aquilo que é tangível, manter o foco na evolução espiritual ajuda a preservar nossa identidade espiritual e nossa consciência una com a Criação.

Agora, se o ego negativo é capaz de nos influenciar tão profundamente, a questão é: até quando daremos poder para que ele aja dessa maneira? E mais, será mesmo que o ego é tão poderoso a ponto de contrariar nossa evolução? *Ou seríamos nós os responsáveis por ele ter esse poder?*

O ego é, na verdade, um mecanismo de autopreservação da personalidade (ou extensão de alma) encarnada, transmitindo as informações que capta (fome, sede, sono, perigos, ameaças, etc.) para nossa mente consciente, a fim de serem analisadas e compreendidas.

O ideal seria equilibrar as funções da alma e do ego, de modo que as informações colhidas pelo ego fossem interpretadas pelo espírito adequadamente. Entretanto, até que a pessoa desperte seu lado espiritual, o ego não só se ocupa em captar as informações necessárias para manter a personalidade encarnada, como também as processa. Este é o momento exato em que o ego torna-se *negativo*.

Como o ego age sob o viés de que somos o corpo e não o espírito encarnado, tudo aquilo que ele classifica como sendo um ataque ao bem-estar é interpretado como um risco. Ele é incapaz de distinguir se aquela aflição representa um perigo real à vida ou se aquilo é uma fraqueza emocional que pode ser corrigida. Seja um perigo iminente, num acidente de carro, ou uma cobrança feita por um chefe no ambiente de trabalho, ele recupera os hábitos e padrões de autopreservação (que já existem na mente subconsciente) e reage instintivamente em contra-ataque — não porque o ego é essencialmente ruim, mas porque ele simplesmente está cumprindo sua função de sustentar a paz do espírito encarnado.

Se considerarmos as leis da constelação familiar sistêmica, o ego faz parte de nossa existência (isto é, ele *pertence*), mas ao desviar-se de sua função original (tornando-se o ego negativo) pode nos desestruturar completamente — tanto interna quanto externamente. Devemos devolver ao ego seu papel de captar informações sobre nosso estado atual de vida, enquanto deixamos a interpretação de nossa realidade por conta da alma — ou da mônada.

O caminho natural da nossa evolução nos conduzirá a uma vida orientada pelas vontades da alma para nós. Porém, até isso acontecer, muitos discípulos podem cair em armadilhas criadas pelos enganos do ego negativo.

Para que você as consiga reconhecer e evitar, listarei:

› ALGUMAS ARMADILHAS DO EGO E COMO EVITÁ-LAS

Antes de começar nossa lista, acho prudente diferenciar *barreira* de *armadilha* pelo fato de já ter visto ambos termos serem confundidos na prática.

Por "barreira" podemos entender um obstáculo, geralmente psicológico ou no campo das ideias, que impede ou dificulta o progresso evolutivo, seja completa ou parcialmente. Essa restrição pode ser na forma de um medo, preconceito, ignorância, crença limitante ou até falta de habilidades que ajudem a alcançar um objetivo. O que impede a superação das barreiras é que elas representam travas a *serem superadas,* para que, assim, a pessoa comece a agir; pois, até então, ela não possui qualquer ação.

Agora, quando falamos de "armadilhas" devemos ter uma atenção especial. Ao contrário das barreiras, que travam a pessoa e a impedem de agir, as armadilhas são atitudes e escolhas feitas em que achamos estar fazendo algo correto, porém, o que se passa é exatamente o contrário: quando alguém cai numa armadilha, *ela já agiu* — infelizmente — de modo errado.

Por isso, caso você perceba que uma ou mais das atitudes, ou comportamentos listados abaixo estejam presentes na sua vida, em maior ou menor grau, sugiro que reveja sua postura, pois isto pode estar impedindo, mesmo que ocultamente, a harmonia da sua vida e sua evolução espiritual.

› ARMADILHA #1
Esquecer-se de sua origem espiritual

Quando esquecemos de nossa origem espiritual, nos distanciamos do Todo, nos confundimos com o ego e alimentamos o sentimento de separação e afastamento uns dos outros. Isto é tão grave que este sentimento de separação pode ser chamado de *heresia*.

Esta postura intensifica a percepção errônea de que existe o "eu contra eles" ou o "todos estão contra mim". O que, no fundo, precisa ser feito, neste caso, para corrigir essa noção distorcida, é manter em mente o quão conectados estamos uns com os outros, bem como com a Criação.

Na prática, é ver no outro uma extensão do próprio Deus. Você O destrataria? Você O prejudicaria? Ou O enganaria? Se vemos Deus nos outros, fica mais fácil lidar com suas inferioridades — assim como, esperamos, internamente, que saibam lidar com as nossas.

Num primeiro momento pode parecer uma solução óbvia. Porém, para a maioria, ela é de difícil implementação, por requerer um exercício constante de autoconsciência. Com a prática e com a repetição, a percepção de que somos uma extensão de Deus se tornará mais fácil, até se tornar automática.

› ARMADILHA #2
Procurar culpados

Cada um de nós vive no mundo que construiu, e essa realidade é uma consequência natural da Lei de Causa e Efeito. Tudo o que experimentamos hoje é o resultado das escolhas que fizemos no passado. É importante lembrar que vivenciamos o fruto das decisões que nossa mente consciente tomou no passado.

Portanto, procurar culpados para justificar nossa situação atual, na verdade, expressa uma tentativa de fuga das escolhas que fizemos, na esperança de nos protegermos contra qualquer sofrimento que isso possa causar. E isso é um sinal da presença do ego negativo em ação.

Se nos encontramos em uma situação desagradável hoje, isso significa que, em algum momento no passado, tomamos decisões que nos trouxeram a esse ponto. No entanto, é essencial entender que não estamos presos a essas escolhas passadas.

A chave para superar essa postura egoica de buscar culpados está em assumir a responsabilidade por nossas ações e reconhecer que somos os criadores da própria realidade. Nesse caso, a solução está em desfazer das escolhas que hoje nos prejudicam e fazer novas escolhas conscientes. Essas decisões diferentes nos levarão aonde realmente queremos chegar.

› ARMADILHA #3
Não saber dizer "não"

Falar "não" pode se referir tanto a pessoas, quanto a escolhas. Não saber falar "não" está geralmente relacionado a algum medo, carência ou codependência. A inabilidade de negar aquilo que faz mal esconde uma falta de poder pessoal e prejudica a conquista daquilo que realmente se deseja.

Ao nos limitarmos àquilo com o que estamos acostumados, ficamos presos à nossa mente através dos hábitos. Quando essas escolhas repetidas forem feitas pelo ego negativo, você perde o controle daquilo que acontece com você, dificultando o avanço, principalmente, através das primeiras iniciações.

Aprender a dizer "não" de maneira assertiva e respeitosa protege seu tempo, preserva sua energia, blinda sua saúde, impede que seus relacionamentos sejam afetados e acelera sua evolução espiritual.

ARMADILHA #4

Perder-se em excessos

É comum entender que por trás de todo excesso existe uma carência. Esses excessos podem se manifestar de diversas formas, como compulsões por comida, bebida, drogas, sexo, jogos, compras, apostas; assim como em comportamentos desproporcionaiscomo excesso de trabalho, autocrítica intensa ou sono excessivo.

Quando ficamos presos aos vícios que afetam os três aspectos de nossa personalidade — o físico, o emocional e o mental — acabamos desperdiçando um tempo valioso que poderia ser melhor utilizado em atividades que promovessem nosso crescimento pessoal e evolução espiritual.

Esses excessos, muitas vezes, funcionam como válvulas de escape, nos impedindo de enfrentar aquilo que preferíamos evitar, ao invés de resolvermos o problema em nós mesmos. Além disso, esses excessos podem ser usados como formas de compensação para lidar com os desafios ou situações difíceis do presente, oferecendo uma distração momentânea da aflição que sentimos.

Emoções desagradáveis e pensamentos sabotadores pedem por cura e fechamento, e não ilusão momentânea. Optar pelo caminho mais fácil da distração, ao invés de desenvolver o músculo da superação, é uma armadilha que atrasa o progresso espiritual.

ARMADILHA #5

Não reconhecer os aprendizados do passado

Todas as escolhas que fazemos e atitudes que tomamos são moldadas por nossas experiências, sejam elas positivas ou negativas. No exato momento em que você lê este trecho, está na sua versão mais recente, considerando todo o percurso que o trouxe até aqui.

Da mesma forma, no passado, quando tomou decisões, estava agindo com base na versão mais atual de si mesmo naquela época. Quando não compreendemos esse conceito, tendemos a nos culpar por não termos tido a consciência que temos hoje, em situações passadas.

Essa autocrítica gera culpa, e a culpa é uma barreira egoica que impede que as orientações da alma cheguem à sua consciência.

Se hoje você reconhece que uma solução específica não é a melhor para determinado problema, é porque, em algum momento, tomou essa decisão, acreditando que seria eficaz. O que permanece, nessas situações, é a experiência, e ela só pode ser construída por meio de um ciclo contínuo de ação, análise, aprendizado e melhoria.

Ao olhar para o passado e sentir-se culpado, é útil suspender esse peso emocional e buscar extrair aprendizado dessas experiências. Ressignificar essas situações trará leveza e permitirá que você tome decisões cada vez mais acertadas no futuro.

› ARMADILHA #6
Não respeitar o ritmo das pessoas

Não respeitar o ritmo das pessoas é semelhante a tentar colher um fruto antes de amadurecer no pé. Assim como nossa própria jornada evolutiva foi construída ao longo do tempo, repleta de tentativas, erros e aprendizados acumulados, é crucial reconhecer que, para outras pessoas, aprender algo que já dominamos pode ser um desafio significativo.

Contudo, quando ignoramos o ritmo pessoal dos outros, caímos na armadilha do julgamento e nos expomos à ansiedade. Diversos fatores contribuem para isso, incluindo as diferenças nas personalidades (e nos raios) de cada indivíduo, diferenças nos resgates kármicos, expectativas divergentes em relação à evolução pessoal e falta de empatia.

Para evitar essa armadilha, é fundamental redirecionar nosso foco para a própria evolução e aprendizado. Se quisermos apoiar outra pessoa em seus processos evolutivos, isso deve ser feito com moderação e respeito, oferecendo ajuda ao invés de impô-la.

› ARMADILHA #7
Confundir perdão com permissividade

O perdão é um processo essencialmente psicológico e emocional que envolve a aceitação e liberação de sentimentos negativos como: ressentimento, raiva, tristeza, arrependimento culpa ou mágoa, em relação a uma pessoa ou situação que causou algum tipo de dor ou desconforto.

Perdoar não significa necessariamente esquecer ou justificar o comportamento inadequado do outro, mas sim escolher não carregar o peso emocional desses sentimentos negativos. Ou seja, o perdão é *para nós*, e não para o outro. Quando alguém nos pede perdão, o que realmente deseja é aliviar a consciência, e não findar nossas dores ou feridas.

Perdoar não implica reconciliar-se com a pessoa que causou a dor ou permitir que aquela pessoa continue ocupando um lugar em sua vida. O ato de perdoar proporciona autoalívio emocional e promove um estado de paz interior.

› ARMADILHA #8
Anular-se pelo bem do outro

Muitas vezes, anular-se pelo bem do outro é uma das consequências da baixa autoestima e da incapacidade de reconhecer o próprio valor. Nestes casos, acontece uma busca de validação externa, ou a sensação de que seu valor está na aprovação dos outros.

Outro fator que leva à autoanulação pode ser os sentimentos de culpa ou obrigação, que levam ao sacrifício das próprias necessidades em prol dos outros. O medo da rejeição ou do abandono são geralmente os reais causadores da autoanulação.

Para superá-lo, é preciso que a pessoa desenvolva autoconhecimento, a fim de entender quem realmente é e o que é importante para si; priorizar seu autocuidado e sua evolução; aprender com os erros do passado; estabelecer limites saudáveis; e buscar maneiras de desenvolver sua autoestima.

Essa postura favorece com que a pessoa se desprenda das prisões da personalidade tripla e avance rapidamente através das primeiras iniciações.

› ARMADILHA #9
Assumir responsabilidade pela evolução espiritual dos outros

Todos somos a extensão espiritual de uma alma que, por sua vez, é uma extensão de sua mônada. Como discutido anteriormente, toda extensão de alma que encarna traz consigo seus próprios desafios e suas próprias necessidades de aprendizado.

Diante do aumento das taxas de ansiedade e da busca por prazer imediato, muitas pessoas tentam terceirizar suas metas e desejos, seja buscando emagrecer rápido, alcançar um corpo definido em tempo recorde, ou até mesmo acelerar seu desenvolvimento espiritual.

É crucial compreender que o avanço nas iniciações do plano físico cósmico é uma jornada individual, apesar de poder ser feita em grupo. Não podemos superar as iniciações em nome de outros. Devemos reconhecer que a evolução espiritual de cada indivíduo é de sua própria responsabilidade, assim como manter a saúde dos chakras.

Embora possamos oferecer apoio e orientação àqueles que buscam nossa ajuda, não devemos assumir a responsabilidade pela evolução espiritual de outra pessoa, ou nos culparmos por desvios em suas jornadas.

Cada um é agente de sua própria transformação espiritual e, assim como o Logos Planetário e os demais mestres ascensionados o fazem, devemos aprender a respeitar o seu ritmo e permitir que cada um trilhe a própria jornada.

› ARMADILHA #10
Querer forçar a evolução espiritual dos outros

Essa é uma das armadilhas mais comuns — e ardilosas — de cair quando estamos no caminho espiritual. Como é natural do ser humano compartilhar aquilo que gosta ou que lhe fez bem, muitas pessoas despertas para a espiritualidade acabam querendo motivar os outros a seguirem seu caminho. O problema é fazer isso de forma desproporcional.

Quando vemos outras pessoas do nosso convívio sofrendo por motivos egoicos, e, percebemos que, se tivessem uma forma alternativa, mais espiritualizada, para lidar com seus desafios, talvez sofressem menos, achamos que conseguimos resolver os problemas dos outros com aquilo que sabemos. Porém, podemos acabar nos excedendo e pressionando o outro a agir de determinada forma, com base em nossa visão espiritualizada.

Forçar a evolução espiritual do outro é diferente de assumir a responsabilidade por ela. Impor essa evolução, ou orientar de forma muito incisiva, porque temos uma visão diferente da situação, equivale a sobrepor nossa vontade ao livre-arbítrio do outro.

Assim como as anteriores, esta postura tem sua origem no ego negativo, que é ainda mais traiçoeiro com aqueles que já despertaram para sua realidade espiritual. Não é porque uma pessoa é espiritualizada que se tornou livre do ego negativo, sendo que a própria ascensão espiritual pode acontecer na presença dele, desde que 51% do karma gerado tenha sido equilibrado.

Logo, caso perceba que quanto mais ajuda você oferece, mais brigas e conflitos encontra, avalie a situação e veja se a maneira como você aborda é impositiva ou não. Mesmo que não seja, respeite a vontade da pessoa que negou sua oferta e foque em sua evolução.

› ARMADILHA #11

Não equilibrar a vida material com a espiritual

Depois do despertar espiritual, é comum que fiquemos maravilhados com o novo mundo que se abre aos nossos olhos. Tanto que é possível desenvolver um certo grau de fanatismo e obsessão com assuntos espiritualistas.

Quando se foca apenas no lado espiritual, a vida e a pessoa ficam leves e desaterradas, como se a pessoa passasse a desprezar os assuntos terrenos. Ela abre mão da higiene, da prosperidade material, do conforto, da liberdade, e até mesmo das necessidades básicas do corpo físico.

Não confunda esta armadilha com a quarta iniciação. Na quarta iniciação, apesar do *arhat* abdicar das vontades pessoais, ele entende que está num planeta físico, com suas próprias leis.

A pessoa que não equilibra a vida material com a espiritual esquece de que para dominar as leis do céu, ela precisa antes dominar as leis da matéria. O desenvolvimento espiritual só é interrompido quando nos reunimos verdadeiramente com o Deus eterno. Porém, este desenvolvimento somente terá impactos positivos na caminhada espiritual, quando os ensinamentos dos mestres forem *integrados* à vida material.

A pessoa precisa aprender sobre as leis do céu, porém, sem se deslumbrar espiritualmente e sem negligenciar o seu lado material e suas necessidades físicas. Menosprezar a matéria e o potencial que cada um tem de viver uma vida plena e sem faltas é menosprezar a si. Afinal, um dos corpos em nosso sistema de quatro corpos é o físico, responsável por abrigar nosso espírito.

Contentar-se com pouco e sujeitar o corpo físico à escassez material é uma ofensa grave ao veículo físico que nos foi emprestado por Deus, tanto para evoluirmos, quanto para servirmos como Seus instrumentos na Terra.

› ARMADILHA #12
Confusão do propósito

Apesar de estranho, algo muito comum que acontece na vida de muitos discípulos após o começo da caminhada espiritual é uma sensação de vida sem sentido. Isto acontece, dentre outros motivos, pois a missão da pessoa, ou ainda não foi revelada, ou ainda não foi aceita por ela. Como consequência, o discípulo vaga como um barco sem leme, sem remo e sem vela, completamente à deriva no oceano espiritual, esperando por algum sinal que indique qual caminho seguir.

Nestes casos, aqueles que sentem-se "perdidos" passam a se espelhar naqueles que já começaram a viver suas missões, o que não considero ser completamente adequado. A missão dos demais trabalhadores da luz é, sim, uma fonte de inspiração para todos nós, no entanto, querer viver a missão do outro é o equivalente a querer encaixar uma peça redonda num espaço quadrado. Assim como em um quebra-cabeça, algumas peças podem parecer idênticas, porém a mínima diferença exigirá o uso de outra peça para preencher aquele espaço vazio. Esta insegurança, assim como as outras armadilhas, tem sua origem no ego negativo que compara o eu com o outro.

Tentar se encaixar na missão do outro, por mais espiritualmente parecida que seja em propósito, na verdade, acaba retardando a evolução espiritual da pessoa que o faz. Por exemplo, você pode até querer se tornar um terapeuta ou conselheiro espiritual atendendo individualmente, porém se o seu papel no plano de Deus for o de dar aulas de ascensão integrada ou espiritualidade de modo geral, abraçá-la irá acelerar exponencialmente sua evolução — e mais, irá destravar sua vida, incluindo sua prosperidade.

Por isso, esteja sempre em movimento e aberto a descobertas, assim, você saberá como pode servir de maneira mais condizente com aquilo que Deus espera. Abra-se agora, e principalmente, às intuições que sua alma (ou mônada) lhe enviam discretamente.

Nossa verdadeira missão sempre deixará pistas, e, no que diz respeito à evolução, naquilo onde realmente fizermos a diferença, sempre seremos chamados para a ação.

› ARMADILHA #13
Caridade compulsiva

Às vezes, dois conceitos importantes são confundidos por aqueles que já estão trilhando uma caminhada espiritual. Estes conceitos são caridade e doação. A caridade está ligada a ações e gestos benevolentes e compassivos, envolvendo muitas vezes assistência ou suporte direto às pessoas necessitadas. Já a doação é associada ao ato de ceder recursos próprios, como dinheiro ou outros bens materiais, em benefício de causas ou pessoas.

Quando o estudante de espiritualidade faz uma má interpretação destes conceitos, isto geralmente revela fortes influências do sexto raio.

Além disso, a pessoa se torna desproporcionalmente altruísta, e acaba assumindo um papel de "salvador" nos grupos dos quais faz parte, como na família, no trabalho e nos relacionamentos.

A armadilha do caridoso compulsivo está em querer carregar os problemas dos outros — e não apenas assumir a responsabilidade pela evolução deles. O caridoso compulsivo age desta forma por alguns motivos: um deles é a falsa ilusão de que está prestando uma profunda ajuda, sendo até sufocante e cansativo em seus atos. Ao fazer isso, o outro é podado e impedido de se desenvolver.

Outros motivos são a necessidade inconsciente de ser validado por outras pessoas, o medo da rejeição ou do abandono, e a carência. Enquanto o caridoso compulsivo não aprender a se controlar e resolver os motivos que o impelem a estar sempre procurando alguém para ajudar, ele prejudica a evolução da outra pessoa, enquanto gera karma para ele mesmo.

Ao se dedicar demais aos problemas dos outros, a pessoa acaba se descuidando, negligenciando suas próprias necessidades e seu bem-estar.

O verdadeiro ato de ajudar envolve preparar as pessoas para lidarem com seus próprios problemas, ao invés de assumir os problemas para si e resolvê-los.

Compreender isso, de forma mais clara, ajuda a manter um equilíbrio saudável, beneficiando todos os envolvidos. Portanto, é importante não confundir a vontade de ajudar com a tentativa de resolver tudo para os outros, pois isso pode acabar causando mais danos do que benefícios.

› ARMADILHA #14
Julgar os outros

Cada pessoa tem uma forma única e pessoal para sua jornada espiritual, e essa diversidade é algo a ser celebrado, não criticado. Julgar a maneira como os outros praticam a espiritualidade equivale a pensar que a única maneira de nos conectarmos com a Criação é aquela que seguimos porém, assim como na Casa de Deus há muitas moradas, muitos também são os caminhos para chegar lá.

Respeitar e aceitar as diferenças na expressão da espiritualidade promove um ambiente mais inclusivo e enriquecedor para todos, assim como podemos observar ao longo de todos os departamentos e níveis da Hierarquia Cósmica. Pessoas despertas precisam de companhia e do amparo que oferecem umas às outras.

Outro elemento muito importante que contribui para a evolução espiritual, principalmente em grupos, é a tolerância. Ela se faz necessária, pois a construção da evolução é um processo feito através de erros e acertos e, assim como temos nossas próprias dificuldades e facilidades, os outros também as têm.

Um dos principais exercícios aqui é o de *observar sem julgar.* Em vez de impor julgamentos severos, é mais construtivo oferecer apoio, incentivo e compaixão, reconhecendo que o crescimento espiritual é um caminho cheio de desafios e aprendizado contínuo.

› ARMADILHA #15
Acumulação esotérica

Após o despertar espiritual, algumas pessoas começam a acumular uma variedade excessivamente desnecessária e desequilibrada de objetos esotéricos, como: símbolos e geometrias sagradas, imagens, totens, figuras de poder, amuletos de limpeza e proteção energética, tarôs, búzios, oráculos, japamalas, colares, pingentes, anéis, cristais, incensos diversos, entre outros objetos. Essa acumulação ocorre porque a pessoa projeta neles seus objetivos e intenções espirituais.

No entanto, a armadilha surge quando esses objetos, ao invés de serem usados como apoios temporários em nossa jornada, transformam-se em *muletas energéticas.* Em alguns casos, ocorre uma dependência tão excessiva deles, que a pessoa acaba se esquecendo que o verdadeiro desenvolvimento espiritual vai além destes itens.

O cerne da evolução espiritual reside na jornada interna, na lapidação constante de sua consciência e na compreensão e conexão com o divino. A ascensão espiritual acontece após o equilíbrio do karma — em sua maioria — e não na obtenção destes itens.

Muitas práticas espirituais podem envolver o uso de incensos, ervas, cristais, gráficos radiestésicos e outros objetos da lista, porém, precisamos sempre lembrar que esses itens devem servir como ferramentas específicas para um fim, e catalisadores para o crescimento espiritual pessoal.

A maturidade espiritual é alcançada quando percebemos que, assim como um navegador experiente eventualmente dispensa certos instrumentos de navegação ao confiar em seu conhecimento, nós também podemos transcender a necessidade excessiva desses objetos, confiando na sabedoria e força própria que desenvolvemos ao longo da jornada espiritual.

› ARMADILHA #16

Apegar-se ao controle

A necessidade do controle tem raízes na insegurança, na incerteza e até na falta de poder pessoal. Como a pessoa não sabe o que esperar, antecipa o máximo possível cenários prováveis para não ser pega de surpresa e para que tenha sempre um plano de ação em mente. Isto acaba se tornando um maltrato, principalmente, para os corpos físico e mental, que são privados do descanso.

Muitas personalidades caem nesta armadilha e sofrem sem necessidade pois, ao se disporem a crescer somente da maneira como querem ou esperam, se deparam como uma realidade diferente daquelas que anteciparam. Este comportamento, muitas vezes inconsciente, é um desperdício de tempo e energia pessoal, o qual também não resulta em nenhum efeito prático. Cada um vivencia exatamente aquilo de que precisa para evoluir, queira ou não. A quebra de expectativas, neste caso, gera sofrimento, mais por não acontecer o que a pessoa imaginou do que pela própria realidade em si.

Precisamos lembrar que, ainda que superemos todas as iniciações planetárias, ainda que ascensionemos e nos tornemos libertos da roda de reencarnações, sempre haverá espaço para crescimento.

Para evitar este tipo de armadilha, devemos entender que nosso papel, no plano de Deus, é servir e fazer aquilo que nos é pedido por Ele; e não ceder aos caprichos de nosso ego inseguro.

✦

Agora que vimos algumas armadilhas do ego e como elas podem nos afetar, certamente podemos perceber o quanto crescimento e desenvolvimento espiritual representam uma jornada complexa e de muitas faces.

Quando estes surgem, nosso maior desafio é manter um equilíbrio entre nossa essência espiritual e as demandas do mundo material, além do constante trabalho de autoconsciência e autocontrole, principalmente sobre o corpo emocional.

Por exemplo, o esquecimento da nossa origem espiritual pode levar a um sentimento de separação que nos afasta não só uns dos outros, mas também da totalidade da Criação. Da mesma forma, a busca por culpados externos, a incapacidade de dizer "não", o excesso, em suas várias formas, e a luta para equilibrar a vida material com a espiritual são lembretes constantes de que, em cada aspecto da nossa vida, reside uma oportunidade para a evolução e aprendizado.

Estas reflexões servem como um incentivo para reconhecer o valor dos desafios como mestres, pois são eles que, verdadeiramente, nos ensinam a importância da responsabilidade pessoal, do perdão, da compaixão e, acima de tudo, da paciência e aceitação de nosso próprio ritmo e do ritmo dos outros, na jornada espiritual.

É de extrema importância que estejamos ancorados em nosso propósito, com clareza e determinação, direcionando as escolhas cotidianas de forma alinhada à nossa missão maior e ao propósito de Deus ; sempre conscientes de que as verdadeiras mudanças acontecem de dentro para fora.

Assim, essas armadilhas não são obstáculos intransponíveis à nossa evolução, mas convites para o aprofundamento de nossa compreensão e prática espiritual, as quais nos guiam gentilmente para um estado de maior presença em nossas vidas, nos autoconhecendo e nos conectando com o plano divino.

Capítulo 9

OS NÍVEIS DE ENGANO

"Mude a si mesmo e você terá feito a sua parte para mudar o mundo."
— Paramahamsa Yogananda

Podemos entender o engano como um conceito relacionado à falsa percepção da realidade. Enganar alguém significa levar essa pessoa a acreditar em algo que não é verdadeiro. Entretanto, o engano também pode ser algo próprio, muitas vezes provocado por uma pobre interpretação dos fatos. No caminho evolutivo do espírito, isto não poderia ser diferente.

De certa forma, podemos entender as armadilhas que listei no capítulo anterior como maneiras diferentes de o ego nos enganar. Como para o ego, nós somos apenas o corpo físico, e nada além disso, tudo aquilo que interpretamos por este viés corresponde a uma certa forma de engano.

Djwhal Khul, através de Alice Bailey, produziu uma obra que, pessoalmente, considero uma abrangente referência sobre o assunto. Trata-se do livro *Glamour: A World Problem* — em sua versão traduzida para a língua portuguesa, *Miragem: Um Problema Mundial.*

Na minha visão, os termos *glamour* e *miragem* são complementares, sendo que ambos oferecem ângulos diferentes para a compreensão dos problemas que descrevem. "Glamour" se refere a um encanto visual, muitas vezes associado à sedução e à atração; evocando uma sensação de deslumbramento e desejo. Já a "miragem" é um fenômeno óptico que cria a ilusão da existência de pessoas ou objetos, quando, na verdade, não há nada ali.

Podemos, então, entender que o *glamour* é gerado pela hiperidentificação com a matéria causada pelo ego negativo, tão sedutora e viciante; enquanto a *miragem* alimenta nossa separação e o afastamento da Fonte divina.

Os enganos que estudaremos neste capítulo são três, e cada um deles tem seu próprio corretivo ou remédio.

O *fascínio* é o engano em nível emocional, e seu corretivo é a *iluminação*. Existe também o engano em nível mental, que é a *ilusão*. O que acaba com a ilusão é a *intuição*. O terceiro nível de engano acontece no plano físico, tratando-se de *maya*, cujo remédio é a *inspiração*.

› FASCÍNIO

O fascínio é o engano em nível emocional, sendo o mais forte deles. Isto porque a grande maioria da humanidade ainda é dirigida por seus instintos e impulsos emocionais, os quais afetam direta e fortemente a personalidade tripla — formada pelos corpos físico, emocional e mental.

Este nível de engano está relacionado a um poder irresistível, ou até a um encanto intenso, que capta e cativa a atenção da pessoa. O poder do fascínio pode ser tão grande a ponto de gerar uma atração profunda e hipnotizante por algo ou alguém. Nestes casos, costumamos dizer que o foco de interesse, seja outra pessoa ou objeto, é "fascinante".

A fascinação costuma ser provocada por qualquer característica que desperte um interesse intenso; o qual geralmente atiça o corpo emocional e desperta o desejo — que, segundo o Budismo, é a fonte de todo o sofrimento.

Num contexto mais amplo, o fascínio está relacionado à capacidade de algo ou alguém em gerar uma influência praticamente irresistível sobre os outros, criando uma sensação de admiração, magnetismo ou até mesmo devoção. Indivíduos com o sexto raio mais evidenciado em suas personalidades têm maior predisposição a serem controlados, de forma enganosa, pelas suas emoções; tornando-se facilmente fascinados.

Ao contrário da determinação ou do comprometimento, personalidades de sexto raio fisgadas pelo fascínio são aquelas que, quando querem algo, almejam tão fervorosamente que acabam tendo olhos somente para aquilo e ficam cegas para o restante.

Pessoas presas ao fascínio costumam demonstrar um tipo peculiar de comportamento. Quando frustradas, por exemplo, têm reações sentimentais e emocionais desproporcionais diante da expectativa quebrada, podendo, inclusive, colocar-se num papel de vítimas ou injustiçadas. Outro comportamento comumente observado é o criticismo exagerado, que denota orgulho e separação da Fonte.

Uma pessoa identificada demasiadamente com o corpo emocional, se torna uma "granada sem pino", ou seja, uma granada emocional pronta para explodir a qualquer momento. Dissipar o fascínio é uma das formas mais potentes e assertivas para acelerar a evolução espiritual, pois vai diretamente ao encontro do que é esperado por todos os que estão encarnados na Terra atualmente: crescer espiritualmente através do processar das emoções, a base do modelo evolutivo em vigência em nosso planeta.

Isso pode ser atingido quando a pessoa presa no fascínio começa a se polarizar na mente, passando a desenvolver melhor conexão com seu corpo mental e *raciocinar suas emoções* — com o intuito de controlá-las.

Polarizar-se na mente representa trilhar o Caminho do Meio, equilibrando e serenando as emoções com a sabedoria da mente. Quando a pessoa aprende a controlar suas emoções e a servir como instrumento da alma, tem mais facilidade em superar a segunda iniciação e aproximar-se mais rapidamente da terceira. Qualquer pessoa que deseje dissipar o fascínio precisa ter dois compromissos: lembrar-se eternamente do ser espiritual que é, e manter a mente firme na Luz.

O fascínio é a catarata que impede o espírito de ver a vida com a devida clareza, despida da subjetividade ou das projeções do ego negativo — e livrar-se dele é o caminho para a verdadeira liberdade e independência emocional.

Na visão dos Mestres, existem cinco tipos de fascínio que mantém a humanidade em escravidão: o fascínio da matéria, o fascínio do sentimento, o fascínio da devoção, o fascínio dos pares opostos e o fascínio do caminho espiritual.

1. O *fascínio da matéria* refere-se à atração viciante pela matéria e tudo aquilo que é carnal, ao desejo por cada vez mais posses, ao apego pelo status social e à submissão ao dinheiro.

2. O *fascínio do sentimento* está ligado ao cativeiro que existe no desejo incessante de amar e ser amado, envolvendo tudo aquilo que a pessoa faz para evocar este sentimento. É um tipo de pseudoamor em que a pessoa fascinada confunde amor com serviço. Este tipo de fascínio é centrado no egoísmo e está presente em muitos relacionamentos — por exemplo, entre casais, pais e filhos, etc. Ele faz com que as pessoas tenham atitudes para provocar afeição, muitas vezes confundida com amor, em busca de reciprocidade. O verdadeiro amor é livre e não precisa de provas ou reforço constante.

3. O *fascínio da devoção* é típico daqueles que têm o sexto raio mais evidenciado. Este fascínio prende a pessoa num idealismo fervoroso, gerando devoção a uma causa, a um Mestre ou pessoa, a uma ideia, a uma crença ou a qualquer outro conceito, responsabilidade ou obrigação. O porém é que tal condição,em geral, impede a pessoa de ver além daquele círculo impeditivo em cujo centro está o objeto da devoção.

4. O *fascínio dos pares opostos* surge da incapacidade de manter o equilíbrio ao longo das oscilações emocionais. O ideal é preservar a mesma postura, independentemente do contexto externo e, quando isso não acontece, ficamos presos neste fascínio.

Ele geralmente acontece com os discípulos que aprenderam a buscar nas leis do céu os caminhos para lidar com os desafios da Terra, porém ainda vivem os extremos muito intensamente. Estes "pares opostos" oscilam, da alegria para a tristeza, da felicidade para a depressão, da vitória para a derrota, do sucesso para o fracasso. Trata-se de um vai e vem entre dualidades emocionais. Todas essas oscilações pertencem puramente à personalidade encarnada em evolução, não sendo, de forma alguma, provenientes da alma. Segundo Djwhal Khul, muitos discípulos permanecem, por vários anos, presos nesse fascínio; às vezes até por várias vidas, dada a dificuldade de seu desprendimento. Isto revela uma segunda causa do fascínio dos pares opostos: o apego. Enquanto a pessoa estiver apegada à expectativa de que algo aconteça, se envolverá desproporcionalmente com suas emoções, presa no fascínio.

5. Por fim, o *fascínio do caminho espiritual* acontece quando o ego negativo dos discípulos em evolução os faz agir de forma desmedida e imponderada. Este fascínio estimula o orgulho do julgamento, pelo discípulo ser espiritualizado e o restante não; a síndrome do herói, que prende o discípulo ao papel de salvador do mundo; o complexo do serviço, que o faz esquecer-se de si e trabalhar de forma desigual, mesmo que por uma boa causa. Este tipo de fascínio, quando retroalimentado pelo da devoção, faz com que o discípulo só veja o serviço a sua frente, negando a espontaneidade da vida e estragando a leveza que tem. Isto é uma agressão severa contra si. O autossacrifício e a autoafirmação no trabalho divino podem ser evitados com o discernimento. A quarta iniciação, a do *arhat*, é particularmente importante para nos livrarmos deste tipo específico de fascínio.

É de bom tom que, para um avanço saudável no caminho espiritual, recordemos que, assim como Deus criou o espírito, e também a matéria. Por isso, a importância de trilhar o Caminho do Meio, que nos ensina Buda. Aprender a dominar este balanço sutil nos abre para as inspirações da alma e acelera a evolução espiritual.

Conforme introduzi anteriormente, o remédio para o fascínio é a iluminação que, por sua vez, é um contato estabelecido com a alma. Uma mente iluminada funciona como um refletor da luz da alma que espiritualiza as emoções. Quando um desafio se apresenta, o discípulo de mente iluminada, ao invés de se vitimizar, perguntando "*por que* isso está acontecendo comigo?", concentra-se em descobrir "*para que* tal situação está acontecendo". A mente iluminada foca na solução e no aprendizado, e não na dor ou no sofrimento.

Assim como a musculatura do corpo físico numa academia, o músculo da iluminação da mente deve ser desenvolvido, até que a visão espiritual dos fatos substitua o vitimismo e se torne o novo instinto. Como nos ensina *Um Curso em Milagres*, podemos calar a mente consciente, a fim de ouvirmos o pensamento do Cristo e a suave voz de Deus — que sempre esteve presente, mesmo quando não a ouvimos. Esta é a *Voz do Silêncio* a qual se refere Mestra Helena Blavatsky.

› ILUSÃO

A ilusão é o engano em nível mental. Ela representa uma percepção errônea da realidade, por parte do ego negativo — principalmente depois que ele deixa de se ocupar com seu papel de apenas captar as informações relativas ao estado do corpo físico.

O engano da ilusão é a experiência de algo parecer verdadeiro ou real, quando, na verdade, não corresponde à verdadeira realidade. As ilusões podem ocorrer em diferentes contextos e envolver diferentes aspectos de nossas existências. No contexto da evolução espiritual, ela corresponde essencialmente à primeira armadilha do ego: a confusão de que somos um corpo, e não o espírito encarnado nele.

Podemos entender a ilusão como um dos resultados possíveis de uma mente indisciplinada, ensimesmada e autocentrada. Assim como pessoas excessivamente emocionais estão sujeitas ao fascínio, as extremamente mentais são mais propensas à ilusão.

Uma pessoa iludida geralmente forma concepções deturpadas, o que resulta numa pobre interpretação dos fatos. Por ter crenças distorcidas criar expectativas irreais ou superdimensionadas, o indivíduo baseia suas ações e posturas naquilo que pensa e acredita. Porém, como estes pensamentos e crenças estão contaminados pela ilusão, o comportamento se torna falho e incompleto.

Como a ilusão se processa no corpo mental, tudo aquilo que o corrompe pode ser uma brecha para que a ilusão se instale. A corrupção da mente pode acontecer pelo excesso de informações ruins ou desalinhadas com a luz da alma. Bons exemplos disso são noticiários com muitas tragédias, filmes ou programas com temas tensos, *reality shows* que estimulam a fofoca, o julgamento ou a sexualidade, traumas e bloqueios não tratados, orgulho, inveja e a própria ignorância causada pela falta de instrução.

O estágio evolutivo no qual a pessoa se encontra também afeta a mente, distorcendo-a.

Outros elementos de corrupção da mente que podem provocar a ilusão são os aspectos negativos e os aprendizados associados ao raio do corpo mental da personalidade. Dependendo do raio do corpo mental, a pessoa pode experimentar ilusões de diferentes naturezas.

Existem sete modos diferentes através dos quais a ilusão pode se manifestar, todos envolvendo a maneira com a qual lidamos com as ideias. Por definição, uma "ideia" refere-se a um conceito, pensamento, ou imagem mental que surge na mente consciente, como resultado do processo de pensamento.

As ideias surgem no subplano búdico, ou da alma, e, após serem fluidificadas pela luz da alma, são reveladas para a humanidade, a fim de se manifestarem na realidade. O engano da ilusão impede que essa luz permaneça imaculada, o que distorce a ideia original.

O primeiro modo pelo qual a ilusão pode se manifestar é a *percepção errada de uma ideia*. Algo que diz respeito à incapacidade da pessoa em distinguir pensamento, ideia, **forma-pensamento**[21] e inspiração enviada pela alma. A pessoa não se sabe identificar, de imediato, se o pensamento é construtivo ou destrutivo. Isto é causado pelo pobre treinamento da mente, que impede a luz da alma de brilhar em si. A percepção errônea de uma ideia pode ser anulada por práticas que provoquem o autocentramento e a retirada consciente dos sentidos e dos estímulos externos; por exemplo, meditações de *mindfulness*, *yoga* e o próprio Aura Master.

O segundo modo através do qual a ilusão se manifesta é a *interpretação errada*. Aqui, um fato ou uma ideia são percebidos apenas de forma parcial e incompleta. Logo, qualquer processamento das informações, captadas parcialmente, resultará na interpretação errônea. Ela é causada pela superestimação do próprio poder mental e pela imposição de crenças e experiências passadas sobre as informações incompletas analisadas.

Isto piora quando essas informações incompletas vêm de outra pessoa, e não da própria observação dos fatos. A pessoa iludida e que sofre da interpretação errônea acredita que, como num jogo de xadrez, está antevendo movimentos, enquanto, na verdade, está revivendo seus próprios traumas. A solução disto está na cautela ao buscar informações sobre qualquer assunto — assegurando-se de que explorou todas as fontes possíveis de informação.

O terceiro modo da ilusão é a *apropriação errada de ideias*. Nesse caso, a base são as tendências à autoafirmação e à autopromoção que a pessoa tem, após pontuar qualquer pensamento que tenha, no formato de ideia. O indivíduo se apropria da ideia como sendo sua, clamando por todo o crédito e esperando gratificações e louros por aquilo. No entanto, ao fazer isso, esquece-se de que as ideias surgem no subplano

21 Formas-pensamento são entidades puramente energéticas criadas a partir dos pensamentos e emoções dos seres. Quando os pensamentos deixam de ser processos internos subjetivos e passam a ser projetados externamente, eles adquirem uma forma quase tangível no plano extrafísico. Essas formas-pensamento variam entre si e a qualidade dos pensamentos e emoções associadas a elas definem suas cores, formas e intensidades. Formas-pensamento podem ser tanto positivas quanto negativas e são capazes de nos influenciar.

búdico, ou da alma, podendo ser acessadas livremente. O que causa essa apropriação errada é o excesso de autoestima e a necessidade de chamar atenção — que geralmente mascaram carência e insegurança própria. Para romper com este comportamento, a pessoa precisa se esforçar e descentralizar-se da vida material fugaz, centrando-se na alma e nos desígnios de Deus.

A quarta forma de manifestação da ilusão é a *direção errada das ideias*. Isso se dá pela confusão que acontece quando o discípulo toma a parte pelo todo. Ao ver apenas uma fração ou fragmento do quadro, a pessoa toma aquilo como tudo o que há, se pondo a fazer o que pensa ser certo, porém já iludida, por conta da informação incompleta.

Trata-se de uma ilusão que motiva o uso errado da ideia, levando para uma direção incompatível. O que causa isso é uma mente pouco inclusiva e ansiosa, afoita por agir sem pensar. Para combater esta ilusão, é preciso treinar e nutrir a mente, estimulando o intelecto a analisar por vários ângulos e a buscar as informações que ainda faltam.

A quinta forma através da qual a ilusão se manifesta é a *integração errada de uma ideia*. Toda pessoa que começou a trilhar sua caminhada espiritual, em algum momento da jornada, criou planos para si e para a forma como quer trabalhar no plano divino. No processo do desenvolvimento espiritual, nos tornamos mais sensíveis ao subplano búdico (onde nascem as ideias) e mais capazes de sentir e perceber quando as ideias são formadas.

Porém, pode ocorrer a integração errada de uma ideia quando, a cada novo *insight* , o discípulo muda seus planos, com o intuito de executar aquilo que foi idealizado. Desta forma, torna-se confuso e sem direção, isto é, não sabendo qual caminho seguir ou que ideia executar. Esta ilusão costuma ser uma das causas que levam alguém a ter muitas iniciativas e poucas acabativas. A pessoa se agarra a cada ideia que nasce com muita avidez, sem qualquer discernimento a respeito do tempo certo para execução. A causa oculta por trás deste comportamento é a ganância do ardiloso ego negativo, e este tipo de ilusão pode ser evitado com a humildade em saber dizer "não" para aquilo que é inviável.

A sexta forma de manifestação da ilusão é a *incorporação incorreta das ideias*. Esta forma de ilusão se relaciona à incapacidade de expressar e executar, na matéria, as ideias, após sua concepção. Uma vez que o discípulo tenha se disponibilizado para contribuir com o Plano Divino, torna-se sua responsabilidade dar forma à vontade de Deus; o que pode não ocorrer, caso haja insegurança ou baixa autoestima. Outra causa desta ilusão pode ser também a falta de um método para implementar a ideia na prática. Podemos sempre lembrar que, para Deus, mais vale uma pessoa que saiba pouco e faça algo, do que alguém que saiba tudo e não faça nada.

A sétima forma de ilusão é a aplicação errada da ideia. Isto acontece pela má utilização da ideia concebida. Essa ilusão varia com o tempo, fazendo com que uma ideia boa no passado seja inviável ou inadequada para a situação presente. Esta forma de ilusão sintetiza todas as outras seis listadas anteriormente. Por isso, para que seja neutralizada, precisamos antes neutralizar as anteriores; o que se dá pela intuição, que é o remédio da ilusão.

Conforme já vimos, a intuição é um sentido extrafísico que permite adquirir conhecimento e informação sem o uso do raciocínio, ou na ausência de provas concretas. A fonte mais pura dessas informações é a alma, porém informações também podem ser assimiladas através de formas-pensamento.

A confiabilidade das informações obtidas através da intuição depende da fonte dessas informações, mas, principalmente, da capacidade do discípulo em serenar a mente, abafar a voz do ego e percebê-las corretamente, com a mente consciente.

A intuição é o veículo através do qual a alma expressa sua vontade e qualquer desvio deste foco é um desvio do próprio Deus. Desenvolver a intuição, conforme faremos mais adiante, resulta na perfeita integração entre a alma, a mente e o cérebro e, com isso, podemos ter um entendimento cada vez mais completo e seguro sobre nossos caminhos em Deus.

› MAYA

Chegamos, agora, ao último dos enganos que veremos neste capítulo: *maya* (do sânscrito *māyā* — lê-se *maa-iaa*, com os As pronunciados em tempo duplo).

Segundo os ensinamentos hindus, somente aquilo que é *imutável* e *eterno* merece receber o nome de *realidade*. No caso, o espírito e o amor de Deus por nós são reais, pois são eternos e imutáveis. Agora, tudo aquilo que é mutável, pode se degradar ou ser destruído, ou seja, tem um início e um fim (ou vida útil) é considerado *maya*. Sob este viés, o universo físico é *maya*, do menor organismo unicelular ao próprio Sol de nossa galáxia.

Neste contexto, podemos entender *maya* como sendo a *irrealidade*, um tipo de engano em nível físico. Ao comparar o espírito (real) com a matéria (irreal), conseguimos entender *maya* como sendo o universo fenomênico e dos sentidos físicos, incluindo a natureza transitória daquilo que os olhos físicos podem ver.

Em muitas literaturas e linhas de pensamento, *maya* é um termo explicado como sendo a *ilusão da matéria*, ou o *véu da ilusão*. Perceba que esta *ilusão da matéria* não é a *ilusão* em nível mental que acabamos de estudar.

Maya se relaciona ao subplano físico do plano físico cósmico, ao corpo etérico e aos aspectos materiais atribuídos ao primeiro chakra.

Um pensamento sobre *maya* é que este engano só é percebido como um problema depois que a pessoa desperta para sua essência espiritual. Durante este período, ela é governada pelos caprichos do ego negativo, o qual a faz acreditar que somente o corpo e a matéria são verdadeiros. Enquanto está nesta condição dormente para o espírito, a pessoa se identifica com a matéria e, por consequência, não percebe que *maya* também a afeta. Entretanto, *maya* é tão danosa e prejudicial à evolução, que foi capaz de causar a própria queda do homem, após o surgimento das extensões de alma.

Ao se manifestar, *maya* faz surgir impulsos errantes e não direcionados, e quando a pessoa tem suas vontades governadas pelas forças materiais (de *maya*), emocionais (do fascínio) e mentais (da ilusão), ela se convence de que essas forças estão certas para ela.

De acordo com Djwhal Khul, muitos são controlados pela satisfação dos apetites carnais, pelo desejo material das posses e dos prazeres, e pela ânsia por status. Todos aqueles que se encontram sob o governo de *maya* afloram as inferioridades relacionadas ao primeiro e segundo chakras, principalmente.

Por se processar no subplano físico, o domínio de *maya,* em todos os seus ângulos, resulta na superação da primeira iniciação. Para que isto aconteça, é preciso se desprender da matéria e se polarizar na alma. Este desenvolvimento se dá através da *inspiração* pela alma, que é o remédio que cura *maya.*

E me refiro à inspiração como o próprio processo do despertar espiritual, pelo qual praticamente todos aqueles que se interessam pelos assuntos abordados neste livro já passaram. O despertar da extensão de alma encarnada gera o desvínculo de *maya*, que ainda prende boa parte da humanidade. Quando o controle da personalidade acontecer pela alma, e não pelas inferioridades dos chakras inferiores (do terceiro ao primeiro), podemos entender que a primeira iniciação foi superada.

› MORADOR DO UMBRAL E ANJO DA PRESENÇA

Uma informação, a meu ver muito importante, revelada por Djwhal Khul, é sobre a existência do *morador do umbral* (na versão original, *the dweller on the threshold*) — no latim, *umbra* significa *sombra*.

O morador do umbral — da maneira descrita pelo mestre tibetano - é uma enorme forma-pensamento que se apresenta antes de cada uma das três primeiras iniciações. Esta forma-pensamento é a resultante do conjunto das formas-pensamento geradas pelo fascínio, pela ilusão e por *maya*, próprias de cada um. Ou seja, todas as três formas-pensamento individuais se combinam e esta combinação gera o morador do umbral.

À medida que a personalidade encarnada evolui através das três primeiras iniciações, o morador do umbral é gradualmente enfraquecido e desfeito.

Antes da primeira iniciação, o morador do umbral tem total controle sobre a vida da pessoa, que é completamente governada pelo fascínio, pela ilusão e por *maya* — presa no mundo fenomênico que retroalimenta o efeito da forma-pensamento (que é o morador do umbral) sobre sua vida.

Antes da segunda iniciação, o discípulo já começou o seu desprendimento de *maya*, dos vícios do corpo físico e do mundo material e, por isso, o morador do umbral é enfraquecido. Por sofrer menos os efeitos do morador do umbral, o discípulo passa a se questionar sobre suas vontades e desejos e sobre a origem de suas emoções e sentimentos, restando definir se prefere ser governado pelos seus impulsos, ou pela sua alma. Se optar por servir à vontade da alma, ele vence a segunda iniciação e o morador do umbral se enfraquece ainda mais.

Antes da terceira iniciação, o que resta ao discípulo é decidir firmar sua mente na luz da alma ou na névoa da ilusão. Caso decida, definitivamente, enfrentar os desafios advindos à superação da ilusão, ele finalmente irá sintonizar sua mente com a da alma, superando a terceira iniciação e se tornando um iniciado, de fato.

Ao superar a terceira iniciação, o aspirante a *arhat* se torna o próprio veículo da alma, levando em si a vontade dela. Nisso, demonstra aptidão em combater as tentações da matéria e dissolve de vez o morador do umbral. A forma-pensamento que surge, em seu lugar, é o *anjo da presença*, responsável por absorver a escuridão na luz. Ele é o Eu espiritual em ação, sintetizando as influências da alma sobre nossa evolução. O anjo da presença é o termo escolhido por Djwhal Khul para concentrar as virtudes derivadas da alma, quando nos tornamos merecedores de sua atenção.

Ao nos sintonizar com a alma, o anjo da presença assume o controle das nossas vidas e este é o motivo pelo qual a terceira e quarta iniciações acontecem tão próximas. Com o fim do morador do umbral, a alma finalmente se livra dos obstáculos entre si e sua extensão.

Deste ponto em diante, o iniciado usa os poderes do anjo da presença para controlar sua natureza inferior e a evolução rumo à teorrealização (ou autorrealização em Deus) segue acontecendo.

TÉCNICA DA LUZ

Uma vez entendido o efeito do *fascínio*, isto é, o engano emocional, em nossas vidas, é natural querermos anulá-lo de nossas rotinas para, sermos nós mesmos, de uma forma pura e clara.

A Técnica da Luz nos foi oferecida por Djwhal Khul, através de Alice Bailey, em *Miragem: Um Problema Mundial*, e serve a este propósito. Esta técnica pode e deve ser usada, não apenas em situações pontuais, para limpar estados emocionais nocivos originados no ego negativo, mas também de forma contínua, para impedir que o fascínio se acumule novamente.

Por meio desta técnica, a mente iluminada — isto é, livre da ilusão — assume o controle do corpo emocional e dissipa o fascínio. Quando a luz entra, o fascínio desaparece. Este processo de iluminação, que é a cura do fascínio, permite que a percepção da realidade ocorra de forma imaculada. O benefício subsequente é a superação acelerada da segunda iniciação, já que podemos avançar sem maiores influências emocionais oriundas do ego negativo.

PRÁTICA 5

Vamos iniciar nossa meditação encontrando um lugar tranquilo e confortável para relaxar.

Feche os olhos e respire suave e profundamente. Sinta toda a calma e paz que agora passam a envolver o seu ser.

Agora, em sua tela mental, visualize dois pontos luminosos no céu da noite. O primeiro corresponde à sua alma, sua essência mais profunda. O segundo corresponde à sua mônada, à Poderosa Presença Eu Sou que é uma extensão do próprio Criador.

Agora, vamos fazer a respiração do So Ham sete vezes, enquanto elevamos nossos pensamentos à nossa alma, à nossa mônada, até Deus.

Inspire profundamente, repetindo mentalmente a palavra "So", e expire repetindo mentalmente a palavra "Ham". Vamos lá?

Inspirou pensando "So"... Expirou pensando "Ham"...
Inspirou pensando "So"... Expirou pensando "Ham"...
Inspirou pensando "So"... Expirou pensando "Ham"...
Inspirou pensando "So"... Expirou pensando "Ham"...
Inspirou pensando "So"... Expirou pensando "Ham"...
Inspirou pensando "So"... Expirou pensando "Ham"...
Inspirou pensando "So"... Expirou pensando "Ham"...

Após a última respiração, sinta seu chakra Estrela da Alma sendo ativado, em sua forma primordial de esfera incandescente, feita do mais puro fogo cósmico.

Após a ativação do seu Estrela da Alma, perceba que um ponto luminoso, também incandescente, desperta no centro do seu coração.

Este ponto tem a cor ou as cores que você intuir ou imaginar. A cada batimento cardíaco, esse ponto luminoso em seu coração cresce e se expande.

Mantenha sua atenção neste centro de luz que agora completa seu interior.

Enquanto se concentra nele, diga: **"Nesta luz somos a Luz de Deus"**.

Após esta afirmação, veja como se uma nova versão da realidade fosse revelada para você... livre de quaisquer distorções emocionais que possam ocultar a Verdade de você.

Sinta, visualize, perceba ou simplesmente imagine, em sua tela mental, como se um ponto luminoso semelhante ao do seu coração fosse revelado no interior de todos os seres e em todas as coisas, animadas ou inanimadas... quer elas saibam, ou não, de sua existência.

Percebendo o ponto de luz que habita em cada elemento da Criação, você sente e percebe Deus em tudo e em todos... no tangível e no intangível... no físico e no extrafísico... na matéria e para além dela.

Concentre-se no ponto luminoso em seu peito enquanto repara que uma delicada rede multiforme conecta todos os pontos de luz que existem na Criação.

Visualize Deus em todas as formas, em cada átomo e em cada molécula, e como tudo é ligado entre si, e unido a todos os seres.

Perceba o quanto, por meio dessa combinação, a Luz Maior pode ser enxergada, conhecida e integrada em cada um de nós.

Ofuscando toda e qualquer sombra projetada pelo ego negativo, sinta que essa Luz Maior conecta você à Luz Una no centro da Fonte da Criação.

A partir deste momento, sinta-se repleto da Luz de Deus em si, como se você pudesse caminhar na sua própria luz, radiante, conectado com a essência divina que permeia todas as coisas.

À medida que você absorve essa sensação de completude e percebe o quanto tudo aquilo que pertence à Criação de Deus faz parte de um mesmo organismo cósmico, vá respirando profundamente.

Enquanto isso, vá retomando sua consciência do aqui, do agora e na certeza do seu papel no elaborado plano de Deus...

Siga respirando, agora de forma mais consciente, e vá sentindo seus pés, suas mãos, seu rosto, seus olhos, seu nariz... até que você esteja pronto para despertar!

TÉCNICA DA PRESENÇA

Assim como a Técnica da Luz, a Técnica da Presença também foi um presente do Mestre Djwhal Khul. Sua função principal é erradicar a ilusão, o engano em nível mental, ao qual estamos todos sujeitos.

Por meio dela, a alma assume o controle da personalidade e estimula o desenvolvimento ativo da intuição, a qual dissipa a ilusão.

O nome *Técnica da Presença* se deve ao fato de a prática fortalecer a forma-pensamento do *anjo da presença*, que é a resultante das virtudes que recebemos da alma, à medida que vamos avançando em nosso caminho evolutivo e superando os níveis de engano que formam o *morador do umbral* (outra forma-pensamento).

Assim como a técnica anterior, que abrevia o caminho até a superação da segunda iniciação, a Técnica da Presença encurta o caminho até a terceira; a qual está relacionada ao domínio do corpo mental, o que envolve diretamente o fim da ilusão pela ação da intuição.

A revelação do anjo da presença muda a forma como a realidade é interpretada, por trazer a luz da alma para o controle da mente consciente. A Técnica da Presença nos permite enxergar através da ilusão, o que nos prepara para a terceira iniciação.

PRÁTICA 6

Para começarmos nossa meditação, encontre um lugar tranquilo onde você possa estar confortável. Permita-se relaxar profundamente, feche suavemente os olhos e respire naturalmente, seguindo seu próprio ritmo.

Enquanto o relaxamento vai tomando conta de cada centímetro do seu corpo, permita que sua consciência vá sendo levada através das dimensões enquanto anéis dourados vão se fechando abaixo dos seus pés.

Através das dimensões e dos vários planos da existência, você vai sendo levado para um lugar de calma e tranquilidade da sua preferência. Deixe-se carregar por essa sensação de profunda paz.

Agora, em sua tela mental, visualize dois pontos luminosos no céu da noite. O primeiro corresponde à sua alma, a essência mais profunda do seu ser. O segundo corresponde à sua mônada, à Poderosa Presença Eu Sou, que é a extensão do próprio Criador.

Ao se concentrar nesses pontos, permita-se entrar em um estado cada vez mais profundo de relaxamento e serenidade, preparando-se para se conectar com uma energia sutil e sublime que agora se abre para você.

Veja que, gradualmente, o ponto mais próximo de você no céu vai brilhando mais e mais intensamente, até que um surdo pulso de luz é emitido – claro, vibrante e cintilante.

Veja que, desse pulso de luz, uma massa de energia começa a se deslocar na sua direção, enquanto vai tomando a forma de um ser de luz extremamente belo, poderoso, calmo e sábio.

Esta figura é a personificação da sua alma, da maneira como ela deseja se apresentar diante de você.

Quando este ser, que é a sua alma, para na sua frente, você sente ondas e rajadas de energia sendo emanadas de sua poderosa aura.

Por telepatia, sua alma expressa toda a felicidade e honra por estar em sua presença, e você percebe um ponto de luz despertando em você, em ressonância com as pulsações que vêm da aura da sua alma.

Este ponto luminoso que desperta em você é o ponto focal onde está alojada a extensão de alma que é seu espírito.

Visualize a energia da sua alma sincronizando-se com a energia do seu espírito, até que ambas brilham e pulsam na mesma intensidade e frequência.

Sinta-se completamente banhado por essa luz divina, sincronizando sua frequência com a da sua alma.

Agora, com esta sincronia átmica estabelecida, veja, sinta ou imagine que uma intensa e brilhante chama desperta no centro da testa do ser que é sua alma.

Por telepatia, ela lhe diz que esta é a chama da intuição. Simultaneamente, visualize, sinta ou imagine uma chama semelhante, porém ligeiramente menos intensa, surgindo no centro da sua própria testa, bem no seu chakra frontal.

Sinta uma conexão direta ser estabelecida entre a chama da intuição da sua alma e a chama em sua testa.

Neste momento sagrado, sua alma cria um canal direto de comunicação com você, revelando seu canal da consciência.

Então, diga:

Agora, a minha consciência é uma
com a consciência da minha própria alma.
Não há separação, tudo está em sincronia.
A minha vontade é a vontade da alma,
A minha intenção é a intenção da alma.
Agora, eu sou uma extensão de alma plena
e estabelecida na Terra,
A serviço de Deus Iavé em benefício da humanidade

AAgora, então, a sua alma projeta um fluxo de energia, que vai da chama da intuição na testa dela até a sua.

Neste momento, a sua consciência se transforma numa extensão da consciência da sua alma e, assim, você passa a sentir e perceber a Presença do Todo em Tudo.

Deixe que sua alma lhe revele a Presença de tudo aquilo que existe... permanente ou transitório... evoluído ou em evolução... visível ou invisível... em todo o Universo e no interior de todas as formas.

Neste momento, sua alma amorosamente lhe mostra como as singularidades da Criação em cada pessoa, planta ou animal... compõem e completam todas as faces da Verdade que É Deus.

Deixe também que ela revele a você os vários pontos de luz que irradiam por trás das aparências e das ilusões fenomênicas do planeta e dos relacionamentos.

Estes pontos de luz tratam-se dos reflexos divinos que a luz da sua alma é capaz de enxergar... É a percepção espiritual que sua alma é capaz de lhe mostrar acerca de toda a Criação...

E agora, por seu próprio mérito e compromisso com o serviço divino na Terra, através do fio da consciência criado entre sua alma e você, ela lhe transfere uma parte de sua luz para que fique estabelecida e instalada na sua própria mente.

Neste momento, permita que esta luz se acomode harmoniosamente no centro da sua própria testa, sempre pronta para ser usada quando for necessária.

Agora que esta luz faz parte de você, ela lhe permitirá revelar o aspecto divino presente em cada forma, ser, situação ou experiência que venha a lhe envolver.

Assim, sinta, visualize, perceba o quanto tudo está conectado, como cada um é uma extensão do outro em si. Sinta a conexão entre tudo aquilo que existe, veja como tudo está ligado e como, no fundo, não há separação.

Através da luz da sua alma, que agora está alojada no centro da sua própria testa, sinta a presença do planeta, do sistema solar, da galáxia e do universo... em todos os níveis, em todas as esferas... até Deus.

Tudo é um só. Eu sou!

Enquanto absorve essa conexão entre todas as formas de existência, desde os seres vivos até as energias mais sutis e longínquas, reconheça a unidade entre todas as coisas.

Permaneça neste estado contemplativo da união e da Unidade pelo tempo que desejar, permitindo que a luz da sua alma guie seus pensamentos e intuições... e lhe forneça os insights e as respostas de que mais precisa agora.

À medida que você se sente completo e percebe como tudo na Criação de Deus está interligado, comece a respirar mais conscientemente.

Neste momento, sua consciência começa seu retorno, enquanto você percebe que anéis dourados vão se fechando sobre sua cabeça.

Retorne sua consciência para o momento presente. Continue a respirar de forma consciente, prestando atenção nos movimentos do seu corpo, até que esteja pronto para abrir os olhos e despertar!

TÉCNICA DA INDIFERENÇA

Como as duas técnicas anteriores, a Técnica da Indiferença também foi dada por Djwhal Khul para a humanidade, através de Alice Bailey.

Por meio dela, *maya* termina e todos aqueles ainda adormecidos para suas identidades espirituais podem despertar. *Maya* é o engano em nível físico, e corresponde à identificação com a parte transitória da Criação, a qual é contemplada apenas por sua forma exterior, sem qualquer consideração pela essência divina interior. Através desta técnica, o despertar espiritual daqueles que ainda estão dormentes pode ser estimulado.

A Técnica da Indiferença liberta o corpo físico das influências negativas da dimensão física, bem como do controle da matéria sobre nós. É também responsável por possibilitar a manifestação da inspiração divina, permitindo que as pessoas enxerguem as diversas situações sob uma ótica que vai além da matéria; a ótica divina.

O objetivo desta técnica é acelerar a primeira iniciação, a qual permite à personalidade encarnada viver uma vida inspirada por Deus.

PRÁTICA 7

Para começarmos nossa meditação, escolha um lugar calmo e confortável.

Feche seus olhos e respire naturalmente, seguindo seu próprio ritmo. Permita-se relaxar profundamente enquanto a tranquilidade se espalha por todo o seu corpo.

Para este processo, vamos invocar a presença de nosso Logos Planetário, Sanat Kumara, para ser nosso guia e protetor.

Começamos cantando o mantra sagrado Om sete vezes. A cada entoação, essa energia é conduzida pelos nossos chakras, superiores e inferiores, físicos e extrafísicos, e através de nossa linha axiatonal.

Om...
Om...
Om...
Om...
Om...
Om...
Om...

Agora, enquanto você preserva o ritmo suave de sua respiração, direcione sua atenção do mundo da ilusão, do fascínio e de maya para o reino da alma, para o mundo da Luz Clara e Fria e para o Reino de Deus.

Agora, visualize, sinta, acredite, que uma intensa e brilhante chama nasce em sua testa, no seu chakra frontal.

À medida em que ela arde intensamente, emanando a mais pura das vibrações divinas, perceba um campo de repulsão sendo estabelecido.

Este campo flui de dentro para fora, e através de você, não sendo afetado, distorcido ou desviado, de forma alguma, pela ilusão material.

Este campo de recusa é tão claro e definido quanto uma chama, a mesma chama que arde em sua testa. É um reflexo de sua verdadeira consciência espiritual.

Enquanto você mantém-se concentrado neste campo de recusa ao seu redor, comece a perceber o estado de suas emoções e pensamentos.

Deixe que sua consciência divina, através da chama que arde em sua testa, revele a real natureza de seus pensamentos e sentimentos. Ela destaca os que foram maculados pelo ego negativo, assim como aqueles que se mantêm inalterados.

Enquanto estas memórias, sentimentos e pensamentos machados pelo ego negativo são revelados em você, o campo de recusa simplesmente os remove... sem quaisquer traços de dor ou resistência.

Assim como uma fruta madura se descola do pé, essas impressões distorcidas da realidade deixam de habitar em você.

Essa energia de recusa, qualificada e reconhecida pela sua alma, encontra caminho pelos seus chakras enquanto promove a mesma limpeza.

Deixe que o desapego ao que é irreal, ao que representa o não-eu, lenta e gradualmente o preencha. Enquanto você se mantém firme em sua verdadeira realidade espiritual.

Foque apenas em si, em sua própria essência divina... e não no objeto da recusa.

Foque em afastar todas as ilusões mayávicas e irreais que o cercam, à medida em que você se mantém num estado profundamente puro e inalterado.

Perceba como o campo de recusa ao seu redor neutraliza a maneira como você se relaciona com tudo aquilo que é o não-eu. Neste momento, a única semelhança que você percebe é com sua realidade espiritual... todo o resto é indiferente.

Recuse apego a qualquer forma, plano, sentimento e pensamento, enquanto projeta a energia das dimensões superiores ao seu redor através do mundo da matéria.

Permita que sua consciência se desligue destes contatos, enquanto se preserva livre e intacta.

De agora em diante, deixe que cheguem até você somente as forças físicas e materiais de que precisa para que, de forma consciente e com propósito, você possa servir aos desígnios de Deus. Todo o resto, que seja transmutado em pura luz.

Assim, lentamente perceba a luz da alma ao seu redor, brilhando e se expandindo através do campo de recusa, dissolvendo a ilusão e eliminando o sentimento da separação.

Agora, direcione essa mesma luz através do plano emocional, permitindo que ela dissipe o fascínio ao seu redor.

Por fim, direcione essa poderosa corrente luminosa através dos seus chakras, para que ela os conecte à sua alma e dissipe qualquer identificação com *maya*.

Enquanto nos expressamos, movemos e agimos através do mundo material, que sejamos capazes apenas de morar no mundo, sem sermos do mundo. Eu sou.

Que, de hoje em diante, o mundo físico não passe de uma luva que, por hora, está sendo utilizada para manifestar a vontade da divina mão que a veste. Eu sou.

Que cada um de nós seja verdadeiramente o Observador daquilo que faz, sem qualquer identificação ou conexão com o objeto da obra, somente com o Propósito por trás do trabalho divino. Eu sou.

Neste momento, faça algumas respirações profundas enquanto essas palavras preenchem seu coração.

Veja, em sua tela mental, o seu campo de recusa ser recolhido e absorvido por sua consciência, com a certeza de que, ao menor sinal de identificação com ilusório mundo material, você poderá ativá-lo.

Enquanto segue respirando, vá devolvendo sua consciência aos seus sentidos, ao estado de seu corpo, sentindo suas extremidades… até que esteja pronto para abrir os olhos!

Capítulo 10

O MANUAL DA BOA MORTE

"Saber morrer é uma consequência natural de saber viver."
— Bardo Thödol

Muitos são os pensamentos e as teorias sobre o que acontece no momento da morte e, ainda, se há, de fato, vida após a morte. Pessoalmente, atribuo este fato ao desconhecimento geral da humanidade sobre a origem espiritual do Universo, conforme reproduzi no primeiro capítulo. Em particular, o desconhecimento sobre a existência das mônadas, das almas e da origem de nossos espíritos encarnados.

Tratar do fenômeno da morte pode ser algo delicado para alguns, pois as abordagens que existem variam significativamente, quanto a tradições religiosas, crenças e culturas.

Por exemplo, do ponto de vista científico e acadêmico, a morte é considerada o fim da vida biológica (isto é, do corpo físico), com a consciência ligada à atividade cerebral e às funções vitais do corpo. Muitos sequer reconhecem uma vida consciente após a morte.

Existem também as fervorosas abordagens das religiões ocidentais, como denominações cristãs e islâmicas, por exemplo, que acreditam em uma vida após a morte na qual o espírito é julgado e enviado para o céu ou inferno — dependendo da qualidade das ações da pessoa em vida. Independentemente do lugar para onde o espírito é enviado no pós-morte, se considera que lá será seu lar perpétuo, em eterno júbilo e felicidade, ou eterno sofrimento e danação.

No Antigo Egito, acreditava-se numa passagem do plano físico para o espiritual, no qual o espírito era julgado. Para os egípcios, existia a Sala das Duas Verdades, onde Osíris pesava o coração da pessoa numa balança, contra uma pena da *Ma'at* — deusa da ordem e da justiça. Este ritual marcava o julgamento do espírito através do seu karma, e, dependendo do resultado, o espírito era direcionado ao lugar correspondente.

A vida após a morte, para os gregos antigos, se assemelha, em parte, à dos egípcios. Após a morte, o espírito era enviado à presença de Hades e Perséfone, o deus do submundo e sua consorte, respectivamente, para julgamento. A depender da vida que o espírito levou, assim como acontecia para os egípcios, o espírito era encaminhado para o lugar compatível com a vida que teve.

Tanto para os egípcios, quanto para os gregos antigos, a reencarnação era um conceito já presente. No pós-morte, o espírito passaria por uma série de experiências purificadoras, até que estivesse pronto para reencarnar. Os egípcios acreditavam ainda que esta reencarnação aconteceria no mesmo corpo físico; um dos motivos pelos quais os órgãos eram removidos do corpo físico e preservados em jarros de argila, para a posterior mumificação do corpo.

Por outro lado, no hinduísmo, a crença na reencarnação é praticamente generalizada, tanto no passado quanto atualmente. Eles reconhecem que o espírito, individualmente, isto é, o ***ātmā***[22] — lê-se: *aat-maa*, passa por ciclos de renascimento determinados pelo karma, até atingir a libertação (*moksha*).

22 Em sânscrito, *ātmā* significa "eu".

No budismo tibetano, as crenças se assemelham às hinduístas — o que muda é o ciclo de renascimentos que, aqui, é chamado de *samsara*. Este ciclo é quebrado com a iluminação do espírito, similar ao processo vivido por Buda Gautama sob a figueira.

Independente da crença religiosa, o fato é: a reencarnação existe e, graças a ela, podemos purificar nosso karma e atingir a ascensão, ao longo de sucessivas encarnações. Para recordarmos, foi graças à implementação do plano reencarnatório que o episódio da "queda do homem" foi contido.

O período que entendemos como "vida" ou "encarnação" compreende o tempo na Terra em que a extensão de alma (o espírito) passa encarnado, isto é, dentro do veículo do corpo físico. "Encarnar" seria o mesmo que vestir um uniforme, porém, ao invés de uma roupa com o logotipo de uma empresa, a roupagem seria um corpo físico.

Depois do período de uma encarnação — ou existência —, o espírito retorna aos planos extrafísicos. Este período, em algumas linhas de estudo, é chamado de "entre-vidas". Seu objetivo é proporcionar ao indivíduo analisar e aprender aquilo em que não obteve sucesso, durante a última encarnação.

Por conta do apego materialista difundido no Ocidente, a morte costuma ser encarada com um grande temor, afinal, o corpo físico finda seus processos biológicos e a pessoa "deixa de existir". Entretanto, no Oriente, este apego é menos intenso e melhor trabalhado — (pelo menos ao que se refere à morte. Naquele lado do planeta, a morte é vista tal como realmente é: um processo de passagem de um plano de consciência para outro. Nesse viés, podemos considerar cada uma das iniciações como uma morte, passamos do nível em que estamos para outro, mais evoluído. Superar a nona iniciação do plano físico cósmico também pode ser encarado como uma morte, desta vez, do plano físico cósmico para o próximo plano.

De certa forma, podemos enxergar a morte como sendo a viagem de uma pessoa para um país longínquo, no qual não há conexão com a internet ou serviços telefônicos. Naquele país, a pessoa, isto é, a sua consciência (da qual sentimos falta) continua existindo — porém, de uma forma com mais difícil alcance ou comunicação.

No fundo, aquilo que muitos ainda pensam sobre a "morte" não passa de mais um engano gerado pela consciência do ego negativo. Quando a pessoa se identifica apenas com o corpo físico, acredita que a vida acaba junto às funções biológicas — o que indica que a pessoa continua presa em *maya*.

O processo da morte traz uma libertação, pelo menos momentânea, de *maya*. Dependendo do karma acumulado no momento do desencarne, é possível que o espírito ainda esteja preso à ilusão ou ao fascínio em algum nível; porém, não à *maya*, pois agora existe na forma espiritual, e não mais na física.

Precisamos sempre lembrar que a existência, isto é, o período no qual estamos encarnados, serve para evoluirmos pelas mais diversas experiências, nas quais curamos inferioridades e nos harmonizamos com outros espíritos conflitantes.

Sendo assim, pense naqueles que, cronologicamente, têm uma idade avançada. A morte, neste caso, servirá como uma libertação dos velhos padrões. Afinal, um espírito rígido e que não é mais capaz de aprender nada, está, de certa forma, perdendo tempo estando encarnado. Tempo este que poderia, entre outras opções, estar se recuperando das experiências ruins que teve e convertendo-as em aprendizados e lições. Ou até, preparando seus próximos planos reencarnatórios.

Por outro lado, existem também aqueles que morrem — ao ver de alguns — prematura ou tragicamente. Pelo viés da eternidade, não existem tragédias, apenas resgates e evolução. Mortes geradas por maus tratos severos ao corpo físico, por mais agressivas aos olhos e às emoções terrenas daqueles que ficam, ainda assim não são acidentais. São escolhas, se não da personalidade encarnada, do espírito em evolução. Lembre-se: a morte não é o fim, e a infância não é o começo. E, mesmo o recém-nascido é abrigo de um espírito encarnado que pode ter vivido dezenas de encarnações.

Na visão da transcendência, não existem vítimas ou vilões, acidentes e tragédias, o que existe é o desenvolvimento do espírito através das condições ideais para tal situação acontecer. Tudo é como deve ser, assim como tudo foi como foi.

Muitas situações trágicas, na verdade, disfarçam resgates kármicos de vidas passadas, por exemplo, no caso de uma pessoa tomar a vida de outra pelo disparo de uma arma, numa próxima existência, terá sua vida tomada de uma forma semelhante — para saber e sentir como é estar do outro lado. Ou ainda, a pessoa que teve a vida tomada pelo disparo, numa existência passada, foi o responsável por tomar uma vida.

Outro exemplo seria o caso de pessoas, aparentemente vulneráveis, morrerem, neste plano, de forma violenta ou catastrófica. Nada é capaz de bloquear o karma gerado (ou resgatado) no ato, entretanto, mesmo nesses casos, a evolução acontece — tanto de um lado, quanto de outro.

Algo que utilizo muito, em minhas análises, é uma interpretação pela perspectiva das polaridades. Tudo é dual, logo, tudo tem um lado positivo e outro negativo — e, no ponto neutro e equilibrado, encontramos Deus e seu amor por *todos* nós. Independentemente de nosso estágio evolutivo, *todos* somos extensões de uma alma que veio de uma mônada, que veio de Deus — cada um com seus próprios resgates e aprendizados.

Por isso, amado leitor, ao se deparar com situações que, aos seus olhos, lhe choquem, ou coloquem suas emoções em balanço, procure Deus naquela situação: De que maneira Deus está evoluindo ali? Quais são os resgates e karmas envolvidos? Experimente tirar o peso das situações de si e, mais importante ainda, desenvolver a habilidade de observar sem julgar.

› CÉU, INFERNO E O PERÍODO ENTRE-VIDAS

Os conceitos de "céu" e "inferno", assim como o próprio conceito da "morte" que discutimos anteriormente, variam de acordo com crenças e tradições religiosas.

Se a grande maioria da comunidade acadêmica e científica — ainda adormecida para a percepção do divino — não reconhece sua essência espiritual e trata a morte como algo que não passa do fim da vida biológica, para este grupo, também não deve haver nem céu, nem inferno — conceitos espirituais negligenciados por tal comunidade.

Quanto às religiões abraâmicas que citei, tanto para o Cristianismo quanto para o Islamismo, o céu (ou paraíso) é geralmente concebido como um estado eterno de bem-aventurança, na presença e glória de Deus, com plenitude, alegria e paz. Já o inferno é frequentemente retratado como um estado de separação eterna de Deus, marcado por sofrimento e tormentos. O inferno pode ser entendido como um lugar de punição para aqueles que se afastaram de Deus, ou rejeitaram Sua graça durante a vida.

Para os egípcios, a pesagem do coração contra a pena de Ma'at determinava nossa natureza em vida. Caso o coração fosse mais pesado que a pena, o que indicava um ser indigno, o coração era devorado pela deusa Ammit e seu dono encaminhado ao Duat . Do contrário, se fosse mais leve que a pena, o dono seguia passagem para os Campos de Junco, o paraíso egípcio.

Os antigos gregos também tinham suas próprias definições de céu e inferno. Para os mortais virtuosos e heróis, havia os Campos Elísios, uma região paradisíaca no submundo, reservada para recompensar aqueles que viveram vidas dignas e honestas. Agora, para os ímpios e criminosos havia o Tártaro, a região do submundo separada especificamente para a tortura e para a punição, após o juízo final.

Tanto no hinduísmo, quanto no budismo, não são conhecidas quaisquer alusões a espaços, no pós-morte, dedicados às recompensas e punições dos espíritos desencarnados. Em contraste aos conceitos de "céu" e "inferno", ambas essas tradições orientais exaltam o karma e o ciclo de renascimentos — *moksha* e *samsara* para o hinduísmo e budismo, respectivamente — como os mecanismos pelos quais a elevação do espírito desencarnado acontece.

Este é o exato propósito do período entre-vidas: proporcionar que, após a encarnação, o espírito reflita sobre suas ações e intenções em vida, absorva os aprendizados acumulados e repense estratégias para superar inferioridades e anular o karma negativo acumulado. Isso pode ser um momento de muito autoconhecimento e reflexão.

O estágio entre-vidas também é conhecido como "plano espiritual", "mundo espiritual", "o Além" ou "plano extrafísico".

Após o desencarne, o espírito deixa o plano material e ingressa no plano espiritual. É nessa dimensão espiritual que os espíritos, após a morte do corpo físico, continuam sua jornada de aprendizado, evolução moral e espiritual.

A vida nesse plano é mais sutil e flexível que a vida na dimensão material, o que possibilita ao espírito o contato com lados seus que, na matéria, não conseguiria acessar.

Algumas linhas de ensino, como o espiritismo kardecista, por exemplo, explicam que, após o desencarne, grupos de espíritos se formam em prol de objetivos comuns, onde possam viver, trabalhar e continuar seu desenvolvimento. Ora, não seriam esses grupos similares aos *ashrams*? Estes grupos coletivos costumam ser chamados de "colônias espirituais", as quais variam em níveis conforme o quilate espiritual de cada um.

As colônias espirituais costumam ser formadas por espíritos afins, isto é, em mesma sintonia. Nelas, são desenvolvidos trabalhos de aprendizado e desenvolvimento espiritual para os já despertos, auxílio e orientação para os menos evoluídos, cura e recuperação para os que passaram por experiências difíceis ou traumáticas e preparo do espírito para a reencarnação na próxima vida.

Com isto, entendemos a importância do cultivo de uma sintonia elevada durante a vida, pois isso decretará a qualidade da nossa vibração na morte. Já diria Krishna no *Bhagavad Gita* (do sânscrito, *A Canção do Senhor*): "é o último pensamento na hora da morte que irá determinar o lugar para onde você vai".

Se, no desencarne, estivermos apegados a pensamentos mundanos, egoístas, cruéis ou sombrios, este será o lugar para o qual nosso espírito será enviado. Assim como, se durante o desencarne inundamos nossas mentes com gratidão, luz, amor, fé e realização em Deus, é para lá que seremos enviados após a morte do corpo físico.

Agora que entendemos como se dão os caminhos do espírito no Além, assim como vimos anteriormente sobre o *alma mater* — o processo de acoplamento do espírito ao corpo físico — considero importante tratar também do processo que possibilita o destaque, a saída do espírito do corpo físico.

Na seção a seguir, estudaremos este processo pela ótica do budismo tibetano, através daquilo que é descrito no *Bardo Thödol*, o *Livro Tibetano dos Mortos.*

› OS BARDOS DA MORTE

No Tibete, o *Bardo Thödol* representa o *Livro Tibetano dos Mortos.* A palavra *bardo* significa "travessia", "portal" ou "transição"; enquanto *thödol* seria a "libertação pela audição" ou "doutrina" — no caso, *Bardo Thödol* seria a *Doutrinação Através da Audição* ou *Libertação pela Audição Durante a Transição.* O *bardo* expressa o limiar entre dois planos, ambientes ou estados diferentes.

De acordo com a tradição budista tibetana, quando a pessoa começava a sofrer com os primeiros sinais do desencarne, um *lama* (monge tibetano) era chamado ao local onde o moribundo estava. Lá, o lama lia o *Bardo Thödol*, para orientar o espírito durante o processo do desencarne — daí o conceito da "libertação pela audição". Esta leitura durava 49 dias, ou seja, sete semanas, e seguia acontecendo mesmo que a morte já tivesse levado a consciência da pessoa.

Nesta seção, vamos tratar sobre os vários bardos da morte. Porém, como "bardo" fala sobre o processo de transição de um plano para outro, poderíamos, tranquilamente, considerar um tipo de "bardo da vida", por exemplo, tratando o *alma mater* como o processo de acoplamento do espírito ao corpo físico.

Em *Vida e Morte no Budismo Tibetano*, o mestre Chagdud Tulku Rinpoche relata que a morte começa quando os cinco ventos vitais — responsáveis por sustentar as funções vitais do corpo — e os cinco ventos secundários, estes responsáveis pelos sentidos, começam a enfraquecer, levando nossas funções principais consigo. Isto vale para a morte causada por doença, por idade avançada, ou por quaisquer outras causas não naturais, como acidentes ou homicídio, que antecipam a morte.

Tanto os ventos vitais, quanto os ventos secundários, referem-se à energia vital que circula no corpo físico e cada um deles está associado a funções específicas do corpo e da mente. A título de conhecimento, os cinco ventos vitais são: *prajna*, *upa*, *samana*, *apana* e *vyana*.

Os ventos vitais e os secundários estão relacionados aos chakras do corpo, que, por sua vez, sustentam o corpo material e estão relacionados aos elementos terrenos: terra, água, fogo e ar.

No momento exato em que o espírito deixa o corpo, é relatado que a pessoa experimenta uma sensação de pressão, semelhante a um empurro para debaixo d'água. Isto representa a terra se dissolvendo na água, com os sentidos físicos se rendendo às sensações e emoções. Depois, vem uma percepção de frio úmido, seguido por calor fervente. É a água se dissipando no fogo, ou seja, as emoções se desfazendo na mente. Surge, então, a sensação de que o corpo se desintegra, em pequenas partículas, simbolicamente, o fogo se dissipando no ar. A partir desse ponto, as sensações físicas do corpo terminam, É o ar se dissolve na consciência, marcando o início das fases do bardo, ou seja, da transição do espírito deste plano para o próximo.

› PRIMEIRA FASE: O BARDO IMEDIATAMENTE ANTES DA MORTE

A primeira fase do *bardo* corresponde ao primeiro estágio do *Chikhai Bardo,* ou *Bardo dos Momentos da Morte.*

O *Chikhai Bardo* é dividido em dois estágios, sendo o primeiro imediatamente antes da morte, e o segundo imediatamente depois da morte.

O Livro Tibetano dos Mortos explica que, imediatamente antes da morte, isto é, da desidentificação com o corpo, surge diante de quem está fazendo a passagem a *Clara Luz Primária*, ou a *Clara Luz de Deus.*

Ou seja, no momento da morte, o que se vê é pura luz, o próprio Deus se apresentando, em nosso último momento encarnados.

Neste momento, é extremamente importante que o espírito, a extensão de alma, se una a esta luz. Unir-se a luz é unir-se com o divino, porém, a extensão de alma precisa reconhecê-lo ou identificar-se com Ele.

Existe uma diferença sutil, porém de notável significância, entre unir-se à Luz de Deus durante o *bardo* e durante a ascensão, ou sexta iniciação. A diferença é que, durante a ascensão, a pessoa preserva seu corpo (seja o corpo físico ou o corpo ***mayarupa***[23]); enquanto que, durante o *bardo* da morte, não. A parte da pessoa que experimenta o *bardo* é apenas o espírito em transição.

Resgatando a citação de Krishna no *Bhagavad-Gita*, de que é o último pensamento, na hora da morte, que irá determinar o lugar para onde iremos, é indispensável estarmos cientes da aparição desta clara luz divina diante de nós. Neste momento, o ideal é que nosso último pensamento seja o de fundir-nos completamente a ela, abraçando nossa identidade divina original.

Para a maioria, ainda adormecida para esta realidade, este momento acaba se tornando um completo desperdício por diversos motivos.

Primeiro, porque a extensão de alma viveu uma vida completamente presa às armadilhas de seu ego negativo. Segundo, porque o espírito ainda pode estar muito apegado às suas posses materiais, à sua família terrena, à maneira como se sucedeu o desencarne, ou então possui assuntos abertos ou inacabados da vida que ficou. Terceiro, porque o espírito não reconhece a Clara Luz de Deus diante de si, ou não sabe como se portar, ou, sequer, que deveria unir-se a ela. Tudo isso se resume a um único fator: a alienação causada pela heresia da

23 *Mayarupa*, no sânscrito, significa *forma de ilusão* ou *forma ilusória*. Na ascensão, o corpo *mayarupa* ou *mayavarupa* (dependendo da literatura) representa um corpo constituído nos moldes estabelecidos pelo próprio mestre ascensionado, os quais podem ou não ser equivalentes ao corpo físico, antes da ascensão.

separação, ou seja, a hiperidentificação com a matéria e a ignorância do fato de termos a mesmíssima origem espiritual.

Agora, para aqueles despertos para sua identidade espiritual que sabem que são uma extensão do próprio Deus, este momento é a dádiva suprema ao final da encarnação: reunir-se ao próprio Criador.

Reconhecer e unir-se à Clara Luz de Deus, no momento, do desencarne implica uma vida baseada em princípios espirituais virtuosos; os quais são a chave para anular parte relevante do karma negativo acumulado. No caso daqueles que viveram uma vida pautada no autodesenvolvimento e na elevação de seu quilate espiritual, reconhecer e unir-se à Clara Luz de Deus, durante o *Chikhai Bardo*, pode resultar na libertação de *samsara* (o ciclo de reencarnações) e até na ascensão.

› SEGUNDA FASE: O BARDO IMEDIATAMENTE DEPOIS DA MORTE

Quando a extensão de alma se une à Clara Luz de Deus, no primeiro estágio do *Chikhai Bardo*, a libertação total do sofrimento e da matéria é alcançada.

Agora, caso a fusão com a Clara Luz Primária não tenha acontecido na primeira fase, imediatamente após a morte, aparecerá ao espírito desencarnado a Clara Luz Secundária.

A Clara Luz Secundária é menos intensa e mais discreta que a anterior. Entretanto, ela preserva sua origem divina e representa uma nova oportunidade para o espírito recém-desencarnado se unir ao Criador e seguir o caminho espiritual.

Na primeira fase do *bardo*, é evocada a natureza divina da extensão de alma, da maneira como ela foi construída ao longo de toda a vida.

A segunda fase, no entanto, serve mais para aqueles que viveram em condições mais severas, foram acometidos pela violência de doenças agressivas, ou até para os que passaram por situações traumáticas em sua existência.

Na segunda fase, é evocado o intelecto do espírito, a fim de dissolver a ilusão da matéria da vida que findou. Nesta fase, quem recebe as instruções do leitor do *Bardo Thödol* não é a consciência do espírito, mas o corpo etéreo do desencarnado, isto é, a contraparte extrafísica do corpo físico do plano terreno.

Nesta fase, imediatamente após a morte, é esperado que o corpo etéreo se una à Clara Luz Secundária da terceira fase, tingida pelas ilusões kármicas de sua existência.

› TERCEIRA FASE: O BARDO DAS APARIÇÕES KÁRMICAS

Caso a extensão de alma não se funda a Clara Luz nas primeiras duas fases do *bardo*, isto é, caso as duas primeiras oportunidades tenham sido pedidas, há ainda a terceira fase. Trata-se do *Chönyid Bardo* ou *Bardo em que Surgem Aparições Kármicas*.

No *Chönyid Bardo*, o espírito desencarnado e livre das limitações da matéria, — se antes ainda não conseguia — passa a ver as formas-pensamento que criou durante a vida e, como resultado do cultivo de sentimentos e pensamentos ruins e desqualificados, repetidas vezes, se assusta e atemoriza com aquilo que vê.

Nesta fase, o espírito também começa a perceber sons, luzes, imagens, e percebe parcialmente o lugar onde se encontra. Também é nela que afloram imagens kármicas através das quais, num período que varia de três a quatro dias, a pessoa praticamente revê sua vida, suas atitudes, suas intenções, seus acertos e erros.

Para alguns, passar por este *bardo* pode ser particularmente doloroso, porque nesta fase, mais do que as ações em si, a extensão de alma é confrontada com as *motivações* que a guiaram por cada ato. Por mais que o espírito tenha feito "boas ações" em vida, o que importa na morte, segundo o *Bardo Thödol*, são os motivos que o levaram àquilo. A pessoa em vida fez o que fez pelo desejo genuíno de ajudar o outro de maneira altruísta e despretensiosa, ou por vaidade, orgulho ou reconhecimento egoísta?

No *Bardo Thödol*, este processo de rever a vida que teve, ao contrário de como é popularmente explicado, não é feito como se estivéssemos "assistindo a um filme". Mais do que isso, a extensão de alma revive os principais e mais marcantes momentos de sua vida, realmente sentindo aquilo que sentiu enquanto vivenciava a situação, porém, com um olhar espiritual sobre as experiências.

Nesta fase do *bardo*, durante os primeiros catorze dias, a extensão de alma analisa sete aspectos seus, primeiro pelo viés da virtude, depois pelo viés da sombra. Cada um desses aspectos gera suas próprias formas-pensamento: bonitas e agradáveis, no caso da virtude, ou hediondas e amedrontadoras, no caso da sombra. Tanto a virtude quanto a sombra são polaridades opostas da natureza daquele aspecto.

O confronto que se estabelece, nesta fase do *bardo,* tem como propósito relevar no espírito a sintonia latente daquilo que foi sendo cristalizado durante a vida. Isto pode ser uma virtude lapidada, na qual a pessoa reconhece seu valor; pode ser o desejo ardente de conter uma determinada sombra; ou também a decepção por viver naquela sombra. Durante estes catorze dias, a extensão de alma fará uma autoanálise, com o propósito de saber em que nível evolutivo se encontra.

Caso, porventura, o espírito desencarnado se identifique com alguma das formas-pensamento geradas nesses catorze dias, seja por reconhecer em si aquela virtude, ou querer afastar de si aquela sombra, ele se liberta do *bardo*, ficando neste estágio até que seja a vez de sua próxima encarnação.

Do contrário, caso ele não se identifique com nada, se mantém no *Chönyid Bardo* e o lama segue lendo o *Bardo Thödol,* até que se completem os quarenta e nove dias.

Nesta fase, não é Deus que julga o homem, é a própria extensão de alma que analisa a si. De certa forma, é nesta fase do *bardo* que o espírito é capaz de identificar a forma-pensamento que antes vimos como sendo o *morador do umbral*.

O JUÍZO FINAL DO BARDO

Durante o *Chönyid Bardo* acontece também o juízo da extensão de alma. O *Thödol* explica que este juízo tem como juiz o *Senhor da Morte*, a própria consciência espiritual da extensão de alma. Na nomenclatura adotada neste livro, o Senhor da Morte é o juiz da extensão de alma durante o *Chönyid Bardo*, é a própria alma.

Enquanto o espírito é confrontado pelas motivações que o levaram a fazer o que fez, o Eu Superior, juntamente com a extensão de alma, classifica cada motivação como "boa" e "ruim", usando contas de seixo brancas e pretas, respectivamente.

O BARDO DO RENASCIMENTO

Após os três *bardos* da morte, os dois estágios do *Chikhai Bardo* — imediatamente antes e imediatamente depois da morte — e o *Chönyid Bardo*, o *Bardo Thödol* fala sobre outro período de transição: o *Sidpa Bardo* ou *bardo do renascimento*.

Existem seis *Bardos* no total: três ligados à morte, conforme vimos anteriormente, e outros três ligados à vida, isto é, ao período em que o espírito se encontra encarnado.

Após os catorze dias do *Chönyid Bardo*, se o espírito não se identificar com nenhuma das visões que teve, ou com nenhum dos sentimentos que experimentou através da constatação das formas-pensamento que percebeu, ele entra no período do *bardo* do renascimento.

O *Bardo Thödol* traz que, no geral, a maioria das extensões de alma desencarnadas, quando não se identifica com a Clara Luz Primária, ou com a Secundária do *Chikhai Bardo*, liberta-se do *bardo* durante o *Chönyid Bardo*. Raras são as exceções que avançam para o *Sidpa Bardo* (o *bardo* do renascimento).

Neste período, a extensão de alma tem fortes impulsos e vontades de renascer, por dois motivos principais: ou por apego à matéria e a vida terrena — no caso de espíritos involuídos — ou pelo *mahakaruna* e desejo ardente de voltar a servir à humanidade — no caso de espíritos extremamente iluminados, que não querem "desperdiçar tempo" no período entre-vidas.

O *Sidpa Bardo* serve para atrasar a próxima reencarnação, no caso dos espíritos involuídos. Nas palavras do *Bardo Thödol*, o *Sidpa Bardo* serve ao propósito de "impedir a entrada num ventre". O ideal seria que o período entre-vidas durasse, pelo menos, dez vezes o tempo que durou a última encarnação. Assim, se um espírito desencarnou aos sessenta anos, o ideal seria que o período de recuperação, no entre-vidas, fosse de seiscentos anos. Do contrário, existiria o extremo potencial de que a próxima fosse mais uma vida espiritualmente desperdiçada.

A atração do espírito involuído pela matéria pode ser tão poderosa que não há possibilidade do *lama* "fechar a porta do ventre" e atrasar sua próxima encarnação imediata. Neste caso, os dias que compreendem o *Sidpa Bardo* —isto é, dos dias quinze a quarenta e nove após a morte — o *lama* responsável pela leitura do *Bardo Thödol* prepara o espírito desencarnado, ansioso por uma nova vida terrena, para escolher "a porta do ventre" com alguma sabedoria e assertividade.

Algumas recomendações feitas pelo *lama*, contidas no *Bardo Thödol*, orientam o espírito a escolher pais pacíficos e virtuosos, que valorizem os estudos e a sabedoria. É recomendado também que o espírito evite se identificar com lugares onde a fome, a seca e a doença predominam — entretanto, caso escolha nascer ali, o *lama* nada pode fazer para impedi-lo.

Assim, tanto no fim da vida, quanto no começo dela, aquilo com o que o espírito se identifica será a sua bússola-guia.

› COMO SE PREPARAR PARA UMA BOA MORTE

A morte não implica, necessariamente, evolução do espírito, afinal, não é possível alguém recuperar uma sabedoria que nunca teve.

Se a pessoa não soube viver uma vida com a mente firme na luz e em Deus, certamente não é no momento da morte que aprenderá. Muito pelo contrário: no momento da morte, sentirá arrependimento pelo tempo desperdiçado, por fazer *tudo*, exceto expressar a vontade de Deus para ela. Assim, saber morrer é uma consequência natural de saber viver.

Quando o ego negativo toma conta, a tendência é usarmos nosso conhecimento para nós mesmos e não para o bem do Todo. Devemos ter sempre em mente que o conhecimento é como a água: da mesma maneira que mata a sede, também mata alguém afogado. A única variável é a maneira como seu uso é feito.

Agora que sabemos o que se sucede no momento da morte, mais especificamente sobre as fases do *bardo* que surgem na hora do desencarne, podemos perceber a importância de uma vida boa o suficiente para o resultado ser uma morte leve e pacífica — pelo menos do ponto de vista espiritual.

Para que todos tenhamos uma postura alinhada com aquilo que Deus espera de nós e para nós (em vida), resumirei a seguir algumas condutas que, a meu ver, tanto facilitarão o desenrolar de nossa existência atual, quanto nos prepararão para o momento em que nos despediremos da matéria, ao nos depararmos com o *bardo*.

1. Reconhecer sua origem espiritual em algum momento da vida — este reconhecimento, ainda em vida, facilita o juízo final do *Chönyid Bardo*, pelo Senhor da Morte;
2. Reconhecer que, para se ter uma boa morte, é preciso ter tido uma boa vida, alinhada aos propósitos divinos mais elevados;
3. Identificar em si a essência divina que ali habita;
4. Desidentificar-se da matéria e de *maya*, ainda em vida e o máximo possível;
5. Centrar-se na luz que existe em si, e não nos embates e competições oriundas do ego negativo, próprio ou externo;
6. Desenvolver a habilidade de serenar a mente, através da meditação e do desligamento dos sentidos físicos;
7. Reconhecer que *tudo o que há e é* não passa de uma extensão de nós mesmos;

8. Perceber-se parte do Todo e querer fazer parte do Todo;
9. Descobrir em si as virtudes, dons e qualidades que tem;
10. Analisar, ainda em vida, as reais motivações que levam a pessoa a fazer o que faz. Suas motivações são altruístas e contribuem com o *dharma*, ou egoístas e autocentradas?
11. Preparar-sem em vida, para a recuperação do espírito no período entre-vidas, ao invés de precipitar-se para uma nova encarnação, após o *Sidpa Bardo*;
12. Realizar isso ainda durante a vida e não na órbita dos últimos suspiros da morte.

ANOTAÇÕES DO DISCÍPULO

Capítulo 11

ALGUNS NOMES DE DEUS E MANTRAS SAGRADOS

"Deus é igual ao homem, menos o ego."
— Sathya Sai Baba

Agora que aprendemos sobre as fases do *bardo* e sua existência nos momentos que orbitam os momentos antes e depois da morte, espero ter sido capaz de destacar a importância de, durante a vida, cultivar o bem-estar, estabelecer boas práticas, desenvolver a serenidade e manter uma vida com a mente centrada na Luz e em Deus.

Não só isso aliviará as intempéries do ego negativo, ao longo dos anos, como nos preparará para um desencarne leve e livre de apegos, no momento da passagem do espírito para o próximo plano.

Para fazer isso na prática, é preciso estabelecer uma rotina confortável e que se encaixe no dia a dia de cada um. Por isso, a seguir, vamos falar sobre algumas formas para atingir tais resultados: a meditação diária, a entoação de mantras sagrados e os vários santos nomes de Deus.

› MEDITAÇÃO

Meditar é uma prática que envolve focar a mente em um objeto, pensamento, ou atividade, como a respiração, até alcançar um estado de clareza mental, relaxamento e consciência plena.

A meditação é um processo através do qual direcionamos nossa atenção para um ponto focal, como a respiração, uma imagem, uma cor ou um som, com a intenção de desenvolver atenção plena. Um dos principais objetivos da meditação é nos permitir atingir um estado mental mais calmo, tranquilo e sereno.

A meditação equivale ao *dhyana* do sistema ***Ashtanga Yoga***[24], e pode gerar um estado de profunda contemplação do divino que nos circunda, enquanto mantemos nossa concentração de maneira mais natural e contínua.

Existem inúmeras formas e técnicas de meditação, podendo ser autoconduzida, quando serenamos a mente em torno da respiração ou de um estado de paz; ou guiada, quando somos conduzidos durante o processo.

A prática da meditação não tem qualquer contraindicação e gera diversos benefícios, como: redução expressiva do estresse e da ansiedade (e consequente melhoria do sono), melhoria da saúde mental (incluindo memória e concentração), melhoria das capacidades de foco e concentração por períodos cada vez mais longos, e controle das oscilações emocionais.

Como podemos perceber, a prática contínua da meditação age sobre os vários níveis de engano aos quais estamos submetidos durante a encarnação. Por extensão, esta prática nos permite conter os impulsos do ego negativo; o que abre caminho para a aceleração do processo evolutivo. Algumas das práticas ascensionais do próximo capítulo, inclusive, serão feitas na forma de meditações guiadas.

24 O *Ashtanga Yoga* é um sistema de yoga com base em oito pilares — *ashta*, em sânscrito, significa *oito*. Os oito pilares do *Ashtanga Yoga* são: *yamas* (restrições éticas), *niyamas* (observâncias pessoais), *asanas* (posturas), *pranayamas* (respiração), *pratyahara* (retirada dos sentidos), *dharana* (concentração), *dhyana* (meditação) e *samadhi* (iluminação).

› MANTRAS E NOMES DIVINOS

A prática da entoação de mantras ou nomes sagrados de Deus é outra maneira eficaz de manter a mente serena e centrada na luz. Esta prática é especialmente relevante para os dias atuais, pois se encaixa com facilidade nas rotinas agitadas e ocupadas do dia a dia.

De forma similar à meditação, a entoação de mantras não tem contraindicações e pode ser incorporada, de forma habitual, ao longo do dia. Pode ser praticada durante atividades cotidianas, como tomar banho, cozinhar, recolher roupas do varal, brincar com animais de estimação, enfrentar o trânsito em grandes cidades, fazer compras no mercado, e assim por diante.

A palavra *mantra* vem do sânscrito, sendo um termo composto por duas partes: *manas* que significa "mente," e *tra*, que significa "proteção", "instrumento" ou "ferramenta". Portanto, *mantra* é um termo que pode ser associado ao conceito de *ferramenta da mente,* ou *proteção da mente.*

No contexto espiritual que nos interessa, um mantra pode ser qualquer som, de uma solitária e simples sílaba a uma frase completamente elaborada, desde que repetido, em meditação ou recitação, para treinar a concentração e promover elevação espiritual.

A repetição contínua de um mantra é considerada uma prática poderosa para acalmar a mente, promover a concentração, atingir um estado de tranquilidade e, em algumas tradições, invocar energias espirituais específicas. Um exemplo claro do poder dos mantras está no próprio Festival de ***Wesak***[25], no qual o Senhor Maitreya, na posição do Cristo Planetário, recita mantras secretos e específicos, para abençoar este sagrado momento.

25 O Festival de Wesak é uma comemoração anual budista que celebra o momento no qual Sidarta Gautama atingiu a iluminação sob a figueira. Por seguir o calendário lunar, o Wesak não é marcado por uma data fixa no calendário gregoriano. Segundo a tradição, este sagrado Festival é celebrado no ápice da Lua Cheia (ou plenilúnio) do signo de Touro, isto é, na Lua Cheia enquanto o Sol está em Touro — o que, na astrologia, equivale à Lua Cheia em Escorpião.

Cada mantra pode ter um significado específico e uma finalidade única, e a escolha do mantra varia conforme a tradição do praticante, ou o efeito que se espera do mantra. A prática da entoação de mantras é mais presente em tradições de origem hindu ou budista. Costuma-se acreditar que, quanto mais próxima à fonética original, na qual o mantra foi criado, mais poderosos serão os resultados consequentes daquela entoação. No caso dos hindus, os mantras são, predominantemente, em sânscrito; enquanto para os budistas, podem ser tanto em tibetano, quanto em mandarim ou japonês, dependendo da linhagem budista em questão.

Tamanhas são a flexibilidade e a simplicidade da prática da entoação de mantras que é permitido, inclusive, repetir nomes sagrados do próprio Deus — independentemente da língua ou da tradição. Repetir o nome de Deus é uma das formas mais poderosas que conheço para manter nossas mentes voltadas a Ele. Logo, ao desenvolvermos o hábito desta prática ainda em vida, quando chegar a hora do *bardo,* não deve haver dificuldade para nos unirmos à Clara Luz Primordial.

A Lei da Atração, conforme ensinada pelos **Abrahams**[26], está relacionada ao fato de criarmos a realidade desejada, inicialmente, por meio do pensamento criativo. Em seguida, nos sintonizamos com essa realidade desejada usando sentimentos positivos e a gratidão.

Desta forma, quando repetimos o nome de Deus, tal como faríamos com outro mantra, atraímos essa energia divina para nossas vidas.

No entanto, não basta apenas *pensar* em Deus, é preciso também *sentir* essa conexão se estabelecendo, para que a Lei da Atração funcione plenamente.

Quando alcançamos essa união, entramos em um profundo estado contemplativo, no qual conseguimos perceber a presença divina

26 Os *Abrahams* compõem um grupo de seres espirituais que, nos anos 1980, revelou a Jerry e Esther Hicks os primeiros conceitos daquilo que atualmente conhecemos como *Lei da Atração*, a qual é baseada no princípio de que "semelhante atrai semelhante". Algumas obras do casal Hicks, que trazem mais informações sobre os Abrahams, são *Peça e Será Atendido* e *O Incrível Poder da Emoção.*

em tudo ao nosso redor — desde os detalhes mais simples e belos nas pétalas de uma flor, até as imagens mais abstratas formadas pelas nuvens; e assim por diante.

Nesse estado contemplativo, recitar qualquer nome sagrado de Deus se torna extremamente significativo, pois reconhecemos que a palavra em si é mais do que um som — é uma expressão da energia divina da Criação. Afinal, qualquer palavra, por mais santa que seja, não é nada além da energia que carrega.

Para tornar esta prática ainda mais poderosa, ao recitar qualquer que seja o nome de Deus, visualize uma forma divina de sua preferência. Seja um senhor barbudo, uma mulher majestosa e empoderada, um campo de força, uma luz intensa ou qualquer outra forma que desejar visualizar. Recitar o santo nome de Deus é uma maneira de conter o ego negativo em cada um de nós, enquanto lhe mostramos o caminho até Deus.

Reforço: independentemente do som escolhido como palavra de poder, seja um mantra hindu ou tibetano, um nome sagrado de Deus (em qualquer língua ou tradição), o Pai Nosso, ou a própria Grande Invocação, a força espiritual contida naquele som se fará presente. Do contrário, *no início da Criação, não poderia ter sido recitado O Verbo.*

Os mantras, os nomes de Deus, e outras palavras de poder que podem ser repetidas audivelmente, mentalmente (em silêncio), de forma sussurrada ou escrita — são todas perspectivas válidas, cada uma com seus efeitos específicos.

A entoação de quaisquer palavras de poder não deve ser feita de forma mecânica, isto é, sem que se preste atenção naquilo que está sendo dito,ou imaginado. Este é um dos motivos pelos quais associar a visualização de uma forma divina é tão importante. Essa visualização traz a pessoa para o momento presente.

Repetir palavras de poder de origem espiritual é uma forma de reprogramar a mente subconsciente, a fim de polarizá-la na luz da alma, e não mais nas intempéries do ego negativo. Além disso, entoar os nomes sagrados de Deus purifica os chakras, restabelece a integridade energética da aura, e potencializa a saúde e a imunidade dos nossos vários corpos.

Quando entoamos mantras, ou nomes de Deus, de forma associada à visualização de alguma forma divina, forçamos nossas mentes conscientes a reconhecerem nossa verdadeira origem e natureza. Nisso, conseguimos elevar as consciências individuais à consciência do Criador. Treinar a mente consciente nesta habilidade, ainda em vida, tira o peso do desencarne do espírito, possibilitando o fim do *bardo,* logo no primeiro estágio.

Por isso, veremos, a seguir, uma série variada de alguns mantras poderosos, nomes sagrados de Deus e outros sons sagrados, a fim de que esta prática seja de fácil inclusão na rotina.

› MANTRAS HINDUS

1. OM

O mantra *Om* pode, facilmente, ser considerado um dos mantras mais sagrados. No hinduísmo, o Om é tido como o som primordial, isto é, o som do qual o universo emanou. Muitas vezes, este mantra é referido como o "Som Cósmico" ou o "Som Universal". Acredita-se que recitar o Om conecta o praticante à energia cósmica e à consciência universal divina.

Este mantra é usado, frequentemente, como um ponto de foco na meditação, sendo recitado tanto no início, quanto no final da prática meditativa. Recitar o Om abre os caminhos através dos quais conseguimos alcançar estados mais elevados de consciência, que nos permitirão compreender nossa natureza, real e transcendental. Meditar no Om também permite alcançar um estado de paz interior e equilíbrio espiritual, facilitando nossa conexão com o divino.

2. OM NAMAH SHIVAYA

Este é um mantra hindu dedicado às honrarias do Senhor Shiva, o deus hindu da morte e da destruição de tudo aquilo que é falso, irreal e ilusório. O *Om Namah Shivaya* pode ser entendido como "Om e saudações ao Senhor Shiva". As palavras *namah* e *namaha*, comumente repetidas em muitos mantras, derivam da raiz verbal sânscrita *nam*, que significa *reverenciar*, *saudar*, *ajoelhar-se diante de* ou *honrar*.

Quando é usado no cotidiano, este mantra tem um grande poder purificador e pode ser usado para dissipar o karma negativo e demais impurezas do campo energético da pessoa que o entoa devocionalmente. Usado durante processos meditativos, o mantra conecta o praticante ao Senhor Shiva. Aqueles que focam neste mantra, durante a meditação, são capazes de transcender a dualidade material, unindo sua consciência à consciência divina.

Iconograficamente, Shiva é representado com os olhos entreabertos, ou semicerrados. Esta representação significa que o Destruidor não está nem completamente envolvido com o mundo material (olhos completamente abertos), nem completamente alheio a ele (olhos completamente fechados).

Nesta postura, Shiva mantém seu foco na realidade cósmica, isto é, no Todo (que no hinduísmo é chamado *Brahman*), além das separações e dualidades; ao mesmo tempo em que não deixa de viver no mundo material. Em outras palavras, ele aplica, na prática, as Leis do Céu na Terra.

3. OM NAMO NARAYANAYA

O mantra *Om Namo Narayanaya* é um mantra, também da tradição hindu, associado à Narayana — uma das formas de Vishnu, o deus responsável por preservar a ordem do universo e toda a Criação. Uma das origens da palavra *Narayana* é atribuída à junção de *nara*, que significa *homem* em sânscrito; e *yana*, que significa *carro* ou *veículo* — isto é, o *Supremo Veículo na forma de Homem*. Ao entoarmos este mantra, invocamos a energia de calma, estabilidade e equilíbrio que emanam de Vishnu.

De maneira análoga ao mantra anterior, *Om Namo Narayanaya* significa "Om e saudações ao Senhor Narayana" (ou Vishnu). Dentro da tradição hindu, este mantra também é entoado continuamente, para promover estados de cura e bem-estar, tanto físico quanto espiritual.

A prática regular da meditação neste mantra pode ser entendida como um dos meios de cultivarmos o amor, a devoção e a conexão espiritual através de Vishnu, a fim de superarmos quaisquer desequilíbrios, restabelecendo a devida ordem.

4. HARI OM TAT SAT

Este mantra hindu, apesar de curto, é dono de uma vasta gama de significados espirituais.

Hari, assim como *Narayana*, é outro dos nomes usados para invocar Vishnu. *Om* é o som primordial e o fim da forma. *Tat*, em sânscrito literal, significa "isso" ou "aquilo"; entretanto, num contexto espiritual, *Tat* também aponta para o *Supremo Espírito* ou o *Divino*. Por fim, *Sat* é uma palavra que significa "verdade" (*satya*), ou "essência" (*sattva*). Neste mantra, *Sat* é um reforço da realidade eterna e imutável da consciência cósmica, ou de Deus.

Combinar os significados das quatro palavras, quando este mantra é entoado, é uma forma de invocar as energias divinas associadas a Vishnu (*Hari*) e estabelecer conexão com a realidade suprema *(Om Tat Sat)*. Sua repetição gera limpeza energética, facilitando a purificação espiritual e a busca da verdade última.

5. GAYATRI MANTRA

O Gayatri Mantra é um dos mais reverenciados, sagrados e antigos, nos Vedas da tradição hindu. Gayatri é uma deidade feminina e também uma das formas da deusa Savitar, uma divindade solar. De acordo com a tradição hindu, Savitar é considerada uma personificação da própria luz divina e, ao entoarmos o Gayatri Mantra, obtemos mais clareza mental e espiritual.

Em sânscrito, a letra do Gayatri Mantra é a seguinte:

Om Bhur Bhuvah Svaha
Tat Savitur Varenyam
Bhargo Devasya Dhīmahi
Dhiyo Yonah Prachodayāt

De acordo com a autora Patrícia Cândido, em sua obra *Os Mantras Mais Poderosos de Todos os Tempos*, um dos significados mais assertivos atribuídos ao Gayatri Mantra é:

Ó, Grande Luz do Universo
Ó, Grande Removedouro da dor e tristeza
Descei vossa luz ao nosso intelecto,
para que possamos saber a direção correta

Quando recitado, este mantra auxilia a busca da bênção divina, da iluminação espiritual e da solução criativa para problemas complicados. Ele também ajuda na descoberta da nossa missão de vida, traz discernimento para nossas decisões e contribui para a superação das crises de qualquer ordem. A repetição constante deste mantra, com o tempo, conduz à expansão da consciência e à elevação espiritual.

6. MAHAMANTRA

O termo *Mahamantra* pode ser entendido como o *Grande* (ou *Poderoso*) *Mantra*. Um nome alternativo para este mantra é o *Hare Krishna Maha Mantra*. Em sânscrito, a letra do Mahamantra é a seguinte:

Hare Krishna Hare Krishna
Krishna Krishna Hare Hare
Hare Rama Hare Rama
Rama Rama Hare Hare

Este mantra é uma invocação aos Mestres Rama e Krishna, a sétima e oitava encarnações do deus Vishnu. Até onde se sabe, *Hare* tem dois significados distintos, porém complementares: *Hare* pode ser uma forma alternativa de *Hari*, um dos nomes de Vishnu, o removedor da ilusão.

Hare também pode ser uma forma alternativa de *Hara*, um dos nomes de Radha, a consorte de Krishna. Neste segundo significado, *Hare* invoca a energia feminina e complementar à de Krishna, o que equilibra a polaridade entre o masculino e o feminino. Entoar este mantra continuamente permite desenvolver um relacionamento íntimo e amoroso com o próprio Deus, purificando e alinhando a mente e o coração, e trazendo mais alegria para a vida.

7. OM ASATO MA SADGAMAYA

Este mantra também é conhecido como *Pavamana Mantra* e pode ser usado para buscar orientação espiritual, conhecimento e sabedoria. *Pavamana* significa "sendo purificado", em sânscrito, e a letra deste mantra é a seguinte:

Om Asato Ma Sadgamaya
Tamaso Ma Jyotirgamaya
Mrityor Ma Amritamgamaya

Após pesquisar as origens sânscritas de cada palavra, um dos possíveis significados deste mantra pode ser o seguinte:

Om
Conduz-nos, ó Senhor,
Do irreal para o real,
Das sombras para a Luz,
Da morte para a imortalidade

O Pavamana Mantra é, praticamente, uma oração em formato de mantra. Esta oração traz orientação divina e ajuda a transcender a ilusão, tanto a do plano mental, quanto do plano físico, para alcançar a verdadeira realidade. Lembrando que, no hinduísmo, somente aquilo que é eterno e imutável pode ser considerado real.

8. OM SHANTI

Este mantra é utilizado em muitas práticas espirituais e meditativas. Ele é formado por duas partes principais: o *Om*, representando o som primordial e sagrado; e *Shanti* que, em sânscrito, significa "paz".

Geralmente, a palavra Shanti é repetida três vezes, para enfatizar a paz em todo nosso sistema de quatro corpos (físico, emocional, mental e espiritual). Assim:

Om Shanti Shanti Shanti

Este mantra é uma prece pela paz interior e tranquilidade da mente, pela paz no mundo e entre as pessoas, e pela paz em todos os níveis da existência.

9. SO HAM

No capítulo 6, aprendemos sobre os fenômenos da inspiração e expiração de Brahma, os quais marcam o *manvantara* e o *pralaya*, respectivamente. O mantra *So Ham*, segundo a tradição hinduísta, imita os sons que Brahma, o deus da criação, emana ao respirar.

De acordo com essa tradição, enquanto Brahma inspira (quando o ar entra), emana o longo e suave *So*; e, enquanto expira (quando o ar sai), emana um discreto e calmo *Ham*.

A tradução literal de *So Ham*, do sânscrito, é equivalente a *Eu Sou o Eu* ou *Eu Sou Deus*. A prática do mantra So Ham é comum durante os *pranayamas*, o braço do *Ashtanga Yoga* que trabalha a respiração. O fundamento é nos reconectar à consciência divina do Todo durante a respiração. Esta prática deve ser feita recitando o mantra mentalmente, conforme o ritmo de nossas próprias respirações: ao inspirar, pensamos *So* e, ao expirar, pensamos *Ham*.

Praticar o So Ham permite perceber a consciência divina presente em cada um de nós, enquanto nos conectamos com a essência espiritual e universal. Além disso, a respiração So Ham gera centramento, autoconsciência e uma profunda sensação de relaxamento.

Ter contato com este mantra, e aplicá-lo devidamente, foi uma experiência a partir da qual descobri que a respiração So Ham é uma prática extremamente forte, ainda que simples; sendo capaz de dissolver completamente as impurezas mentais plantadas pelo ego negativo, pelo menos durante sua prática.

Logo, para benefícios mais duradouros e ainda mais perceptíveis, fazer a respiração So Ham, ao longo do dia, não apenas durante meditações, como também durante momentos estressantes e desgastantes da rotina, impede que o ego negativo retome o controle da mente consciente, quando nossas energias oscilarem.

10. MAHA MRITYUNJAYA MANTRA

Este mantra também é conhecido como *Tryambakam Mantra*, tratando-se de outra forma de invocar a energia do deus Shiva, aquele que aniquila a irrealidade. O Maha Mrityunjaya Mantra tem a seguinte letra, em sânscrito:

Om Tryambakam Yajamahe
Sugandhim Pushtivardhanam
Urvarukamiva Bandhanan
Mrityor Mukshiya Maamritat

Estudando sobre os significados, em sânscrito, de cada palavra, podemos chegar à seguinte tradução aproximada:

Om e adorações Àquele Que tem Três Olhos
Que é fragrante e nutridor
Assim como um pepino maduro
se desprende facilmente da videira,
Que sejamos libertos da morte para a imortalidade.

Por invocar a energia de Shiva, o deus da destruição e da renovação daquilo que não é, assim como a própria energia da imortalidade, o Maha Mrityunjaya Mantra costuma ser recitado para rogar proteção contra mortes prematuras, além de atrair saúde física, emocional, mental e espiritual. Pela tradição hindu, entoar este mantra devocionalmente tem o poder de liberar o praticante do ciclo de renascimento e morte (*moksha*).

› MANTRAS TIBETANOS

I. VAJRA GURU MANTRA

O Vajra Guru Mantra também é conhecido, no Tibete, como *Padmasambhava Mantra*, pois invoca a energia de Padmasambhava, o Guru Rinpoche original — responsável por estabelecer e disseminar o budismo no Tibete, no século VIII. A palavra *Guru*, em sânscrito, refere-se a um professor ou guia espiritual; significado equivalente aos *Lamas* do Tibete. Já *Rinpoche*, no tibetano, significa *precioso*.

A palavra *Vajra* significa *diamante,* em sânscrito — ou *dorje,* em tibetano —, e faz referência à linhagem *vajrayana* do budismo tibetano. As outras duas linhagens são a *hinayana* e a *mahayana*.

Vajrayana significa "Veículo de Diamante" e, em essência, prega que a mente daqueles que seguem esta linhagem seja como o próprio diamante: resistente, determinada e capaz de cortar tudo, ao mesmo tempo em que é transparente (isto é, pura) e brilhante.

Portanto, o Vajra Guru Mantra é o mantra que invoca, para aqueles que o entoam, a energia e sabedoria de toda linhagem espiritual dos Gurus Rinpoche, cujas mentes eram fortes e resistentes e, ao mesmo tempo, límpidas e brilhantes, cortando as ilusões da vida terrena.

Ter uma mente forte e resistente impede que ela seja dobrada ou dissuadida pelos caprichos do ego negativo, enquanto a mente límpida e brilhante é praticamente imaculada, livre de projeções, ou impressões mentais próprias da pessoa, sobre a interpretação dos fatos que observa.

A letra do Vajra Guru Mantra é a seguinte:

Om Ah Hum Vajra Guru Padma Siddhi Hum

que é pronunciado pelos tibetanos como:

Om Ah Hung Benza Guru Pema Siddhi Hung

No budismo tibetano, este mantra é pronunciado diferentemente das palavras da letra original, unicamente porque o tibetano não contempla alguns sons presentes no sânscrito. Esse fato não anula a entoação tibetana, ou invalida o efeito do mantra. A entoação tibetana é a oficialmente reconhecida para este mantra.

Quanto aos significados das palavras da letra em sânscrito, podemos entender o seguinte:

- *Om* é o som primordial universal;
- *Ah* é raiz do verbo "permear", em sânscrito, e neste mantra tem um sentido de "invocar" a energia da mente de diamante;
- *Hum*, na linhagem Vajrayana, é conhecido como sendo a *semente do conhecimento* ou *sílaba-semente*, a qual prepara e abre a mente para o novo;
- *Vajra Guru* representa a essência de todos os Budas, cujas mentes têm as qualidades do diamante, as quais queremos expressar em nossas próprias mentes;
- *Padma* é a flor de lótus que emerge do lodo, representando as ilusões da matéria, símbolo da pureza iluminada (ou purificação) intencionada para a mente;
- *Siddhi*, em sânscrito, significa tanto *conhecimento* quanto *realização*;

Assim sendo, uma tradução aproximada do Vajra Guru Mantra é:

Om, invocamos a essência de todos os Budas,
Para que nossas mentes sejam purificadas.
Concedam-nos a realização espiritual e a
elevação de nossos espíritos

Em resumo, o Vajra Guru Mantra representa a união da compaixão com a sabedoria, resultando em ações iluminadas e numa forte conexão espiritual. Por fim, vale ressaltar que, tamanhas são a força e a ancoragem promovidas pelo Vajra Guru Mantra, que ele é um dos mantras entoados durante o Festival de Wesak, a fim de abençoar todos os povos e aumentar o quociente de luz da Terra.

2. OM MANI PADME HUM

O mantra *Om Mani Padme Hum* é um dos mais conhecidos e recitados no budismo. A prática de entoá-lo é considerada poderosa para purificar a mente e cultivar a compaixão por todos os seres, independentemente da nossa relação com eles.

Este é um dos mantras cujo significado também é um dos mais conhecidos, que é o seguinte:

Da lama, nasce a flor de lótus

Mani, em sânscrito, significa *joia*, representando a intenção de alcançar a iluminação, considerada mais preciosa que uma joia. Este mantra reflete a busca da preciosidade da iluminação, no lótus da purificação espiritual.

Uma consequência da entoação deste mantra é a geração da compaixão universal. Esta virtude, associada à Kwan Yin (a *Bodhisattva* da Compaixão), é expressa na forma de qualidades como inclusão, altruísmo e empatia, as quais permitem a superação das influências do ego negativo.

Isto, por sua vez, estimula o desenvolvimento espiritual e mais respeito à vida, por parte daqueles que entoam este sagrado mantra.

3. OM TARE TUTTARE TURE SVAHA

Este mantra também é chamado, no budismo, de Mantra da *Tara* Verde. *Tara*, no budismo, é venerada como a *Mãe de Todos os*

Budas, sendo a deusa que personifica a compaixão, o altruísmo e a benevolência perante todos os seres.

Na tradição budista, a título de curiosidade, acredita-se que a deusa Tara se manifesta sob vinte e uma diferentes formas, cores e atributos espirituais; três das quais são as mais populares:

- Tara Verde: é considerada a *Tara Salvadora*, de resposta rápida àqueles que a invocam. A Tara Verde costuma ser invocada para superar obstáculos, medos e perigos mundanos, através da multiplicação infinita da força interna de cada um, ou da facilitação de ajuda externa;
- Tara Branca: é a *Tara Compassiva*, ou *Tara da Longa Vida*. Geralmente associada à cura, longevidade e proteção contra obstáculos físicos. É a Tara que personifica a compaixão e age no alívio do sofrimento e na busca da cura, em todos os níveis do ser;
- Tara Vermelha: é a *Tara Amorosa*. Costuma ser associada à harmonia dos relacionamentos amorosos, à sedução e ao magnetismo — seja pessoal ou relacionado a outras pessoas. É a forma de Tara ligada à transformação dos desejos mundanos e à própria iluminação;

Quanto ao significado deste mantra tão poderoso, podemos dizer o seguinte:

- *Om* é o som primordial universal;
- *Tare* é a invocação da deusa Tara, para que ela se manifeste e se faça presente;
- *Tuttare* é uma palavra composta por *tu*, sendo uma das raízes do verbo "crescer", em sânscrito, e *Tare*. Logo, *Tuttare* reforça a súplica à deusa Tara, para que ela se faça presente, protegendo contra os perigos, inclusive, espirituais;

- *Ture* vem de *tura* que, em sânscrito, significa *rápido* ou, neste caso, *rapidamente*, trazendo ainda mais agilidade às bênçãos esperadas da deusa Tara, tanto para nós, quanto para os outros (através de nós);
- *Svaha* significa acolhimento às bênçãos dadas, no sentido de: *Salve!* ou *Que uma bênção permaneça!*;

Assim, uma das possíveis traduções para o significado deste mantra seria:

Om, Tara, por favor, se faça presente e nos ajude com sua destreza e velocidade, assim seja!

Em resumo, o Mantra da *Tara* Verde deve ser usado diante dos diversos perigos, tanto mundanos, quanto espirituais, para que esta força compassiva se faça presente e nos ampare em nossa caminhada espiritual.

› NOMES SAGRADOS DE DEUS

Dependendo da religião ou crença, Deus tem um nome sagrado específico. Em novembro de 2021, tive a honra de participar de um congresso espiritual conduzido pelos doutores James e Desiree Hurtak, cujas lições são baseadas na pesquisa que gerou *O Livro do Conhecimento: as Chaves de Enoch*.

Lá, tive contato com vários ensinamentos judaicos a respeito de Deus e Sua vontade para nós. A seguir, detalharei os significados de alguns dos nomes sagrados de Deus em hebraico, com os quais tive contato e uso no meu cotidiano, a fim de que todos possamos nos conectar a Ele.

1. ELOHIM

Elohim significa *Deus* e, de acordo com os doutores Hurtak, Elohim expressa o aspecto *mãe*, *criador*, ou *gerador* de Deus.

2. YOD HAY VOD HAY (YHWH)

O nome *Yod Hay Vod Hay* também é conhecido como *Tetragrama*, por representar as quatro letras que compõem o nome sagrado de Deus, isto é, YHWH (lê-se: *Iavé*). É a forma mais sagrada, no judaísmo, de se referir a Deus. É também uma das referências arcaicas, na tradição judaica, ao nome *Jeová*; o nome vivo e revelado de Deus.

Yod Hay Vod Hay ou *YHWH,* ou *Iavé,* representam o aspecto *pai* ou *nutridor* de Deus.

3. SHEKINAH

Shekinah representa o aspecto *filho* de Deus. Shekinah expressa a presença divina e a própria glória de Deus, especialmente enquanto estamos em comunhão; celebrando, reconhecendo ou exaltando a existência e a presença de Deus, com nossos irmãos e irmãs em Deus na Terra.

O nome *Shekinah* manifesta um profundo reconhecimento da presença de Deus em nossas vidas e, geralmente, remete a estados de contemplação da própria Criação.

4. ADONAI

Este nome sagrado significa *Senhor* ou *Meu Senhor*, e expressa o aspecto material de Deus, isto é, Deus percebido na vida física.

O uso do nome Adonai, para expressar Deus, destaca a distinção entre o Criador e Suas criaturas, expressando reverência e submissão ao Poder que está acima de nós.

5. EL-SHADDAI

Este é um dos títulos atribuídos a Deus nas escrituras sagradas do antigo testamento, costumeiramente traduzido como *Deus Todo-Poderoso*. A palavra *El* significa Deus, enquanto que *Shaddai* expressa os conceitos de poder e força.

6. RUACH HAKODESH

Ruach Hakodesh está associado à qualidade divina ou à influência de Deus sobre Sua Criação e Suas criaturas. Ruach Hakodesh é a expressão, em hebráico, para o *Divino Espírito Santo*.

7. AIN SOPH

Ain Soph é a expressão, em hebraico, que significa *Sem Fim* ou *Infinito*. Este termo costuma ser usado para descrever a natureza infinita e insondável de Deus, transcendendo qualquer limitação ou predefinição

Este é o aspecto divino que representa o conceito absoluto de um Deus completamente além de quaisquer atributos ou qualidades descritíveis pelo homem.

8. AIN SOPH UR

Ain Soph Ur (ou *Aur*) significa *Luz Infinita de Deus,* ou *Luz Infinita do Absoluto*, sendo uma das designações para Deus que, pessoalmente, aplico em minhas práticas espirituais.

9. HYOS HA KODESH

Hyos Ha Kodesh significa *Servos Altíssimos do Antigo de Dias*, estabelecendo nossa ligação perpétua às vontades de Sanat Kumara, o Logos Planetário.

10. KODOISH, KODOISH, KODOISH ADONAI TSEBAYOTH

A expressão *Kodoish, Kodoish, Kodoish Adonai Tsebayoth* significa *Santo, Santo, Santo é o Senhor Deus dos Exércitos* (ou *do Universo*). A pronúncia pode ser tanto *Kodosh* quanto *Kadosh*.

Segundo os doutores Hurtak, na Chave 305 de *O Livro do Conhecimento: as Chaves de Enoch*, trata-se de uma saudação divina, usada para cumprimentar e diferenciar os anjos verdadeiros dos falsos, além de identificar aqueles que não têm o Amor de Deus em si.

› MANTRAS E PALAVRAS DE PODER DA NOVA ERA

1. MANTRA DA ALMA

Este é um dos mantras apresentados à humanidade pelo Mestre Djwhal Khul, em seus ensinamentos, através de Alice Bailey. Trata-se do seguinte mantra:

Eu sou a Alma
Eu sou a Luz Divina
Eu sou o Amor
Eu sou a Vontade
Eu sou o Desígnio Estabelecido

A palavra *desígnio* vem de *designare*, que significa "indicar" em latim. Assim sendo, o "desígnio estabelecido", invocado neste mantra, aponta que os desígnios de Deus são uma indicação daquilo que é o melhor para nós.

Os desígnios de Deus são os Seus planos, sempre amorosos e compassivos, integrantes do projeto maior de Sua Criação.

Ao invocar o Mantra da Alma, aceleramos o processo evolutivo por, deliberadamente, pedirmos aos Céus que nos encaixemos nos planos de Deus.

A prática do Mantra da Alma também estimula a construção da primeira metade do antahkarana, desde nosso espírito encarnado — a extensão de alma que somos — até a própria alma. Portanto, recitar o Mantra da Alma é uma prática que abre os caminhos para a superação das quatro primeiras iniciações do subplano físico do plano físico cósmico, do discípulo ao *arhat*.

2. MANTRA DA MÔNADA

O Mantra da Mônada é outro dos mantras que nos foram ensinados por Djwhal Khul, sendo o seguinte:

Eu sou a Mônada
Eu sou a Luz Divina
Eu sou o Amor
Eu sou a Vontade
Eu sou o Designio Estabelecido

Invocar o Mantra da Mônada reforça nossa conexão com a essência divina espiritual mais pura e perfeita. É graças à mônada, uma partícula luminosa do próprio Deus, que existimos.

Praticar regularmente o Mantra da Mônada estimula a construção da metade final do nosso antahkarana, entre a alma e a mônada. Logo, recitar este mantra, tão simples e poderoso, reafirma nossa vontade de sermos um com Deus e servi-Lo em Seu santo plano.

O Mantra da Mônada facilita e acelera a superação da quinta e da sexta iniciações, aumentando nosso quociente de luz e equilibrando nosso karma negativo, até que nos tornemos mestres ascensionados.

3. INVOCAÇÃO DO MAHATMA

O Mahatma é também conhecido como o *Avatar da Síntese*, um ser de elevadíssimo quilate espiritual, que habita os planos mais elevados e sutis da existência. Ele está acima do próprio Logos Solar, sendo um dos intermediários entre nós, nossa evolução e Deus.

Segundo Vywamus, o Eu Superior (ou alma) de Sanat Kumara, o Mahatma (ou o Avatar da Síntese), orienta toda a evolução da Criação, assim como a alma orienta a nossa própria. Em outras palavras, podemos entender a posição do Mahatma,dentro da Hierarquia Cósmica, como a alma cósmica, ou Grande Alma, que une todas as extensões de alma encarnadas ao próprio Deus.

Se imaginarmos, por exemplo, um antahkarana cósmico que atravessa todos os níveis evolutivos da Criação, partindo de nós (extensões de alma encarnadas) até Deus, na metade deste antahkarana cósmico, encontraríamos o Mahatma.

Até a quarta iniciação, é a alma que atua mais ativamente em nossa evolução. Depois, até a sexta iniciação, é a mônada que se ocupa desta função. Já para as iniciações posteriores, da oitava até o próprio Deus, é o Mahatma, o Avatar da Síntese, quem nos orienta.

A energia do Mahatma acelera absurdamente o processo evolutivo, a quitação do karma negativo sem sofrimento, e também a construção do nosso corpo de luz — o que será útil no momento da ascensão oficial, isto é, na sexta iniciação.

A Invocação do Mahatma pode ser feita de acordo com a prática adiante, neste mesmo capítulo.

Caso seja do seu interesse aprender mais sobre este ser tão sublime e magnifico, existem as seguintes obras sobre o tema: *Mahatma I & II*, de Brian Grattan; e *The Story of Sanat Kumara: Training a Planetary Logos*, em português e com tradução livre, *A História de Sanat Kumara: Treinando um Logos Planetário*, de Janet McClure.

4. A GRANDE INVOCAÇÃO

A Grande Invocação é uma oração universal, não vinculada a quaisquer dogmas religiosos existentes . Segundo a Fundação Lucis, detentora dos direitos originais da obra de Alice Bailey, a Grande Invocação foi dada à humanidade por Djwhal Khul, em abril de 1945, como um presente para todas as pessoas de boa vontade.

A Grande Invocação foi construída com base algumas verdades centrais, como:

- A existência de uma Inteligência Básica, que chamamos *Deus*;
- A existência de um plano que rege toda a evolução espiritual do Universo, cujo poder motivador é o Amor;
- A existência de uma grande individualidade, chamada pelos cristãos de *Cristo*, isto é, Senhor Maitreya, o Instrutor do

Mundo, que veio à Terra e personificou esse amor para que pudéssemos senti-lo e compreendê-lo ;

- O entendimento de que, tanto o amor, quanto a inteligência, são manifestações da chamada *Vontade de Deus*;
- O entendimento de que, somente através da humanidade, o Plano Divino pode funcionar.

A Grande Invocação está disponível, integralmente, adiante, neste mesmo capítulo. Observe que o penúltimo parágrafo foi adaptado da versão original, que é a seguinte:

Do centro a que chamamos raça dos homens,
Que se manifeste o Plano de Amor e Luz
e sele a porta de onde se encontra o mal.

Ambas as versões têm igual significado e efeito sobre nossa evolução. Assim, deixo a seu critério escolher qual delas usar.

INVOCAÇÃO DO MAHATMA

Conforme já explicado anteriormente, o Mahatma é o *Avatar da Síntese*, tratando-se da *alma cósmica* entre a personalidade encarnada (nós) e Deus. Ele é responsável por intermediar nossa evolução até Deus, inclusive após a ascensão.

Invocar a energia do Mahatma é outra forma de acelerar, mesmo que indiretamente, a construção do antahkarana, nossa ascensão e evolução, através dos vários níveis, até a completa teorrealização.

Por considerar a Invocação do Mahatma uma prática de bom tom, para aqueles que buscam a iluminação, o equilíbrio kármico e autorrealização em Deus, decidi incluí-la em nosso circuito ascensional.

PRÁTICA 8

A Invocação do Mahatma pode ser feita recitando as seguintes palavras, verbal ou mentalmente.

Caso consiga, faça esta invocação duas vezes ao dia, logo ao acordar e antes de dormir.

Você também pode invocar a energia do Mahatma caso acorde de madrugada, caso sinta picos súbitos de ansiedade ou tristeza, ou quando vivenciar momentos em que tenha que tomar decisões importantes.

Seguem as palavras da Invocação do Mahatma:

Neste momento, eu aceito e invoco uma infusão
profunda da energia do Mahatma
em toda a minha matriz energética.
Que se estabeleça uma irradiação plena
do meu Eu Divino a serviço de Tudo O Que É.
Eu sou

A GRANDE INVOCAÇÃO

No capítulo anterior, aprendemos que a Grande Invocação (da Paz) é considerada pelos Mestres uma oração universal, completamente desvinculada de dogmas religiosos.

Rezar a Grande Invocação não tem quaisquer contraindicações, podendo ser imediatamente ao acordar, logo antes de dormir, ao longo do dia, ou até mesmo durante projeções astrais.

A Grande Invocação reforça nossa conexão, tanto com a alma, quanto com a mônada. Quando dizemos "flua Luz às mentes dos homens", estamos ativando todos os potenciais do nosso cordão da consciência, que une nossa mente à alma. Já quando dizemos "flua Amor aos corações dos homens", o sutratma é ativado, aumentando o quociente de luz que recebemos da mônada e a capacidade vital de cada célula, seja física ou espiritual.

PRÁTICA 9

Antes de começarmos nossa prática, encontre um espaço tranquilo, silencioso e confortável, onde possa relaxar.

Feche os olhos e respire de forma profunda e suave. Sinta uma sensação de calma e serenidade envolvendo todo o seu ser.

Agora, em sua tela mental, visualize dois pontos luminosos no céu da noite. O primeiro corresponde à sua alma, a essência mais profunda do seu ser. O segundo corresponde à sua mônada, a Poderosa Presença Eu Sou que é uma extensão do próprio Criador.

Agora, vamos praticar a respiração do So Ham sete vezes.

Inspire profundamente, repetindo mentalmente a palavra "So", e expire repetindo mentalmente a palavra "Ham". Vamos lá?

Inspirou pensando "So"... Expirou pensando "Ham"...
Inspirou pensando "So"... Expirou pensando "Ham"...
Inspirou pensando "So"... Expirou pensando "Ham"...
Inspirou pensando "So"... Expirou pensando "Ham"...
Inspirou pensando "So"... Expirou pensando "Ham"...
Inspirou pensando "So"... Expirou pensando "Ham"...
Inspirou pensando "So"... Expirou pensando "Ham"...

Mantenha-se em harmonia com o ritmo da sua própria respiração. Após a última respiração, sinta seu chakra Estrela da Alma acima da sua cabeça e o chakra cardíaco no centro do seu peito sendo ativados e irradiando luz e amor.

Agora, vamos fazer a Grande Invocação:

Do ponto de Luz na mente de Deus,
Flua Luz às mentes dos homens.
Que a Luz permaneça na Terra.
Do ponto de amor no coração de Deus,
Flua Amor aos corações dos homens.
Que o Cristo volte à Terra.

Do centro onde a Vontade de Deus é conhecida,
Que o Propósito guie as pequenas vontades dos homens.
O Propósito que os Mestres conhecem e servem.

Do centro a que chamamos raça dos homens,
Que se manifeste o Plano de Amor e Luz
e confirme a Vontade para o Bem.

Que a Luz, o Amor e o Poder
mantenham o Plano Divino sobre a Terra.
Que assim seja, e sempre será, porque assim é!

Sinta-se conectado com a energia divina da sua alma e da sua mônada, através do cordão da consciência e do sutratma, enquanto você se permite receber uma suave corrente de luz.

Permita que essa energia purificadora penetre em seu ser, dissolvendo qualquer impureza energética.

À medida que você recebe esses fluxos de energia divina, deixe que seu sistema de vários corpos seja limpo, purificado e transmutado pela luz e pelo amor de Deus.

Caso haja quaisquer problemas orbitando sua mente, deixe que sua alma e sua mônada lhe enviem as respostas e soluções de que precisa.

Esteja aberto a sensações, sentimentos, intuições ou quaisquer outras reações que lhe sejam causadas.

Ao finalizar este momento de profunda energização, vagarosamente, vá retornando.

Suavemente, vá trazendo sua consciência ao presente. Sinta a terra sob seus pés, a respiração em seu corpo, e traga consigo a paz e a sabedoria deste momento para guiar suas escolhas e ações no dia a dia.

Quando estiver pronto, gentilmente abra os olhos e sinta-se renovado pela luz e pelo amor divinos, que fazem parte do seu ser.

Capítulo 12

CHAVES OCULTAS DA ASCENSÃO E OUTRAS PRÁTICAS ASCENSIONAIS

Para Deus vale mais uma pessoa que sabe pouco e faz algo, do que uma que sabe tudo e não faz nada.

— Luiz Mourão

Finalmente, chegamos ao capítulo final deste livro. Ao longo dos capítulos anteriores, busquei fornecer uma base informativa profunda o suficiente para desenvolver as explicações que reservei neste final, para a fácil compreensão da grande maioria.

As *chaves ocultas da ascensão*, conforme as escolhi chamar, são um conjunto de hábitos e posturas que, após listadas, são interpretadas como "óbvias" por aqueles que as praticam, mas que, até este ponto, poderiam ser negligenciadas ou até menosprezadas. Quando combinadas a uma rotina de práticas espirituais, as chaves ocultas da ascensão criam um estilo de vida espiritualmente saudável e particularmente eficiente para blindar a pessoa contra quaisquer distrações que possam atrapalhar sua evolução.

Em outras palavras, é um estilo de vida que estimula a *aceleração espiritual* da extensão de alma encarnada, ao contrário de retardá-la.

Para muitos, é possível que a palavra "retardado" soe de forma pejoratica. Entretanto, quando buscamos o significado desta palavra, uma pessoa retardada nada mais é do que uma pessoa atrasada, lenta ou vagarosa — o que, acredito, seja indesejável para nós, se tratando da evolução espiritual. Ou você preferiria que sua caminhada espiritual fosse mais extensa, demorada ou tortuosa?

As chaves ocultas da ascensão são, em sua essência, a aplicação prática daquilo que estudamos até agora. Os hábitos e posturas que comentei anteriormente objetivam exercitar o músculo do *Orai e Vigiai*, de modo a manter o ego em xeque, a fim de impedir que ele venha a se tornar o ego negativo, conforme vimos.

Já as práticas ascensionais têm por objetivo estimular e aumentar o quociente de luz de cada um, isto é, a capacidade de luz divina que temos, condições de canalizar durante trabalhos espirituais ou energéticos, por exemplo.

Aumentar o nosso quociente de luz é análogo a, espiritualmente, aumentar o peso que somos capazes de levantar na academia. Outro termo com significado sinônimo ao de "aumentar o quociente de luz" é "aumentar o tamanho do canal". No caso, trata-se do alargamento do *sushumna*, e a capacidade de energia que fazemos fluir através dele.

As chaves ocultas que listo a seguir não estão ordenadas conforme importância, poder ou efeito sobre o espíritomuito pelo contrário, a lista a seguir deve ser encarada como um *checklist* daquilo que não podemos deixar para trás, caso a evolução espiritual ocupe destaque em nossas prioridades.

As práticas ascensionais devem ser feitas, no mínimo, uma vez por dia; sendo o ideal, três vezes ao dia. Sugiro que, no começo, você inicie com apenas uma prática por dia e, à medida em que for sentindo vontade, inclua outras em sua rotina espiritual diária.

Lembre-se: no exercício e desenvolvimento da espiritualidade, não existe certo ou errado, apenas aquilo que o aproxima ou afasta de Deus — o que costuma nos ser intuitivo, pela alma ou pelo chamado em nossos corações.

› CHAVES OCULTAS DA ASCENSÃO

1. Reconheça, a cada ato, que você é um espírito em evolução e, como tal, está suscetível a erros e acertos;
2. Reconheça que, assim como você, os demais que cruzarem seu caminho também são espíritos em evolução e, portanto, também suscetíveis a erros e acertos;
3. Reconheça que, em cada adulto, habitam os sentimentos de uma criança machucada (inclusive, em nós mesmos);
4. Mantenha a sua mente firme na luz, isto é, centrada na alma, na mônada e em seu espírito;
5. Esteja presente e consciente de cada decisão ou escolha que fizer, refletindo sempre se tal decisão está alinhada com sua evolução espiritual;
6. Trabalhe para cumprir as vontades da alma, ao invés de obedecer aos caprichos do ego negativo;
7. Reconheça rapidamente sentimentos, intenções ou motivações baseados no medo, no egoísmo, ou na separação, a fim de suspender o controle do ego negativo sobre si;
8. Aprenda a dominar o corpo físico e suas vontades, a fim de receber a primeira iniciação;
9. Aprenda a dominar o corpo emocional e seus desejos, a fim de receber a segunda iniciação. Nós não somos as reações do ego negativo programadas na mente inconsciente;
10. Aprenda a dominar o corpo mental e as suas oscilações, a fim de receber a terceira iniciação. Nós não somos os pensamentos egoístas instintivos que surgem a cada estímulo;

11. Equilibre o sistema de quatro corpos: físico, emocional, mental e espiritual;
12. Aja ativamente para livrar seus corpos físico, emocional, mental e espiritual de quaisquer toxinas que os possam prejudicar;
13. Cuide da melhor forma que você puder, de seu corpo físico, o santo abrigo do Deus que habita em você;
14. Renuncie escolhas feitas por motivos egoístas ou autocentrados;
15. Não teime contra as vontades de Deus para você;
16. Encaixe-se no plano de Deus para você, ao contrário de encaixar Deus em seus planos;
17. Não se limite às crendices populares ou dogmas religiosos. Ao invés disso, desenvolva a sua espiritualidade de maneira leve, prazerosa e que melhor sirva ao propósito de Deus;
18. Substitua o julgamento pela observação imparcial unida ao discernimento espiritual;
19. Não se culpe pelos erros do passado;
20. Converta a culpa em autoperdão, aprendizado e, se conseguir, em sabedoria;
21. Esteja atento às armadilhas do ego negativo e não se deixe conduzir por seus sentimentos medrosos e separatistas;
22. Reconheça que os outros podem agir conforme o fazem por estarem presos às armadilhas de seus egos negativos;
23. Esteja atento aos vários tipos de engano: ilusão, fascínio ou *maya*;
24. Reconheça que os outros podem agir conforme o fazem por estarem presos em alguma ilusão, fascínio ou em *maya*;
25. Assuma a missão de servir à humanidade em geral, *do jeito certo*, incluindo toda à grande massa ainda adormecida para sua essência espiritual, e não apenas a Deus e aos Mestres;
26. Aprenda a reconhecer Deus não apenas em si, como também nos outros e em todas as situações;

27. Não apenas estude temas espirituais, como também inclua-os em sua rotina diária, com atitudes equilibradas e compassivas;
28. Equilibre a vida material e as práticas espirituais, assumindo humildemente que todo excesso, na verdade, mascara uma falta;
29. Trabalhe ativa, consciente e profundamente, suprindo com o amor-próprio o amor divino a falta identificada na Chave anterior;
30. Tenha integridade a cada ato, isto é, estabeleça sintonia e harmonia entre aquilo que sente, pensa e faz;
31. Desenvolva uma índole irrepreensível, honesta, íntegra e baseada nos desígnios divinos mais elevados;
32. Seja um testemunho vivo da evolução espiritual que Deus espera de nós;
33. Abandone a busca de confirmações ou validações externas e, ao invés disso, pergunte-se sempre se suas atitudes e sentimentos o aproximam ou o afastam de Deus;
34. Esteja consciente de cada ato ou decisão e, sempre que possível, gere karma positivo ou, mantenha-se neutro e não gere karma negativo;
35. Escolha, em cada situação apresentada, seguir pelo caminho de Deus e da sua evolução, e não através do caminho do ego negativo, principalmente se for algo desafiador;
36. Reconheça, rapidamente, a incongruência que existe entre querer evoluir e julgar o outro;
37. Medite diariamente e serene seus pensamentos;
38. Coloque seus os pés descalços num jardim gramado sempre que puder, enquanto se conecta à grandiosidade da natureza;
39. Tome sol diariamente, preferencialmente nas primeiras horas do dia;
40. Prepare-se todas as noites antes de dormir: agradeça à sua alma e à sua mônada por permitirem a sua encarnação atual e peça aos Mestres que, se você possui mérito para tal, e,

caso seja em benefício da humanidade, você seja ensinado, em espírito, durante o sono;

41. Ao acordar, agradeça a Deus pela glória e pela bênção de sua vida e decrete que você está do lado do Pai Maior, em serviço à humanidade;

42. Decrete, diariamente, que seja feita a vontade de Deus através de você;

43. Crie o hábito de lembrar-se constantemente de que você está a serviço de Deus;

44. Desenvolva o hábito diário de entoar mantras, repetir os nomes sagrados dos Deuses ou outras palavras de poder, juntamente com a visualização da forma de Deus que mais lhe for confortável;

45. Mentalize o mantra *So Ham* no ritmo de sua respiração, sempre que se lembrar;

46. Descubra a qual raio sua mônada, sua alma, sua personalidade, seu corpo mental, seu corpo emocional e seu corpo físico pertencem, a fim de conhecer-se e exercer melhor a sua missão;

47. Não esmoreça nos momentos difíceis. Ao invés disso, reconheça que todo o seu grupo-alma o elegeu como o espírito mais capaz de promover a ascensão de todo o grupo, dada sua enorme força e competência;

48. Desenvolva o hábito de autoanalisar-se constantemente, de modo a investigar se quem está no comando de sua mente consciente é sua alma ou o seu ego negativo;

49. Aprenda a pedir ajuda quando precisar, e não sustente o orgulho;

50. Abra mão da necessidade constante de um salvador externo, ao menor sinal de adversidade;

51. Lembre-se sempre de que o espírito só aprende através de experiências, isto é, em cada situação, seja ela mais ou

menos positiva, mora um aprendizado, o qual podemos sempre encontrar;

52. Lembre-se sempre de que a vida é cíclica e não há mal que não sare;
53. Liberte-se da necessidade de agradar a todos sempre;
54. Liberte-se de achismos e das opiniões alheias;
55. Aprenda a dizer "não" quando quiser dizer "não", e dizer "sim" somente quando quiser dizer "sim";
56. Lembre-se de que só podemos controlar a nós mesmos;
57. Lembre-se de que não podemos ou devemos controlar os outros,ou o que está externo a nós;
58. A cada pensamento negativo que cruzar sua mente, force os pensamentos positivos e felizes, isto é, troque instantaneamente a natureza de seus pensamentos;
59. Entenda que o estado emocional dos outros não é responsabilidade sua;
60. Entenda e respeite o ritmo de aprendizado dos outros, em todos os níveis;
61. Entenda e respeite o seu próprio ritmo de aprendizado, evitando ao máximo o automartírio e a autocobrança;
62. Respeite o karma alheio e entenda que cada um vive no mundo que construiu através das escolhas feitas no passado;
63. Respeite o karma alheio e entenda que, para a espiritualidade, não existem vítimas ou vilões, apenas resgate kármico, aprendizados e evolução;
64. Procure Deus em tudo, em todos e em cada situação ou circunstância que se apresente;
65. Sempre que possível, entoe o mantra *Adonai* e honre a manifestação física de Deus, ali, naquele lugar, com aquelas pessoas — especialmente nos momentos desafiadores ou menos aprazíveis;
66. Esteja atento sobre suas emoções atuais serem baseadas no amor, no medo ou na separação;

67. Canalize a energia excedente dos chakras inferiores para os chakras superiores;
68. Esteja atento e blinde-se contra o ego negativo dos outros;
69. Reconheça quando as ações dos outros forem baseadas em Deus ou no ego negativo;
70. Mantenha-se neutro ou em silêncio, se possível, ao ser confrontado pelo ego negativo dos outros;
71. Mantenha-se firme em seu foco de servir a Deus e evoluir enquanto espírito;
72. Procure pessoas com objetivos comuns e com as quais possa se conectar verdadeira e sinceramente;
73. Exercite o minimalismo, tanto em seus desejos, quanto em seus relacionamentos, independentemente da natureza dos mesmos;
74. Seja seletivo com as pessoas com que você se abre completamente: nunca abdique do seu poder pessoal, ou o entregue para outra pessoa;
75. Entenda que mesmo as coisas mais desagradáveis que possam ter acontecido no passado, não podem ser alteradas, ou seja, foi como foi;
76. Pratique o Caminho do Meio que nos ensina Buda Gautama, e evite oscilar o máximo possível, seja nos picos da euforia, ou nos vales da tristeza;
77. Lembre-se de que a ascensão espiritual é feita a cada ato, cada escolha, cada pensamento e cada emoção;
78. Lembre-se de que a ascensão espiritual não deve ser pesada ou morosa, mas sim leve e feliz, desde que sejamos verdadeiros com Deus e conosco;
79. Não confunda tolerância com permissividade;
80. Aprenda a dar amor quando necessário, e limite quando precisar, inclusive para si;

› PRÁTICAS ASCENSIONAIS SUGERIDAS

As práticas ascensionais sugeridas no decorrer deste livro têm por objetivo aumentar o quociente de luz de seus praticantes e acelerar sua evolução espiritual.

Cada prática tem seu objetivo, entretanto, quando organizadas num *circuito ascensional* de ordem estruturada, formam um melhor resultado, tão almejado por muitos: a redução drástica do sofrimento ao longo da caminhada espiritual, principalmente no início.

Ao fazer as práticas deste livro, alguns benefícios são esperados, como:

- Aumento do seu quociente luminoso pessoal;
- Aumento considerável da resistência aos impulsos ou caprichos do ego negativo;
- Maior conexão e contato estreito com Deus, os Mestres, sua alma, sua mônada e seus amigos espirituais;
- Melhora de capacidades psíquicas como a intuição, a canalização (ou mediunidade) e a psicometria planetária;
- Aumento do amparo espiritual nas diversas situações do dia a dia;
- Maior capacidade de ajudar outras pessoas, inclusive animais de estimação;
- Equilíbrio do karma negativo acumulado, impedindo a geração de mais karma negativo;
- Aumento do karma positivo gerado durante a existência, quando agimos em benefício ao *dharma*;
- Maior capacidade de perceber-se preso em algum nível de engano (fascínio, ilusão ou *maya*);
- Aceleração da dissolução da forma-pensamento conhecida como *Morador do Umbral*;
- Aumento do poder pessoal durante desafios;
- Aumento da autoconfiança e da autoestima de maneira geral;

- Tomada de decisões baseadas nas percepções puras da alma, e não mais nos fundamentos do ego negativo;
- Redução da necessidade de validação externa para de todos os seus atos;
- Estabelecimento de um estado emocional no qual sentimentos de medo, raiva ou separação cedem espaço a sentimentos altruístas, pacíficos e compassivos;
- Substituição de oscilações de humor, ou crises emocionais, por estabilidade emocional e paz interior;
- Redução drástica do sentimento de vazio interior, solidão ou desencaixe;
- Melhora do magnetismo pessoal, o qual atrairá boas oportunidades e bons relacionamentos;
- Maior serenidade, calma e clareza ao tomar decisões;
- Redução drástica da ansiedade;
- Abertura dos caminhos para que a prosperidade se manifeste mais rapidamente na vida;
- Melhora da qualidade do sono;
- Maior disposição para as atividades do cotidiano; e
- Mais saúde, energia física e vitalidade.

A seguir, você encontrará um *QR code* para acessar uma página online com as gravações de todas as práticas sugeridas no livro, as quais devem integrar sua nova rotina espiritual. Para ter acesso a esta página, basta escanear o *QR code* abaixo com um *smartphone* ou *tablet*.

Aponte a câmera do celular para o QR Code ao lado e acesse as práticas gravadas

TÉCNICA DA ACELERAÇÃO ASCENSIONAL

Conforme vimos nos capítulos anteriores, a ascensão espiritual, isto é, a sexta iniciação, acontece quando a maioria do nosso karma negativo acumulado é equilibrado. O que, numericamente, corresponderia a 51% do karma negativo.

Muitas vezes, este *acerto de contas kármico* é manifesto em situações negativas, desastrosas, ou até mesmo catastróficas — são as "flechas dos anjos". Isto acontece para que, durante a "crise", possamos aprender o que antes não foi aprendido, a fim de romper um velho padrão para que um novo e mais equilibrado possa se manifestar.

A Técnica da Aceleração Ascensional foi canalizada justamente para que este processo seja amenizado, e, muitas vezes, até mesmo suspenso. Assim, essa técnica tem por objetivo atrair e ancorar, tanto em nós quanto em nossas consciências, os aprendizados que viemos acumular nesta existência, as virtudes a desenvolvermos neste plano, porém, *sem* que tenhamos sofrimento com crises que provocariam este aprendizado.

Logo, nos habituando a esta prática, podemos esperar uma nova versão, mais evoluída e equilibrada, que, ao longo do tempo, torna-se cada vez mais evidente.

PRÁTICA 10

Para começar nossa meditação, encontre um lugar calmo e confortável. Ajuste sua postura e respire profundamente, permitindo que a sensação de tranquilidade envolva todo o seu ser. Relaxe gradualmente, cada vez mais.

Conforme você se entrega ao relaxamento, sua consciência começa a se elevar. Enquanto isso, visualize anéis dourados fechando-se suavemente sob seus pés, como portais através dos planos e dimensões.

Siga respirando cadenciadamente, no seu próprio ritmo e enquanto faz isso, aproveite para relaxar ainda mais.

Você irá perceber estar sendo conduzido através das dimensões e planos da existência, até chegar num lugar de tranquilidade e serenidade. Deixe-se envolver por essa sensação de paz profunda.

Neste momento, invocamos a presença da nossa alma, da nossa mônada e dos amados Mestres Melquisedeque... Sanat Kumara... Hélios... Vesta... Buda... Vywamus... o Poderoso Mahatma, o Avatar da Síntese... Sathya Sai Baba... Lanto... Kuthumi... Djwhal Khul... Paulo, o Veneziano... Mestra Rowena... Seraphis Bey... Hilarion... Mãe Maria... Mestra Nada... Miguel... Melquior... o Comandante Ashtar... o Senhor de Arcturus... e todos os mestres que queiram e possam nos abençoar com sua presença através deste processo.

Deste lugar de tranquilidade e serenidade onde nos encontramos, imagine que um tubo luminoso o envolve completamente. Ele faz com que nossa consciência suba através do infinito universo de Deus.

Enquanto isso acontece, e atravessamos o infinito em direção ao lugar onde faremos nossas ancoragens, repare que você se torna ainda mais relaxado e entregue.

Note, enquanto sua consciência é levada através das dimensões, que paisagens extremamente belas, iluminadas e pacíficas são atravessadas, revelando à sua mente a vastidão abençoada da Criação de Deus.

Lentamente, você se percebe parando, até que sua consciência estaciona, aos pés de uma pirâmide dourada.

Neste lugar, você percebe a presença de quatro obeliscos igualmente dourados, um em cada vértice da pirâmide. Na face de cada obelisco, você percebe que estão gravados os mais diversos símbolos e geometrias sagradas, todos emanando variadas ondas de poder ao centro da pirâmide.

Enquanto você se banha nessas ondas de poder, você se põe a caminhar em direção às escadas douradas que ali existem e que levam diretamente à pirâmide de ouro.

Ao longo dos degraus, você vê que os Mestres amorosamente o aguardam, esperando para abençoar sua subida.

Ao subir as escadas douradas que levam à pirâmide, sua energia é limpa, purificada e transmudada de todo e qualquer vestígio negativo.

Enquanto você sobe as escadas, você sente, percebe que o seu ego negativo é completamente subjugado pela força do amor dos Mestres.

Trata-se de uma força tão intensa e profunda que limpa quaisquer frequências e interferências negativas em sua mente, em suas emoções, em seus pensamentos, em seus chakras e em todos os seus nadis e meridianos.

Conforme se aproxima da pirâmide, você percebe que Melquisedeque carinhosamente o recebe, com um sorriso fraterno, pronto para lhe conduzir, através do interior da pirâmide, para a poderosa Câmara Dourada que lá existe.

Durante todo o percurso até o interior da pirâmide, você nota que mais símbolos mágicos, mantras sagrados e fórmulas de poder revestem o interior da construção, blindando e protegendo o ambiente de tudo aquilo que não vem da perfeição de Deus.

Chegando ao centro mais interno da Câmara Dourada de Melquisedeque, você nota que existe uma vívida chama dourada, queimando intensamente, e que, dentro desta chama, existe um altar cerimonial feito de pedras igualmente douradas.

Melquisedeque lhe explica que este altar é de sua própria criação e funciona como um acelerador cósmico. Ele diz que este tipo de pedra é extremamente raro, não podendo ser encontrado em nenhum outro lugar no Universo a não ser ali.

Ele afirma que a frequência particular deste altar de pedras douradas é uma poderosa chave cósmica que permite que todos que entram em contato com ela sejam capazes de acessar todos os bancos ascensionais que lhe sejam permitidos.

E que, ao fazer isso, você integrará todos os seus registros kármicos e os aprendizados de que necessita para evoluir.

Ele lhe explica que seu aparelho cósmico é capaz de gerar saúde, sintonizar pessoas na frequência de tudo que é bom e belo e de fazer aflorar, no tempo certo, todas as habilidades dormentes e dons ocultos necessários para o desempenho pleno de sua missão, em benefício de toda a humanidade, seguindo o plano divino.

Ele diz ainda que raros são aqueles que podem acessar sua santa Câmara, e que somente os de coração puro e altruísta, comprometidos com o serviço de Deus, são capazes de fazê-lo.

Enquanto você absorve estas palavras, o amado mestre se posiciona atrás de você e, fraternalmente, coloca suas mãos sobre seus ombros.

Por fim, Melquisedeque lhe diz que, pelo karma acumulado ao longo do exercício de sua missão na Terra, ao longo de suas várias existências, pelos corações que você tocou, pelas vidas que você transformou, pelo bem que habita você e pelo compromisso que você tem com sua evolução e com o dharma compartilhado entre todos os Mestres, você tem mérito suficiente para usar seu altar cerimonial.

Enquanto uma onda de gratidão invade seu corpo, o Mestre volta à sua frente e lhe dá um caloroso abraço!

Então, ele o convida para se deitar sobre o altar e respirar de forma profunda até que seu aparelho cósmico comece a funcionar.

Após se deitar, você sente que o fogo dourado e envolvente que queima ao redor do altar parece uma aura magnética, que o envolve e o sintoniza nas mais puras vibrações do Cosmos.

Agora, você sente que suas células começam a vibrar, na mesma frequência que o altar e a chama que o envolve.

Instantaneamente, a ardente chama magnética une-se à sua própria aura, pronta para começar este raro e poderoso processo de ancoragem.

Melquisedeque, agora, começa a traçar símbolos de poder enquanto entoa um poderoso e estridente mantra, que ecoa pelo interior da Câmara Dourada e ativa todas as geometrias entalhadas nas pedras.

Enquanto segue cantando seu mantra, os poderosos símbolos de força são ativados e começam a brilhar, até que você sente sua consciência ser lançada através do Cosmos em direção aos vários bancos ascensionais.

O primeiro banco ascensional ao qual você é direcionado é o de Shamballa, sede operacional da Grande Fraternidade Branca na Terra e morada de nosso Logos Planetário, Sanat Kumara.

Em Shamballa, você se percebe flutuando em holograma sobre um poderoso cristal gerador, que, no momento em que você chega, é automaticamente ativado.

Ele reconhece as vibrações do altar de pedra de Melquisedeque e direciona a você um jato intenso e constante de energia espiritual.

Esta energia o envolve completamente, como se um vasto facho de luz lhe atingisse de baixo para cima.

Neste momento, você percebe como se sua aura fosse esticada, como se você crescesse em altura. Porém, quando se dá conta, percebe que na verdade, é sua consciência se expandindo na direção da sua alma, da sua mônada, enquanto seu *antahkarana* é novamente invocado

Este cristal, que o ilumina de forma intensa, estimula a construção de seu antahkarana no extremo máximo dos limites saudáveis para você.

Enquanto este processo acontece, você se depara com a beleza esplendorosa de Shamballa e das paisagens paradisíacas que ali existem.

Tendo exercitado o seu músculo ascensional de forma suficiente, o cristal gerador abaixo de você começa a pulsar jatos de luz em sua direção. Isso traz sua consciência de volta ao estágio inicial até que, lentamente, você sente que sua aura começa a vibrar e, instantaneamente, você é transportado.

Desta vez para uma câmara circular no núcleo do próprio Sol, morada de Helios, nosso Logos Solar, e do segundo banco ascensional em seu roteiro.

Lá, você percebe que flutua entre duas esferas douradas, como se fossem dois pequenos sóis opostos, bem no centro da câmara de Helios.

Depois que você chega, essas duas esferas começam a girar ao seu redor, cada vez mais rápido, mais e mais rapidamente, até que fazem surgir um potente campo magnético nunca antes visto.

Este campo magnético começa a ressoar com sua aura e, enquanto isso acontece, você sente como se sua consciência se unisse totalmente com a do sistema solar... como se todas as ondas magnéticas do sistema solar emanassem de você e viessem até você.

Neste estado, você começa a entender o papel dos contrastes, dos extremos, das polaridades da natureza e do poder dos semelhantes para a evolução do espírito.

Você entende que a Unidade é destino final de todos os seres e que o equilíbrio é a chave para chegar lá.

Você entende que a ilusão do controle é irreal e que o mérito através do serviço sustenta o caminho para o avanço na vida além da vida.

Você entende que o compromisso com o Deus do Todo é o próprio amor e que agir, apesar do contexto externo, é ir em Sua sagrada direção.

Agora, as duas esferas movem-se ainda mais rapidamente ao seu redor, até que uma forte vibração toma conta de todo o seu ser.

Enquanto essa vibração o envolve, você sente que todo e qualquer desequilíbrio presente em seu sistema de quatro corpos é naturalmente anulado. Simultaneamente, você percebe que todo e qualquer vazio existente é completado com a mais pura energia divina.

À medida que este processo chega ao fim, a câmara circular onde você flutua é tomada por uma intensa luz e sua consciência é novamente transportada ao seu próximo destino.

Quando você chega em holograma ao terceiro banco ascensional, você se percebe numa moderna nave-mãe espacial, liderada pelo comandante Ashtar.

Ao chegar lá, um dos agentes do comandante lhe recebe com um sorriso e coloca um capacete em sua cabeça, o qual está conectado a um moderno aparelho.

Enquanto este agente ajusta a fixação do capacete, você percebe que outros agentes abastecem o aparelho com cartuchos de cristal-luz.

Eles explicam que cada cartucho possui programas específicos e complementares e que, quando utilizados juntos, num mesmo processo, como estão realizando agora, permitem que seja instalado, na matriz energética de cada um, o programa da perpétua evolução.

Ao final do último cartucho, o comandante Ashtar ativa o sistema diretor do aparelho e o capacete em sua cabeça acende, sendo ativado.

Uma vez ativado, uma pequena antena em forma de vareta sai do aparelho onde os cartuchos foram inseridos anteriormente e fios de luz são projetados da antena para seu capacete.

Neste momento, o programa da perpétua evolução começa a ser instalado em sua matriz energética.

Enquanto o programa é carregado, explicam para você que sua intuição, sua psicometria e sua sensibilidade estarão mais fortes a partir de agora e poderão captar até mesmo as mais sutis oscilações energéticas das pessoas, dos animais, das plantas e dos ambientes, onde quer que você esteja.

Explicam ainda que este programa permitirá que você enxergue através da ilusão física de maya, e, assim, saberá separar o que é real daquilo que é enganoso.

Dizem ainda que, quando o programa da perpétua evolução estiver em pleno funcionamento, o seu ritmo pessoal e as frequências emanadas pelas fibras da sua linha axiatonal serão sincronizados com as próprias frequências do Universo.

E que isso lhe permitirá acessar os planos onde habitam os seres mais sábios e elevados da Criação.

À medida em que o programa da perpétua evolução é instalado em sua matriz energética, outros programas secundários são executados em paralelo.

Um destes programas secundários instala mecanismos de proteção que impedirão seus chakras de serem facilmente desestabilizados.

Outro, blinda sua mente contra os efeitos nocivos de formas-pensamento negativas.

Outro programa estabiliza os seus níveis de doação e reciprocidade, a fim de que todos os seus relacionamentos sejam equilibrados, para que todos sejam saudáveis e sem excessos.

Um último programa paralelo restabelece a integridade de sua rede de platina, a camada protetora que veste sua aura e o blinda contra frequências intrusas de qualquer origem ou natureza.

Finalmente, o moderno aparelho onde os cartuchos de cristal-luz foram previamente inseridos emite um discreto *bip*, indicando que a instalação do programa da perpétua evolução foi concluída com sucesso!

Os fios de luz, que antes uniam a ponta da antena ao seu capacete, se dissolvem no próprio ar e o agente mais próximo a você retira o capacete de sua cabeça.

Com um sorriso de felicidade no rosto, o comandante Ashtar lhe acena com a cabeça e, então, você é novamente transportado para o próximo banco ascensional

O quarto dos bancos ascensionais é em Luxor, no templo sagrado dirigido por Seraphis Bey.

Ao chegar lá, o amado Mestre o recebe, numa câmara reservada de seu templo, e lhe direciona para o centro do ambiente.

Ele, então, brada seu cetro mágico e faz surgir um anel de fogo ao seu redor, enquanto canta um antigo e secreto mantra egípcio que promove curas espirituais e ancoragens de poder.

Ao estudar o anel, você percebe que hieróglifos raros de diversas culturas e civilizações antigas flutuam por entre as chamas.

O Mestre segue cantando o mantra até que o anel de fogo se transforma numa intensa espiral e, neste momento, a chama da intuição ancorada em sua testa pela alma é automaticamente ativada, absorvendo o fogo flamejante da espiral de Seraphis Bey.

Quando as chamas da espiral são completamente absorvidas, você sente seus próprios olhos brilharem de forma incandescente, como se eles fossem feitos daquele mesmo fogo.

Seraphis Bey lhe explica que esta ativação permitirá a você enxergar através dos artifícios do ego negativo, dos vícios de comportamento e das ilusões que corromperam as extensões de alma após a origem espiritual do universo.

Ele explica, também, que, por conta dessas ativações, você será capaz de sentir o relógio cósmico do Universo, conseguindo, com extrema facilidade, respeitar o ritmo de cada pessoa e evitar conflitos dispensáveis, se assim o desejar.

Por fim, o Mestre solta seu cetro de poder e, ao invés de cair no chão, ele flutua em sua direção e para a alguns palmos sobre sua cabeça.

O Mestre fita seus olhos e confirma, feliz e alegre, que a sagrada chama da purificação foi ancorada em todo o seu ser e, com movimentos suaves, ele começa a desenhar símbolos sagrados no ar.

Depois de traçar o último símbolo, o cetro de Seraphis Bey começa a girar muito rapidamente sobre sua cabeça, como uma hélice. Tão rápido que o bastão se transforma numa luz cintilante e clara, que envolve todo seu ser e sobe, levando você ao último banco ascensional.

Quando a luz brilhante suaviza, você se percebe numa outra nave espacial, completamente diferente da primeira.

Esta nave, igualmente tecnológica e avançada, não tem quaisquer equipamentos físicos, apenas mostradores e indicadores feitos de luz verde.

Enquanto você se maravilha com as capacidades desta avançada tecnologia, você sente que uma aura de extremo poder, empatia e compaixão envolve o ambiente.

Quando se dá conta, vem se aproximando de você uma figura paternal e sorridente! É quando você entende que aquela aura compassiva e poderosa vem das emanações deste ser.

Neste momento, o ser diante de você se identifica como o Senhor de Arcturus, guardião do último banco ascensional que você visitará hoje.

Ele lhe diz o quão honrado e grato se sente por poder ajudar em seu processo ascensional e o quão importante você é para a manifestação do plano divino na Terra.

Seus olhos amorosos passam pelo seu corpo, como um *scanner* que analisa não só o seu corpo, mas também toda sua matriz energética.

Quando o Senhor de Arcturus identifica todas as ancoragens que lhe foram feitas e ativadas, ele lhe dá um abraço acolhedor, orgulhoso do seu progresso no caminho espiritual!

Então, ele o conduz para um lugar reservado em sua nave, onde você nota a existência de uma espécie de telescópio.

O Senhor de Arcturus lhe explica que aquele equipamento permite ver através das dimensões e dos portais existentes no Universo, para além da quinta dimensão, e o convida para usá-lo.

Ao olhar pelas lentes potentes do telescópio arcturiano, você se impressiona com todos os reinos que existem na Criação e como são as várias formas de vida espalhadas por aí.

O Mestre lhe explica que, em cada um destes reinos, assim como o reino humano da Terra, corresponde a espíritos em evolução e que, mesmo que em línguas diferentes, espécies diferentes, planetas diferentes, galáxias ou dimensões diferentes, invariavelmente, todos estão vinculados ao mesmo objetivo: o de retornar a Casa de Muitas Moradas do Pai Maior, que chamamos de *Deus*.

Quando estas palavras tocam seu coração, ainda na compassiva aura do Senhor de Arcturus, você entende, em seu íntimo, o quanto a separação é irreal, o quanto a competição que vem do ego é tóxica e como a solidão não existe.

Ao assimilar isso, você sente como se placas de energia densa se desprendessem de você, como se um invisível campo de bloqueios que antes causava isolamento, agora fosse completa e profundamente anulado.

Então, o Senhor de Arcturus o conduz para uma sala onde existe uma cortina de energia verde, também de natureza holográfica.

Ele indica com a mão para que você atravesse aquela cortina e, ao fazer isso, ela o envolve completamente.

Você sente como se aquela energia verde envolvesse cada membro, órgão e célula do seu corpo, até suas fitas de DNA, e para além delas.

O Senhor de Arcturus lhe explica que aquela energia acelera o despertar ativo do DNA espiritual e que, graças as ativações feitas nos bancos ascensionais anteriores, o seu sistema de vários corpos agora pode receber essa energia de forma segura e benéfica.

Ele lhe mostra, num monitor, que essa energia estimula o crescimento de suas 12 fitas de DNA espiritual, como se fossem o rastro deixado por um ventilador de 12 pás.

O Mestre diz que esse redemoinho múltiplo espiritual permitirá a você, nos momentos de necessidade, acessar todos os dons ocultos e habilidades que seu espírito desenvolveu ao longo das eras, para que você tenha sempre aquilo que na Terra é conhecido como sucesso ou boa sorte. Para isso, basta que você se concentre e se conecte com ela.

Ele lhe diz que essa energia arcturiana está impregnada em seu espírito e que, por isso, irá acompanhá-lo durante toda a eternidade, até mesmo depois que o seu veículo físico pereça.

Neste momento, em profunda gratidão, você leva as mãos no formato de prece ao peito, na altura do coração, e em seguida à testa, bem no ponto entre as sobrancelhas.

E quando você solta as mãos, o Senhor de Arcturus o direciona para uma última sala.

Lá, há uma miniatura holográfica, também de energia verde, representando todo o Universo, espiralante, brilhante, com todas as suas dimensões, galáxias, sistemas solares, estelares, planetas e meteoros.

Quando o mapa do Universo sente sua presença, automática e gradualmente, ele vai se desdobra, até que revela o ponto exato onde fica a pirâmide dourada de Melquisedeque.

O Senhor de Arcturus se despede de você, com um último abraço fraterno, e indica o caminho para o centro do holograma universal.

Quando você chega lá, rapidamente ele se contrai, em seu chakra cardíaco, e você é instantaneamente devolvido ao altar de pedras douradas dentro da pirâmide de poder de Melquisedeque – que o aguarda com um sorriso!

Ao olhar ao redor, você percebe que todos aqueles Mestres que antes lhe abençoaram durante sua subida pelas escadas, agora completam o interior do salão, com as mãos estendidas em sua direção reforçando suas bênçãos e selando suas ancoragens.

Melquisedeque o ajuda a descer do altar e o apresenta a todos os Mestres que, agora em festa, sorrisos e aplausos, comemoram todas as ancoragens feitas!

Você acompanha aquela cena de forma honrada e grata, na segurança de estar no caminho certo, no caminho da luz e na mesma Senda trilhada por todos aqueles mestres!

Eles festejam seu avanço ascensional e celebram aquele momento tão sagrado e poderoso liderado por Melquisedeque.

Agora, em um momento de calma e tranquilidade, um dos Mestres se aproxima de você e gentilmente toca sua testa e seu coração, simultaneamente. Nesse toque, ele transmite a resposta, confirmação, mensagem ou sinal que você tanto esperava.

Mantenha sua respiração calma e tranquila enquanto as informações são transmitidas para suas células.

Quando este processo chega ao fim, o Mestre se despede, e cada um dos demais começa a partir para continuar seu trabalho divino.

Melquisedeque, agora, começa a guiá-lo para o exterior da pirâmide, acompanhando-o pelas escadas de ouro até o ponto inicial onde o tubo de luz interdimensional o trouxe.

Neste momento, sua consciência inicia seu retorno, enquanto você percebe que anéis dourados vão se fechando sobre sua cabeça.

Permita que, durante o retorno, sejam levadas consigo todas as informações e ancoragens obtidas durante a meditação.

Retorne sua consciência para o momento presente. Continue a respirar de forma consciente, prestando atenção nos movimentos do seu corpo, nas suas extremidades, no seu rosto…

Até que esteja pronto para abrir os olhos e voltar completamente ao presente!

TÉCNICA DA MÚLTIPLA INTEGRAÇÃO

A última técnica canalizada, neste nosso circuito ascensional, é a Técnica da Múltipla Integração.

Para entender o efeito provocado por essa técnica, precisamos lembrar que somos formados por quatro corpos (físico, emocional, mental e espiritual), três mentes: subconsciente, consciente e supraconsciente; e, sete chakras principais, ao longo da coluna: básico, sexual, plexo solar, cardíaco, laríngeo, frontal e coronário.

Nós também estamos ligados à alma e a mônada através de três fios ou cordões principais: sutratma, cordão da consciência e antahkarana.

A estrutura de nossos raios tem seis raios — da mônada, da alma, da personalidade, da mente, do emocional e do corpo físico — sendo que cada um expressa as qualidades, traz consigo os aprendizados e requer o desenvolvimento das virtudes dos raios da manifestação, disponíveis em nosso Universo: da vontade, do amor-sabedoria, da inteligência ativa, da harmonia através do conflito, da verdade, da devoção e da ordem cerimonial.

Ao evoluirmos através dos sete subplanos do plano físico cósmico, que são físico, emocional, mental, búdico, átmico, monádico e logóico, vamos graduando e subindo de nível: de discípulos de primeiro e segundo graus, para iniciados, *arhats*, adeptos, mestres ascensionados, mestres de sétimo grau e além.

A Técnica da Múltipla Integração tem por objetivo integrar tudo aquilo que viemos aprender, curar e equilibrar, para que consigamos cumprir os requisitos específicos e, finalmente, evoluir.

Esta técnica pode ser entendida como um acelerador de processos, catalizando a evolução espiritual de quem a pratica, atraindo mais sabedoria, calma, paz, harmonia, discernimento e prosperidade para a vida do praticante.

Esta técnica-mestra, presente neste livro, sintetiza a vontade de Deus e dos Mestres para nós: nosso amoroso retorno para Ele, através da compaixão e do amparo aos nossos irmãos e irmãs em Deus na Terra.

PRÁTICA 11

Encontre um lugar confortável para se sentar ou deitar, permitindo que seu corpo se acomode com conforto. Respire profundamente e relaxe, deixando as preocupações do dia a dia se dissiparem.

Agora, traga sua atenção para a respiração, inspirando e expirando naturalmente, no seu próprio ritmo. Sinta o ar entrando e saindo do seu corpo, trazendo uma sensação de serenidade a cada respiração.

Neste momento, vamos invocar a presença da nossa alma, da nossa mônada e dos amados Mestres espirituais...

Invocamos a presença de Sanat Kumara... os Budas da Atividade... Senhor Maitreya... o Mahachohan... Senhor Helios... Buda... Vywamus... o Avatar da Síntese... Metatron... Melquisedeque... Melquior... Sathya Sai Baba... o nosso Logos Universal... os *chohans* dos Sete Raios... El Morya... Kuthumi... Lanto... Djwhal Khul... Rowena... Paulo, o Veneziano... Seraphis Bey... Ísis... Hilarion... Mestra Nada... Sananda... Saint Germain... os Poderosos Arcanjos... Miguel... Jofiel... Samuel... Gabriel... Rafael... Uriel... Ezequiel... Ashtar Sheran... o Senhor de Arcturus... todos os integrantes da Hierarquia Espiritual... e os Mestres em Shamballa.

Neste momento, deixe que pontos luminosos surjam ao seu redor, alguns na altura dos ombros, outros na altura dos joelhos e um, extremamente brilhante como um sol, acima de sua cabeça.

Cada ponto luminoso é uma esfera de luz radiante.

Os Mestres agora estendem as mãos para você, para os pontos luminosos e linhas começam a ser traçadas no ar, unindo esses pontos.

Você percebe que alguns pontos formam uma pirâmide de luz apontada para cima, enquanto os demais formam uma pirâmide apontada para baixo.

A que aponta para cima começa na altura dos seus joelhos, enquanto a que aponta para baixo começa na altura dos ombros.

Neste momento, a sua *merkabah*, o seu veículo de luz, foi ativada.

Você percebe que as duas pirâmides se cruzam e se interpenetram, porém, como são feitas da mais pura luz divina, isso não lhe causa estranhamento.

Você também percebe que está no centro das duas pirâmides e, enquanto este pensamento toma conta de sua mente, lentamente sua *merkabah* começa a levitar – não mais que alguns poucos metros do chão. Apenas o suficiente para que ela fique suspensa no ar.

Neste momento, os Mestres abaixam suas mãos e, cada um à sua maneira e ritmo, começa a traçar símbolos de poder no ar.

Suave e gradualmente, sua *merkabah* começa a girar, cada pirâmide para um lado. Uma pela direita e outra pela esquerda, enquanto você permanece imóvel em seu centro.

Enquanto a *merkabah* gira, os símbolos de poder traçados pelos Mestres são absorvidos por ela, a qual os converte em pulsos de luz enviados a você. Neste momento, a energia daqueles símbolos de poder se torna impregnada em todo seu ser.

Os Mestres entoam, então, um poderoso mantra, todos em ritmo e sincronia perfeitos, e, com isso, sua merkabah gira ainda mais rapidamente.

Enquanto eles seguem entoando seu mantra, quatro esferas de energia são formadas do lado de fora da *merkabah*, cada uma representando um aspecto diferente do seu sistema de quatro corpos.

Até que são absorvidas pela *merkabah* e impregnadas em você. Eu sou.

Os Mestres seguem com o mantra e a chama da intuição no centro da sua testa é, então, despertada.

Enquanto ela brilha de forma incandescente e divina em sua testa, sua *merkabah* gira ainda mais rápido, projetando para cima um tubo feito por esse mesmo fogo cósmico.

Subindo até sua alma e sua mônada, este tubo revela seu antahkarana cristalizado e mostra o caminho da iluminação.

Sinta, visualize, perceba que sua mônada e sua alma agora enviam pra você, através do seu antahkarana, todas as informações, conhecimentos e habilidades de que precisa para completar a sua ascensão. Eu sou.

Enquanto os Mestres seguem entoando o mantra, sua *merkabah* gira até que no infinito Cosmos sete correntes energéticas surgem e começam a espiralar ao redor de seu antahkarana.

Cada uma dessas correntes representa um dos raios cósmicos originais da Criação, que lhe foram enviadas pelo próprio Logos Solar, o senhor Helios.

Essas correntes invadem seu antahkarana e se misturam dentro dele, enquanto são absorvidos pela sua *merkabah* e integradas ao seu ser.

Neste momento, essas energias cósmicas sagradas emanadas diretamente de Deus são ancoradas em todas as suas células, moléculas, átomos e partículas, de modo que, em todos os seus níveis, você esteja repleto de Deus e de Seu santo Amor. Eu sou.

Enquanto os Mestres seguem com seu canto, sagrado e único, você sente, visualiza, ou simplesmente percebe que o seu *sutratma* e seu cordão da consciência começam a vibrar, como as cordas de um instrumento musical.

Ao fazerem isso, eles se transformam num único e inquebrável fio de luz que lentamente é absorvido pelo seu antahkarana.

Neste momento você, sua alma e sua mônada novamente se tornam um único ser em vibração. Eu Sou.

Ainda dentro do seu antahkarana, e com o intermédio dos Mestres, sua mônada, agora, lhe envia uma intensa corrente energética, que ativa os seus sete chakras principais e os faz iluminarem-se intensamente.

Enquanto sustenta o giro, sua *merkabah* é preenchida por vívidas chamas violetas, as quais puxam, para fora de você, quase que de forma magnética, todos os detritos energéticos presentes em seu ser.

Cada chakra agora é limpo, purificado e livrado de toda e qualquer incrustação energética negativa.

À medida que este processo vai chegando ao fim, sua *merkabah* retorna ao seu estado luminoso original.

Agora, pela graça de Deus e sob o canto dos Mestres, seus sete chakras começam lentamente a se fundir-se uns com os outros, e todo o seu corpo se transforma em pura luz. Eu sou.

Esta luz é a sua luz original, a partícula de Deus que sempre esteve dentro de você e que agora foi despertada.

Enquanto sua luz brilha, veja que no interior da sua *merkabah* começam a se formar imagens e cenas de todas as suas ações durante a vida.

Ações mais ou menos significativas, ações que você nem sequer lembrava haver tomado, mas que, para sua evolução, foram extremamente valiosas.

Os Mestres acompanham todo o processo e sua felicidade é tão grande que seu canto sagrado completa o ambiente com ondas de puro amor.

Agora, apenas deixe esse amor o preencher, enquanto o mantra dos Mestres vai chegando ao fim.

Por telepatia, eles lhe explicam que esse amor que você recebeu é a cola que mantém a Criação unida e que tudo aquilo que vai contra esse amor é antinatural.

Eles explicam que, assim como fizeram com você, esse amor lhe foi dado para que você o possa oferecer aos seus irmãos e irmãs em Deus na Terra, e que quanto mais você der amor, mais lhe será dado amor.

Eles dizem que essa é a verdadeira essência do *mahakaruna*, que governa a ascensão.

Enquanto você absorve essas palavras, o giro de sua *merkabah* vai diminuindo até que finalmente para e o devolve à superfície.

Os Mestres lhe cumprimentam com abraços e sorrisos, celebrando mais uma ancoragem bem-sucedida e mais uma barreira rompida entre você e sua ascensão.

Eles celebram seu avanço, pois sabem internamente que, quando a oportunidade se apresentar, você se posicionará ao lado da luz, do amor, do bem e de tudo o que é bom!

Neste momento, apenas mantenha-se num puro estado contemplativo, recebendo e acolhendo o amor dos Mestres por você e seu comprometimento com o serviço de Deus.

Então, eles se despedem e sua consciência começa a voltar-se para o momento presente, no aqui e no agora.

Deixe que seus sentidos físicos assumam novamente as percepções do seu corpo e siga respirando, voltando.

À medida em que retorna para o momento presente, vá prestando atenção ao estado do seu corpo, até que esteja pronto para abrir os olhos e despertar.

CONCLUSÃO

Se preciso fosse resumir este livro em uma única frase, certamente ela seria: "para Deus, mais vale alguém que sabe pouco e faz alguma coisa, do que alguém que sabe tudo e não faz nada".

Mais do que trazer conhecimentos puramente informacionais, a proposta central da *Série Aceleração Espiritual* é a de mostrar como eles podem ser facilmente incorporados à rotina, enquanto geram transformações profundas.

À medida que nossa vontade própria se alinha com a vontade de Deus para nós, fica nítido que a *ascensão integrada*, isto é, a ascensão vivida na prática, é o destino natural de todas as extensões de alma encarnadas.

Sendo uma obra inspirada e orientada pelo plano espiritual e pelos Mestres, este trabalho resgata os principais pilares das várias dispensações da Grande Fraternidade Branca em nosso planeta. Desta forma, a humanidade, em geral ainda adormecida para as verdades do espírito, tem mais chances de despertar.

Viver o Céu na Terra significa *trazer o Céu* — isto é, a espiritualidade, a Luz, a Lei Divina, as missões que nos foram atribuídas pelos Mestres e norteiam a evolução de todos — *para a Terra*, que é a dimensão física, a vida material, cotidiana e rotineira, um ambiente no qual a evolução realmente acontece.

Quando esquecemos de nossa verdadeira origem, a espiritual, é possível que sejamos rendidos pelos excessos, pela autoanulação e pela sobrecarga de responsabilidades. O que, por consequência, gera sentimentos como solidão, carência, vazio existencial, ansiedade e desencaixe da própria vida.

Este primeiro volume, o *Chaves Ocultas da Ascensão*, visa acabar com isso. Este trabalho tem a intenção de reacender a chama do farol divino no coração de cada um, a fim de revelar o caminho até Deus, através da adversidade e dos engôdos do ego negativo.

Tornar as práticas ascensionais um hábito diário, com atenção às armadilhas oriundas do ego e prezando pela saúde energética e espiritual, certamente é o caminho que vai transformar você num verdadeiro *acelerado espiritual*, que se ocupa realmente da própria evolução!

Entretanto, é preciso ter em mente que, enquanto não aprendermos a **#evoluirpraservir**, nosso trabalho nunca estará finalizado.

E agora, com profunda honra e amor, concluo este trabalho! Passo a você o bastão do compromisso, na esperança de que assuma as rédeas da sua evolução, transforme sua vida, e, assim fazendo, mostre o caminho da Luz para aqueles ao seu redor!

FIM

Série Aceleração Espiritual:
o Caminho para Viver o Céu na Terra

CHAVES OCULTAS DA ASCENSÃO

Simplificando sua Evolução Espiritual

BIBLIOGRAFIA

BAILEY, Alice Ann. A Alma e seus Mecanismos. Fundação Cultural Avatar.

BAILEY, Alice Ann. Astrologia Esotérica, Vol III, Tomo I. Fundação Cultural Avatar.

BAILEY, Alice Ann. Astrologia Esotérica, Vol III, Tomo II. Fundação Cultural Avatar.

BAILEY, Alice Ann. Cura Esotérica, Tomo I. Fundação Cultural Avatar.

BAILEY, Alice Ann. Cura Esotérica, Tomo II. Fundação Cultural Avatar.

BAILEY, Alice Ann. Discipleship in the New Age, Vol I. Lucis Trust.

BAILEY, Alice Ann. Discipleship in the New Age, Vol II. Lucis Trust.

BAILEY, Alice Ann. Esoteric Astrology. Lucis Trust.

BAILEY, Alice Ann. Esoteric Healing. Lucis Trust.

BAILEY, Alice Ann. Esoteric Psychology, Vol I. Lucis Trust.

BAILEY, Alice Ann. Esoteric Psychology, Vol II. Lucis Trust.

BAILEY, Alice Ann. The Externalisation of the Hierarchy. Lucis Trust.

BAILEY, Alice Ann. Glamour: A World Problem. Lucis Trust.

BAILEY, Alice Ann. Iniciação: Humana e Solar. Fundação Cultural Avatar.

BAILEY, Alice Ann. Miragem: Um Problema Mundial. Fundação Cultural Avatar.

BAILEY, Alice Ann. Initiation, Human and Solar. Lucis Trust.

BAILEY, Alice Ann. The Rays and the Initiations. Lucis Trust.

BAILEY, Alice Ann. The Soul and its Mechanism. Lucis Trust.

BLAVATSKY, Helena Petrovna. Ocultismo Prático. Editora Teosófica, 2018.

BLAVATSKY, Helena Petrovna. A Voz do Silêncio. Editora Pensamento, 2010.

CÂNDIDO, Patrícia. Código da Alma. Luz da Serra Editora LTDA, 2018.

CÂNDIDO, Patrícia. Grandes Mestres da Humanidade: Lições de Amor para a Nova Era. Luz da Serra Editora LTDA, 2017.

CÂNDIDO, Patrícia. Os Mantras Mais Poderosos de Todos os Tempos. Luz da Serra Editora LTDA, 2022.

EVANS-WENTZ, Walter Y. O Livro Tibetano dos Mortos. Editora Pensamento, 2020.

GIMENES, Bruno J. Ativações Espirituais. Luz da Serra Editora LTDA, 2017.

GIMENES, Bruno J. O Chamado da Luz: O Amor é para Todos. Luz da Serra Editora LTDA, 2012.

GIMENES, Bruno J. Os Símbolos de Força: A Volta dos Iniciados. Luz da Serra Editora LTDA, 2013.

GIMENES, Bruno J. Sintonia de Luz. Luz da Serra Editora LTDA, 2021.

GIMENES, Bruno J.; CÂNDIDO, Patrícia. Evolução Espiritual na Prática. Luz da Serra Editora LTDA, 2017.

HURTAK, James. O Livro do Conhecimento: As Chaves de Enoch. ACF Brasil, 2022.

LEADBEATER, Charles Webster. Os Mestres e a Senda. Editora Teosófica, 1900.

RINPOCHE, Chagdud Tulku. Vida e Morte no Budismo Tibetano. Editora Makara, 1900.

SCHUCMAN, Helen; THETFORD, William. Um Curso em Milagres. Editora Mera, 2021.

STONE, Joshua David. Além Da Ascensão. Editora Pensamento.

STONE, Joshua David. Ascensão Cósmica. Editora Pensamento, 2000.

STONE, Joshua David. A História da Criação. Editora Pensamento, 2009.

STONE, Joshua David. Como Dar Aulas de Ascensão. Editora Pensamento, 2003.

STONE, Joshua David. Como Se Livrar de Pensamentos e Sentimentos Decorrentes do Medo, Vol, I. Editora Pensamento, 2004.

STONE, Joshua David. Como Se Livrar de Pensamentos e Sentimentos Decorrentes do Medo, Vol, II. Editora Pensamento, 2004.

STONE, Joshua David. Manual Completo de Ascensão. Editora Pensamento, 2004.

STONE, Joshua David. Os Mestres Ascensionados Iluminam o Caminho. Editora Pensamento, 2000.

STONE, Joshua David. Psicologia da Alma. Editora Pensamento, 1999.

STONE, Joshua David. Revelações de um Iniciado em Melquisedeque. Editora Pensamento, 2001.

STONE, Joshua David. Sua Missão Ascensional. Editora Pensamento, 2000.

Luz da Serra®
EDITORA

Rua das Calêndulas, 62 – Juriti
Nova Petrópolis / RS – CEP 95150-000
Fone: (54) 99263-0619
E-mail: loja@luzdaserra.com.br